实用主义与美国思想文化研究

丛书主编　陈亚军

Having the World in View
Essays on Kant, Hegel, and Sellars
John McDowell

将世界纳入视野
论康德、黑格尔和塞拉斯

[美] 约翰·麦克道威尔 著

孙　宁 译

复旦大学出版社

国家出版基金
上海市新闻出版专项资金
资助出版

作者介绍

约翰·麦克道威尔,美国著名心灵哲学家、新实用主义者,现任匹兹堡大学教授。其著作在国际哲学界有着广泛影响和声誉。除了专著《心灵与世界》,他还出版了四卷影响重大的论文集,论题涵盖心灵哲学和分析哲学的各个方面。已译成中文的著作有《心灵与世界》。

译者介绍

孙宁,美国南伊利诺伊大学哲学博士,复旦大学哲学学院讲师,主要研究方向为古典实用主义、新实用主义美学和心灵哲学等。已在国内权威期刊发表论文多篇,并翻译杜威著作两本。曾在美国杜威研究中心做访问学者,并参与杜威课堂笔记的编定。

内容提要

在这本广受讨论的书中,麦克道威尔不但从分析哲学家,还从欧陆哲学家那里汲取灵感,分四部分讨论了认识论和心灵哲学的基本问题。第一部分以塞拉斯和康德关于意向性的讨论为主题;第二部分论述塞拉斯、康德和黑格尔的关系;第三部分是麦克道威尔对黑格尔的解读;第四部分围绕塞拉斯式主题再次对一系列重要问题进行论述。本书汇集了麦克道威尔自1994年出版《心灵与世界》以来所发表的主要论文,代表了他晚近的基本立场和主要思想历程,对于全面理解和把握麦克道威尔的思想发展有着重要意义。

总 序

陈亚军

二十世纪七十年代以来,实用主义在西方思想学术界强劲复活,引起人们的广泛重视。它的影响正越过学院的围墙,深入到美国社会、文化的各个层面。实用主义和美国思想文化互为表里,形成了紧密的关联与互动,以至于要了解当今的美国思想文化之精髓,不能不了解实用主义;反过来,要理解实用主义,也不能不研究美国思想文化。

研究的第一要事是翻译。没有对研究对象的全面系统的翻译,深入的研究便是一句空话。说得更加极端一些,翻译本身就是研究的一部分。套用康德的话说:"没有翻译的研究是空洞的,没有研究的翻译是盲目的。"出于这一考虑,在主持"实用主义与美国思想文化研究"系列丛书的同时,我们也主持翻译了这套译丛。希望二者可以相互支撑,形成互补。

多年来,我国学术界对于实用主义尤其是古典实用主义经典的移译取得了令人瞩目的成就。新近《杜威全集》(38卷)中文版的问世,是这些成就最为醒目的标志。然而,我们也应该看到,相对而言,在实用主义的庞大家族中,我们对于皮尔士、罗伊斯、米德、席勒这些实用主义者的重视还远远不够,对于过渡期的实用主义者如刘易斯、莫里斯等人还缺少关注,对于新实用主义者的最近成果的追踪也不够及时,而对于相关的实用主义与美国思想文化的相互影响,更是难见一瞥。所有这些不足,都是本译丛立志要改变的。

本丛书的译者多是相关领域的专家学者、青年才俊。我们会尽自己的最大努力,为读者提供可靠的优秀翻译成果。但翻译从来就是一项艰苦的事业,由于能力水平的局限,出现错误是可以想见的,我们将努力减少错误,同时也衷心期待来自各位方家的批评指正。学术乃天下之公器,对此,学术共同体的每一个成员都责无旁贷。

最后,我要衷心感谢复旦大学出版社和复旦大学哲学学院,感谢你们对于本丛书的大力支持!

目 录

前言 001

第一部分　塞拉斯、康德和意向性 001
　一　塞拉斯论知觉经验 002
　二　直观的逻辑形式 022
　三　作为关系的意向性 042

第二部分　黑格尔和塞拉斯的康德式主题 063
　四　作为康德之彻底化的黑格尔观念论 064
　五　自我决定的主体性与外部限制 083
　六　康德和塞拉斯论感觉意识 100
　七　知觉中的概念能力 118

第三部分　读黑格尔 135
　八　统觉性我与经验性我：对黑格尔《精神现象学》中"主奴关系"
　　　的非正统解读 136
　九　解读黑格尔《精神现象学》"理性"一章中的行动 153
　十　论皮平的附言 173

第四部分　塞拉斯式主题 193
　十一　理性的构成性理想：戴维森与塞拉斯 194
　十二　为什么塞拉斯的文章以"经验主义与心灵哲学"为题？ 208
　十三　塞拉斯的托马斯主义 226
　十四　避免所予神话 242

参考书目 259
文章来源 265
索引 266

前　言

1997 年,我在哥伦比亚大学做了题为"将世界纳入视野"的伍德布里奇讲座(本书的第一部分),本书的标题即出自于此。

归在讲座副标题"塞拉斯、康德和意向性"之下的几篇文章主要讨论塞拉斯对知觉经验深刻的康德式解释。在理性主体的经验中,事物是被给予主体的,后者由此获得一种只有理性主体才能拥有的、位于理由空间中的知识。这是否就是塞拉斯拒斥的作为所予神话的所予性? 不是。但这样说的原因只是因为理性主体的经验(由被给予的事物获得理性知识的经验)本身需要用到属于理智的能力,也就是知性。

知觉经验即使被理性主体享有,也包含着感性。感性并不是理性主体特有的。根据塞拉斯的解释,一个康德式立场要求感性从外部限制包含在经验当中的知性。我认为与这一解释相对的是下面这个观念:感性在康德式立场中扮演了这样一种角色——在理性主体的经验中,从概念能力那里获得信息的是感觉意识。在我写作第一部分的几篇文章时,我认为塞拉斯的图景中包括了知性能力为感觉意识提供信息的过程,而他附加的外部限制,也就是他所谓的"单纯感受性",则是感性的另一个更进一步的角色。我在第六篇文章中撤回了对塞拉斯的这一解读。(读者应该由此警惕:现在我并不承认本书每一页上的所有东西。)

塞拉斯认为词语并不是作为意义的占有者而与语言之外的实在元素发生关系。我在第三篇文章中讨论了这个我认为应该拒斥的理论如何与塞拉斯思想中的其他特征一起造成了他无法看到这个关于感性角色的对立观念。

如果我们像我所建议的那样否认理性——即使是在它的经验性运作中——需要某种外部限制,那么我们的论断很容易就会被听成是黑格尔式的。我在第二和第三篇文章中对这一否认的黑格尔特征做了一些评论,这也是第二部分头两篇文章的核心议题。

至于第二部分中的其他几篇文章:第六篇文章进一步讨论了塞拉斯和我对感性在康德式经验中所扮演的角色所持的对立看法,第一部分的几篇文章正是在这一对立的基础上形成的。而在第七篇文章中,我试图诱发并维护这样一种观点(塞拉斯式的康德主义和我所建议的替代方案都认同这一观点):经验只有通过包含知性才有可能获得理性知识。

第三部分的头两篇文章勾勒了黑格尔《精神现象学》的某些部分。第八篇文章一开始就重述了第四篇文章的某些材料,并由此引入了对主奴辩证法的一种解释。这种解释认为,较之更为标准的解读,《精神现象学》的这一部分更接近于本文集的主题。第九篇文章虽然进一步远离了纳入世界这一主题,但其中有一部分与我所偏爱的对这一主题处理方式有着相似的特征。如果我们像我建议的那样否认感性从外部限制知性,那么即使感性是动物的特征,而不仅仅是理性动物的特征,我们也无法再把理性动物的感性与他们通过经验世界的过程伪装起来的理性单纯地分离开来。在第九篇文章中,我在黑格尔对行动的讨论中找到一种类似的、希望整合理性动物之理性的驱动力。这种驱动力伪装成了具有身体性本质的行动者,即使这种具身化像感性一样是动物的特征,而不仅仅是理性动物的特征。

第十篇文章汇集了一些解读康德与黑格尔的要点,这些要点支撑了我就纳入世界这一主题所提出的建议。

第四部分包含了关于塞拉斯主题的几篇杂文。第十一篇文章大部分重复了第一部分的材料,并附加了更多对塞拉斯和戴维森的比较。我在第十二篇文章中主张,塞拉斯的《经验主义与心灵哲学》不应该被解读为是在整个取消经验主义，而应该被解读为是在建议一种革新后的经验主义，一种避免了所予神话的经验主义。第十三篇文章讨论了塞拉斯的一个理论，这个理论已经在第三和第十一篇文章中出现过，即意义并非意义承载者与语言之外的实在元素之间的关系。我在第十四篇文章中再一次讨论了在面对所予神话构成的陷阱时，我们应该如何理解让理性知识成为可能的那种经验，这篇文章对康德式直觉观的讨论要多于任何其他文章，包括以此作为核心的第二和第三篇文章。

在引用中我仅给出作者名和著作名，其他的细节则归到书末的文献中。

很多人帮助了本书的写作。我要特别感谢詹姆士·柯南特（James Conant），他为多篇文章的材料提供了帮助，并为本文集做了不可或缺的编辑工作。

第一部分
塞拉斯、康德和意向性

一

塞拉斯论知觉经验

1. 威尔弗里德·塞拉斯(Wilfrid Sellars)在他具有开创性的系列讲座"经验主义与心灵哲学"中给出了以深刻的康德方式思考意向性、思考思维和语言是如何指向世界的大纲(当然讲座的内容不止于此)。此后的十年,塞拉斯的主要工作是《科学与形而上学:康德式主题的变奏》,他将此书描述为《经验主义与心灵哲学》的后续(第 vii 页)。塞拉斯的后期著作清晰地说明了其早期著作的康德式导向;他确信他自己关于意向性的思考(或者说他的所有思考)都可以通过阅读康德得到很好的阐明。我认为将下面这一信念归于塞拉斯并不为过:康德对意向性是如何不成问题的说明要比任何人都好,如果我们想说明意向性是如何不成问题的,最好的方法就是理解康德的意图。也就是说,我们要重新思考康德的思想,并在必要的时候加以纠正,因为有时我们对康德要做的工作比他自己看得更清楚。塞拉斯有时会毫不犹豫地指出,他对康德式思维所需条件的理解要比康德本人更好。

我认同我从塞拉斯那里解读出的信念:理解意向性的最好方法就是理解康德。我还相信,理解塞拉斯为了成为康德主义者而进行的不断尝试是一个让我们开始欣赏康德,并(基于第一个信念)开始在哲学上对意向性概念感到舒服的好方法。我对塞拉斯的这种恭维带有一点挖苦的意味。塞拉斯完全清晰地阐明了他纠正康德的方式,而我想指出的是,他与康德之间的分歧很能说明问题。我认为,由于塞拉斯哲学观的某个深层结构特征,他并没有完全理解康德式的意向性。我相信,我们可以反思塞拉斯所知的康德原话与塞拉斯认为康德会写的话之间的区别,从而更清楚地看到康德实际是如何思考意向性的,(基于第一个信念)我们自己又该如何思考意向性。①

我想在这篇和接下来两篇文章中对康德做一番解读,这一解读是我有幸与我的同事詹姆士·柯南特(James Conant)和约翰·霍格兰德(John Haugeland)一起合作的结果。这里我想说一些标准的前言性的话,这些话并非只是通常那样的例行公事。下面对康德和意向性的理解如果有所助益,全都是柯南特和霍格兰德的功劳,而任何无所助益或讹误之处的责任则全由我一人承担。特别地,柯南特和霍格兰德不应对下面这个也许是有悖常情的观点负责:我们可以通过理解塞拉斯如何接近康德的图景来理解康德;他们也不应为我解读塞拉斯的细节负责。②

2. 塞拉斯《经验主义与心灵哲学》的主要思想是这样的:出现在人类生活中的某些特殊状态或片段可以被归在某个特殊的范畴之下,比如,作为**认识过程**(knowings)的特殊状态或片段;另外,我们或许还可加上与之对应的、出现这些状态或片段的特殊人群,比如,作为**认识者**(knowers)的特殊人群。在做这些特性描述时,我们将这些特征都放到"理由的逻辑空间"中(§36)。塞拉斯的观点是:我们将事物放到理由的逻辑空间中时用到的概念性工具无法被还原为任何没有在将事物放到理由的逻辑空间中时起作用的概念性工具。因此,塞拉斯的主要思想

---

① 由此可知,在康德那里,这类间接的方法要想有所帮助是多么困难。迪特·亨里希(Dieter Henrich)在《英语中的两种自然主义》中将我早年在《心灵与世界》(Mind and World)中(其中涉及了我将要在这三篇文章中考察的问题)对康德的指涉描述为"陈词滥调"。感性应该在每一种(甚至是近康德式的)让意向性观念——主体状态或片段对对象的指向性——变得可理解的尝试中扮演核心角色,这样的说法无疑近乎陈词滥调。但这只是因为这种说法既不是塞拉斯对康德的解读,也不是我试图给出的与塞拉斯的解读极为不同的图景。塞拉斯认为恰当的康德式立场要求概念片段出现在知觉当中,并受到"单纯感受性"的引导。我不相信这幅图景正确地说明了感性在恰当的康德式立场中所扮演的先验角色。如果我的这一信念是陈词滥调,那么塞拉斯就不会像他现在这样去理解康德式思维。我希望这一点会通过这三篇文章得到澄清。
② 我还得益于与罗伯特·布兰顿(Robert Brandom)常年富有成果的交流,他还对这几篇文章的初稿做了极有帮助的评论。

就是要划一条线,线以上是那些处于理由的逻辑空间中的特性,线以下则是那些不处于理由的逻辑空间中的特性。

至于如何区分处于理由的逻辑空间中的特性,我们只有一个反面的界定。但塞拉斯警告我们注意一个特殊的哲学陷阱,即认为某些特殊的线下特性只有通过线上的特性才能实际完成它们的任务。对于有些运作于线下的特性来说,这一诱惑特别强烈,我们也就需要一个正面的界定来引发这一诱惑。塞拉斯有时会建议用下面这种说法来帮助理解他的思想:断言**认知**事实的特性必须同断言**自然**事实的特性区分开来。③ 他的核心观点用这些概念来表达就是:我们不应该认为我们可以通过单纯自然能力——也就是一出生便具有或在单纯的动物成熟过程中习得的能力——的实现来理解认知状态或片段。我认为这里的"认知"就等于是某种"包含了概念"的东西,我将很快给出这样解读的理由。

如果暂且假定这一解读是正确的,我们就能让塞拉斯的思想与康德直接接触。根据这一解读,那些被我们描述为概念能力之实现的状态或片段就处于理由的逻辑空间中。在康德那里,对应于这种理由的逻辑空间的是自由王国。理解这种对应的方法就是聚焦于下面这个康德式的观念上:概念能力本质上是能够运用于判断当中的。判断并不是实现概念能力的唯一模式,这一点是正确的,也是重要的,我将在这三篇文章中对此进行展开。但即使是这样,判断还是可以被单独拿出作为实现概念能力的范型,据此我们可以理解相关意义下概念能力的观念。判断就是决定思考什么,在原则上我们对判断负有责任——判断是我们的自由行为,而不只是单纯地发生在我们的生活当中。当然,信念并非总是——甚至一般不是——对这种决定思考什么的自由加以运用的结果。

---

③ 参见§36,并注意§5对此的回应。塞拉斯在§5中对"与伦理学中所谓的'自然主义谬误'联系在一起"的认识论谬误提出了警告。在§36中,他把置事物于理由空间中与"经验性描述"对立起来,我认为这一方案无甚帮助。

这种体现在负责的判断行为中的自由本质上就是能够根据相关的理性考量对批评做出答复。因此,自由王国(至少是自由判断的王国)可以被等同于理由空间。

塞拉斯将理由的逻辑空间描述为"证成并能够证成某人所说"的空间。④ 我们可以明显将此视为 20 世纪对下面这个康德式概念的阐述,即体现在判断这一范例中的、运用某种自由(这种自由本质上就是对理性的可回应性)的能力。包含在其中的 20 世纪元素是:这种能力开始被引入语言。

3. 在《经验主义与心灵哲学》的一个关键之处(第Ⅷ部分),塞拉斯问经验性知识是否有基础,他的回答是微妙的。

通常的经验论基础主义立场并不只是认为所有知识的凭据最终都基于由知觉获得的知识。但除此之外,这一立场认为基础性的知觉知识是原子式的。传统经验论者认为基础性知觉知识的每一个元素在原则上都可以独立获得,既不需要依赖基础性知觉知识中的其他元素,也不需要依赖任何建立在这一基本知识层面之上的东西。

塞拉斯反对传统经验论的地方正是这种假定的独立性。他写道:"人类知识建立在某个层面的命题(观察报告)之上的,这些命题并不像其他命题建立在它们之上一样建立在其他命题之上,**在某种意义上**,这一图景是有道理的。另一方面,我希望坚持下面这一点:'基础'的隐喻是误导性的,因为它让我们无法看到还存在其他经验性命题建立在观察报告上的逻辑维度,以及观察报告建立在其他经验性命题上的逻辑维度。"⑤塞拉斯并不否认存在将观察报告作为基础的逻辑维度。他只不过坚持认为还有另一个逻辑维度存在,在这一维度中,观察报告取决于

---

④ §36。这也许还和被不恰当地称为"心理唯名论"(psychological nominalism)的理论联系在一起,参见§29、§31,以及§6对这一点的预见。

⑤ §38,并参考§19。

根据它们建立起来的世界观,这是传统经验论者所拒斥的。塞拉斯由此得到的图景在某种意义上仍然是经验论的,因为它认识到了将观察报告作为基础的逻辑维度,尽管不同于传统经验论,它坚持认为还有另一个逻辑维度存在。

当然,就可理解的狭义层面而言,塞拉斯这里的观点至少有一部分是认识论上的。他告诉我们应该如何去有见地地理解作为知识凭据的世界观。但是塞拉斯与传统经验论之间的分歧又意味着我们不能认为塞拉斯的认识论在某种意义上是同对意向性的反思相对立的。他在这里所主张的的确就是,知觉**知识**(在观察报告中表达的知识)就其包含的概念而言取决于某个世界观。但这只是就更为一般化的情况而言的,他的观点是:一般性地运作于知觉经验(不管它是否产生知识)中的概念部件取决于某个世界观,而"基础"的隐喻常常让我们忘记了这一逻辑维度。以下这种说法可以让我们把捉到这部分图景:一般知觉经验(不管它是否潜在地产生知识)的意向性或客观意图在这一逻辑维度中取决于拥有一种世界观,这种世界观超越了当下此处的一瞥。相关的片段脱离它们所维系的更宽泛的世界观(在塞拉斯所加的逻辑维度中),仅呈现为当下此处的一瞥,这样的情况是不可理解的。但更宽泛的世界观反过来又取决于能够产生知识的、以当下此处的一瞥为形式的知觉经验。基于这样的相互依赖,塞拉斯所支持的非传统经验论构成了这样一幅图景,这幅图景既说明了经验性知识的凭据,又说明了一般经验性思维中的意向性。

认识到了这一点,当我们发现塞拉斯谈论"认知特征和'意向性'"或者使用"想象一座空中之城"这类表达时就不足为奇了。⑥ 当他引入理由的逻辑空间时,他单独提出了理由空间中一种特殊的片段或状态——

---

⑥ §7,并比较§24、§25。还可考虑§17所暗示的结论:看起来是红色的是与自然事实相对的认知事实。在词源学上,看起来是红色的并不是我下面要提到的那种明显的认知事实。

作为**认识过程**的片段或状态。⑦ 当然，在词源学上，作为认识过程的片段或状态具有明显的认知特征。但是我们并不能就此得出结论说塞拉斯的考虑只是狭义的认识论上的。在评论"想象一座空中之城"时，他明显地表达了这一点：他愿意将认知特征等同于意向性，并在不需要质疑认识过程是否存在的情况下谈论认知特征。在这个对"想象一座空中之城"的评论中，"认知的"只是等于"包含了概念的"。⑧ 我在前面就提出了这一解读并保证会加以证明。

我一直在主张，塞拉斯的非传统经验论并不只是一幅关于经验性知识之凭据的图景，这只是狭义认识论的话题；塞拉斯的图景还涉及思维指向世界时所包含的东西，而这则是对意向性进行反思的话题。这一点使我能够预防一种可能的反对意见，即反对我们将塞拉斯的模型——康德解读成一个考虑意向性的哲学家。我所说的并不是那种认为"意向性"并非康德式概念的软弱的反对意见。"意向性"是一个经院哲学的概念，(我认为)这一概念直到布伦塔诺(Franz Brentano)那里才重新回到哲学思考的主流，但是很明显，这一点并不会阻止我们认为这是一个康德式的话题。我所设想的毋宁说是一个更具潜在挑战性的反对意见：康德的考虑是认识论上的。这是认为康德不考虑意向性的一个假定理由，我可以用下面的说法使这一理由失效：康德的考虑当然是认识论上的，只不过他考虑认识论的方式就是塞拉斯的方式。

海德格尔(Martin Heidegger)反对对康德作"新康德主义"的解读，他说："《纯粹理性批判》完全不是一种'知识理论'。"⑨我认为我们可以

---

⑦ §36。
⑧ 参见《科学与形而上学》(*Science and Metaphysics*，第23页)：出于提出一种心灵哲学的目的，"意向性就是属于概念秩序的东西"。
⑨ 《康德与形而上学问题》(*Kant and the Problem of Metaphysics*)，第11页。海德格尔用的词是"Erkenntnistheorie"，此词或许可以被译为"认识论"，参见塔夫特(Taft)的注释，第188页。

更为有效地表达海德格尔试图表达的观点(我们当然可以采用一种更易理解的形式):认识论非但**不是**第一批判考虑的对象,它同样也不是《经验主义与心灵哲学》或《科学与形而上学》考虑的对象。

4. 塞拉斯在《经验主义与心灵哲学》很靠前的地方(§7)就将"经典的感觉材料概念"诊断为"两个观念的杂交产物":第一,不包含概念的感觉片段观念,比如红色的感觉;第二,非推论性认识过程(事情是如此这般)的观念。这一概念之所以是一种杂交和糅合,乃是因为根据塞拉斯的主要思想,不包含概念的片段是归属于线下的,而认识过程则是归属于线上的。塞拉斯在几页之后重复了这一诊断,并从中提取出一个之后的讲座要进行的方案:"检查这两个观念,并决定批判之后幸存下来的部分如何恰当地结合起来。"(§10)因此,这一方案就是要得出一幅可接受的图景:感觉和概念(感性和知性)该如何结合,从而提供知觉经验中的意向性,并说明知觉经验在获得一个可知世界观的过程中所扮演的角色(这两方面是从不同的角度来看同一个功能)。我们已经预先看过塞拉斯的著作,因此我们知道在这种情况下,知觉经验中的意向性是一般意向性的基础,虽然这种基础性并不意味着我们在拥有一种超越直接知觉释放的世界观之前就能理解这些意向性。

杂交概念中的线上元素是非推论性认识过程的观念。塞拉斯主要关注一种感觉模式,也就是看(seeings)。⑩ 塞拉斯试图将他的方案与作为杂交概念中线上元素的这一特殊感觉模式联系起来,但是在这样做的同时,他将看拓展到了一个更宽泛的经验类别,这一类别最初是作为表面的看(ostensible seeings)被引入的。看是从表面的看中单独拿出的

---

⑩ 塞拉斯在《科学与形而上学》(第23页)有意识地对这一点做了评论。这里有一小处复杂的地方(但不影响塞拉斯的观点):看并不是非推论性的认识过程或知识的获得(杂交概念中的线上元素最初就是这样被引入的),而是认识的机会,并且这些机会也许不会被把握到。考虑一下该如何来理解下面这种说法:"我原来认为这条领带只不过在我看来是绿的,现在我意识到当时是我把它看成了绿色。"

一个子类。⑪ 塞拉斯明显认为，为了分解并正确地结合对杂交观念进行批判之后幸存下来的部分，我们就需要理解这个更宽泛的类别。我们的目标是理解一般视觉经验中的意向性，无论这些经验是否产生知识。

表面的看是这样一些经验，即事物在经验主体看来是如此这般的。塞拉斯做了一些努力来解释这一观念，最重要的一点是：这样一个经验"可以说是做了一个断言或声明"，或者说"包含"了一个断言（§16）。塞拉斯以一种明显带承诺的方式引入了这种经验概念，并由此指向了《经验主义与心灵哲学》的高潮部分。塞拉斯为一种非外显的概念性片段辩护，他的理由是：这些片段可以被理解为外显的概念性片段（也就是语言行为）的类似延伸。⑫ 视觉经验"做出"或"包含"作为概念性片段的断言，后者是概念能力的实现，我们应该在实际做出这些断言的语言运作的模式下理解它们。

我们需要对此做一些阐述。我已经提到将判断作为概念能力的实现范式的康德式观念。我们可以通过将判断等同于概念性判断的范例来理解视觉经验是"做出"或"包含"断言的概念性片段的观念。比如，考虑这样一个判断：某人面前有一个红色立方体。做出这一判断与做出某人面前有一个红色角锥体的判断都需要运用一种概念能力；而做出这一判断与作为某人面前有一个蓝色立方体的判断则都需要运用另一种概念能力。因此，为了做出面前有一个红色立方体的判断，某人（至少）要共同运用两种能力。这里的"共同"是什么意思？某人不仅要在一个判断行为中运动两种能力，因为如果仅仅是这样，我们就无法将某人面前有一个红色立方体的判断同某人面前有一个红色角锥体或蓝色立方体的判断区分开来。在某人面前有一个红色立方体的判断中，我单独列

---

⑪ 看是表面的看中的真实部分，参见《经验主义与心灵哲学》，§7。这指向了第Ⅲ部分中对陈述"所见"的讨论。我将在第三篇文章中讨论下面这个观点（这个观点至少隐含在第一版《经验主义与心灵哲学》中）：表面的看要成为看唯一所需的就是真实性。

⑫ 琼斯神话（the myth of Jones）的第一阶段。关于这一点在知觉经验上的应用，可参见§60。

出的两种概念能力必须在一种特殊的"共同性"(togetherness)模式下得到运用:这里"共同性"要对应于"我面前有一个红色立方体"这一语言表达中"红色"与"立方体"两词之间的那种"逻辑上"或语义上的"共同性"。这样我们就能理解非外显的概念性片段如何与语言行为相类似,我们也可用这种方式做出必要的区分。[13]

塞拉斯在谈论"包含"断言的视觉经验时所考虑的概念性片段并不是判断。即便我们确实在判断事物看起来是怎么样的,将它们看成如此这般也并不等于判断它们是如此这般的。或许在某些情况下,我们确实在将事物看成如此这般的同时也判断它们是如此这般的——这需要这样一种信念:这一判断是我们在自由的状态下做出的。然而更为典型的是,知觉信念的获得根本就不是判断,我们并没有积极地对认知活动做出控制。将事物看成如此这般(表面的看)通过某种默认变成了接受事物是如此这般的(除非我们有怀疑的理由,比如异常的光照条件),这其中并不包含康德式判断概念中的那种自由运用。

因此知觉经验与判断之间就有了一种断裂。但即使是这样,我们仍可探索我所勾勒的判断概念,从而为塞拉斯提出的"包含"断言的经验概念辩护。判断某人面前有一个红色立方体就是以一种适当的"共同性"模式自由而负责地运用某些知觉概念(至少包括我提到过的两种)。现在我们可以说,在某人面前有一个红色立方体这一表面的看当中(在这一经验中,某人觉得他的面前好像有一个红色立方体),**同样**的概念能力

---

[13] 对判断概念的这一快速勾勒将其描述为对不同概念能力的结合运用,这让我们想起埃文斯(Gareth Evans)在《指涉的不同种类》(*The Varieties of Reference*,第100—105页)中对"一般性限制"(the Generality Constraint)的讨论。埃文斯的讨论植根于吉奇(P. T. Geach)在《心理行为》(*Mental Acts*)中对判断做出的解释:判断类似于言说。大体而言,吉奇的这一解释与塞拉斯在《经验主义与心灵哲学》中提出的观点属于同一个时代,但又独立于后者。(在我看来)吉奇的解释更令人满意,因为它从妨碍塞拉斯版本的科学包袱中解放了出来。但我不会在这几篇文章中考察塞拉斯版本的科学细节(虽然在其他语境中塞拉斯的科学主义很重要)。

在**同样**的"共同性"模式下得到了实现。这样就说明了"包含"断言的经验概念,而断言的内容则是相应判断下所做的判断。但是相关概念能力的这种实现并不像包含在相应判断中的那种实现,因为它是不自觉的,这也是为什么我说"实现"而不说"运用"的原因。

塞拉斯针对"包含"断言的经验做了一个惊人的评论,认为概念能力不自觉地实现于知觉经验中的观念,部分地把捉到了这一评论的要义。塞拉斯说,断言"是由知觉到的对象从知觉者那里唤起或抽出的"(§16)。塞拉斯在这里谈论的是看的经验,但他的观点当然也可用于表面的看这一更宽泛类别中的其他成员,甚至是那些看以外的经验。作为概念性片段,表面的看是"包含"断言的经验,但是其特殊的包含方式又不同于其他类别的概念片段。表面的所见对象**迫使**表面的看"包含"其断言。塞拉斯在《科学与形而上学》中表达了相同的观点,他说,如果我们说某人觉得自己面前有一个红色的矩形物体,那么我们就是在将某个特殊种类的概念性表征——面前有一个红色的矩形物体——归属于那个人(当然那个人也可能是我们自己),并且"这种概念性表征处于这样一种视觉**印象**之下……:面前有(或正存在)一个红色的矩形物体"(第14页,强调是我加的)。用《经验主义与心灵哲学》的语言来说就是,表面的看以一种特殊的方式"包含"其断言,这种方式把它们同其他概念性片段区分开来:它们所"包含"的断言似乎是在视觉上**强加**或**印刻**在主体上的。⑭

---

⑭ 我认为我已经从塞拉斯用于《经验主义与心灵哲学》的表达中仁慈地去掉了"**从知觉者那里唤起或抽出**"的说法。从知觉者那里唤起的断言当然是知觉者做出的断言。但是我们似乎又不能由此得出结论说知觉者做出其经验所"包含"的断言——即便我们将关注的焦点从看拓展为表面的看。表面的看是否是看取决于它所"包含"的断言是否为真,但这个问题与主体是否做出(认同)这一断言是不同的两个问题。(参见注⑩)因此,即使是看也不一定"包含"由主体做出的断言,更不用说表面的看了。我在引文中略去了《科学与形而上学》中的另一个类似评论:塞拉斯在"处于这样一种视觉印象之下"之后加了一句"(在视觉上认为是这样的)"用以掩饰,这犯了跟上面同样的错误。我们可以纠正塞拉斯但又不威胁到他想要坚持的东西,即我们只要有能力做出概念片段所"包含"的断言,就能拥有在生命中出现的相关类别的概念片段(表征)。

因此，相关类别的概念性片段并非只是自觉概念能力的简单实现。（其他类别的概念性片段也是如此，比如，当我们说自己被某个思想击中时。）在视觉经验中，概念能力是在适当的"共同性"模式下实现的，这也正是片段"包含"断言的意思。但是这种实现带有一种特殊的不自觉性：在知觉经验中，表面的所见对象给主体的视觉造成表面的印象。而对其他感觉模式来说，事情大概也是如此。[15]

5. 刚才我一直在从杂交概念中的线上元素的角度来考虑，如果我们对能被塞拉斯接受的视觉经验概念进行批判，幸存下来的部分是什么。但塞拉斯在《经验主义与心灵哲学》中提出的方案还预设，杂交概念中的线下元素在批判之后也能幸存下一部分，并且我们需要在视觉经验的总体图景中将这部分与我所讨论的那类特殊的概念性片段以一种可以让人接受的方式结合起来。在执行这一方案的过程中，塞拉斯说视觉经验"明显"不只是这类特殊的概念性片段，一个完整的图景必须还包括不包含概念的片段，这类片段的典型是我们最初描述杂交概念时提到的红色的感觉。[16] 但是为什么说这一点是明显的？

如果我们意识到已经有多少东西进入了塞拉斯的线上，有多少东西进入了相关类别的概念性片段，这个问题就变得尤为紧迫了。即便我们说不只是视觉经验"包含"断言，"被包含"的断言还被表面的所见对象所"唤起"，塞拉斯还是会说我们明显需要在视觉片段上加上非概念片段。在他看来，相关类别的概念性片段作为概念性片段已经**处于如此这般的视觉印象之下**。概念性片段在现象上并不是无色的，我们不需要把它们与视觉感觉联合在一起才能从视觉上辨识出某些由概念性片段和视觉

---

[15] 比较我在《心灵与世界》中提出的经验概念，我谈到概念能力运作于感性之中的状态或片段。我认为这种表达以一种明显的康德式语言简单地把握到了塞拉斯提出的理解知觉经验的方式——至少是他所谓的知觉经验中的线上元素。我在《心灵与世界》（比如第140—141页）中关注的是塞拉斯让感性所扮演的线下角色，而忽略了下面这个事实：塞拉斯有一个线上的知觉印象的概念能够符合我所提出的这个概念。

[16]《经验主义与心灵哲学》，第16节。比较第22节中所使用的"当然"一词，亦可比较第45页。

感觉构成的复杂组合。概念性片段作为概念性片段已经是成形了的视觉意识。⑰ 如果塞拉斯的图景需要一个线下元素,其意图也不是为了确保这一图景能够描述知觉意识的状态或片段。

那么塞拉斯为什么认为对视觉经验的总体性解释需要包括视觉感觉?杂交概念中也存在相应的元素,对此他说:"[这一]观念的产生明显是为了用科学的方式解释感知觉的事实。有些人这样描述他们的经验:'我好像在看一个红色的三角形',但这时并不存在任何物体,或者即使存在,也不是红色的,亦不是三角形的,为什么会这样?对此的粗略解释是,每当一个人拥有这类经验时,无论经验是否真实,他都拥有所谓的关于'一个红色三角'的'感觉'或'印象'。"⑱这是塞拉斯在《经验主义与心灵哲学》中得出的他自己的结论。杂交概念的错误不在于出于这一动机去解释线下元素,而在于将如此解释的线下元素与线上元素(也就是那些只能是概念能力之实现的片段)混杂了起来。感觉在这一图景中所扮演的角色(至少最初是这样的)是出于实现解释目的的需要。⑲

解释的目的是什么?我们已经看到,《经验主义与心灵哲学》认为解释要"用科学的方式"。用塞拉斯在执行方案的过程中获得的术语来说,解释要回答的问题似乎是这样的:**相同的断言如何能够"被包含"**在下面三种可能的经验当中——某人看见面前有一个红色三角体;某人觉得面前是一个红色三角体,但其实不是;某人觉得面前有一个红色三角体,但其实没有任何东西?⑳

---

⑰ 可对比布兰顿的《使之清晰》(Making It Explicit: Reasoning, Representing, and Discursive Commitment)。布兰顿在第 4 章中试图对观察断言和观察知识做出解释,但又刻意地避免提及任何感觉意识。布兰顿与塞拉斯的某些核心思想在这里产生了分歧。
⑱ 《经验主义与心灵哲学》,§7。
⑲ 参见§21、§22。塞拉斯提出了方案,并在讲座的余下部分执行了这一方案。塞拉斯需要做大量的工作来界定如此设定的感觉,以便为感觉的直接自我归因留下空间。这也是我为什么说"至少最初是这样的"的原因。
⑳ 参见§45对此的表述。塞拉斯在参见§22中提到,严格来说,说相同的断言"被包含"在这三种情况当中并不确切:前两种情况"包含"的断言是指涉性的,第三种情况"包含"(转下页)

如果我们仍然要问如何解释"包含"在这些经验中的断言的**相同性**,那么这种解释性要求明显假定我们有权认为经验"包含"了某些断言,并且这一点并不取决于我们所寻求的解释。我们或许可以这样说,对线上元素的讨论毕竟已经部分地解释了经验"包含"断言的观念;在质疑总体图景中的线下元素之前,我们已经通过谈论概念能力的实现赋予了自己这一权力。但如果是这样,我们就不清楚我们为什么要假定自己的解释性要求可以通过在(出于意识中的)视觉**感觉**层面上的不同经验间,而不是在(比如说)光线对视网膜的冲击模式层面上寻找一种相同性来得到满足。为了"用科学的方式解释感知觉的事实",塞拉斯设定了感觉,他说:"核心的观念是:这种感觉的**直接成因**多半是因为有一个对红色三角体的知觉者在附近出现。"㉑塞拉斯在这一说法中认为,在某种层面上,我们应该能够在看和表面的看所"包含"的断言中找到一种相同性,他特别地将这一层面称为感觉**直接成因**的层面,比如视网膜形象的层面。但是为什么不假定这一层面上的相同性可以完成塞拉斯认为需要诉诸感觉才能完成的解释工作呢?相关类别的概念片段是由环境对知觉者感觉器官的冲击所激发的。如果冲击是相似的,那么它们所激发的概念性片段就也是相似的,这其中并无费解之处。我们也不清楚为什么一定要用**对意识**(感觉)的非概念性冲击来描述这些相似的冲击,这些——与此对立的说法是,意识只和概念性片段联系在一起,并且是由对感觉器官的非心理性冲击所激发的。塞拉斯在这里所引入的感觉的直接成因本身似乎就能满足上面的解释性要求,如果我们根据《经验主义与心灵哲学》来理解这一概念。而感觉看起来则像是空转的惰轮。

塞拉斯在《科学与形而上学》中(第18页)明确地驳斥了这样的反对

(接上页)的断言则不是。这一点将会在第2和第3篇文章中变得重要起来,但是无论是在这里还是在塞拉斯所指出的地方,这一点都并不要紧。

㉑ §7,我改变了强调的部分。

意见，而他回应的方式相当彻底地改变了他在《经验主义与心灵哲学》中给出的图景。首先，他不再将寻求解释的问题表述为不同可能经验"包含"的断言之间的相同性——就好像不管以何种方式我们自己就能理解经验"包含"断言的观念。现在寻求解释的问题变成了：对环境的感觉相关性究竟如何变成"包含"断言（用《经验主义与心灵哲学》的术语来说）的概念片段的形式？[22] 其次，感觉能够满足的解释性要求不再是《经验主义与心灵哲学》中的那种科学理解的要求，而变成了一种**先验的**要求。[23] 我认为以上是在用两种方式表达同一个观点：塞拉斯认为对视觉经验的完整解释必须包括视觉感觉（非概念性视觉片段）的原因是，他认为这是唯一可以理解下面这一点的方式，即为什么根据他的解释要有这么多感觉意识的概念形态来构成视觉经验中的线上元素。

"先验的"一词在这里明显是康德意义上的。塞拉斯的解释之所以是先验的，乃是因为他认为我们需要用这种解释来证明感官的合法性（作为概念能力之实现的经验以一种特殊的感觉性方式"包含"断言），从而将经验理解为表面的对象。[24] 塞拉斯认为感觉在他的图景中扮演了这样一种先验角色，如果康德完全清楚其思想的偏移，他也会给出这样的图景。

根据对《科学与形而上学》中"感觉印象推论"（sense impression inference）[25]的这一解读，视觉感觉或视觉印象并不是额外附加在视觉经

---

[22] 塞拉斯在第 18 页主张这一解释性问题并不是专门针对非真实经验，他写道："即便是在正常[真实]情况下也存在下面这个真正的问题：在一个具有这些性质的对象面前，知觉者为什么能在概念上表征一个红色（蓝色的，等等）、矩形的（环形的，等等）对象？"

[23] 参见第 9 页。塞拉斯说感觉杂多是"在一般认识论的基础上，或者康德会说，是在先验的基础上设定的"。我认为在理解"感觉印象推论"的语境下，这一等式加强了他在《经验主义与心灵哲学》中将"意向性"等同于"认知特征"的意愿。塞拉斯并没有从狭义上来理解认识论。

[24] 比如可参见《纯粹理性批判》A11–12/B25："我把一切与其说是关注于对象，不如说是一般地关注于我们有关对象、就其应当为先天可能的而言的认识方式的知识，称之为先验的。"（中译引自邓晓芒译本，在极为必要的地方略有调整，下同。——译注）

[25] 这一短语见第 17 页。

验中以特殊方式"包含"断言的那部分之上的。《经验主义与心灵哲学》表达的似乎就是这个意思。但是根据塞拉斯在《科学与形而上学》中所主张的观点,并不是说视觉经验以其特殊的方式"包含"断言,然后再简单地加上一个关于它们的附加事实,即它们包含了视觉感觉。在塞拉斯看来,我们之所以必须认识到这一"附加"事实,乃是因为只有这样我们才能有权在给出视觉经验的线上特征时说,视觉经验以其特殊的方式"包含"断言并由此获得客观意义。

塞拉斯的"感觉印象推论"在如下的意义上是一种先验哲学:它试图说明我们有权将主观事件理解为是拥有客观意义的。注意:对先验哲学的这一描述并没有对此活动的性质给出任何特别的暗示。有人会忍不住认为先验哲学的立足点必须外在于概念事件(概念事实的客观意义必须得到证明),我们可以通过这一立足点从侧面思考这些概念事件和它们的对象之间的关系。塞拉斯所采取的步骤契合这一思路,他试图从概念秩序之外来证明概念事件的客观意义。我会在后面反驳这条先验哲学思路,但这样做并不是在反驳先验哲学本身,看清这一点是很重要的。㉖

6. 在《经验主义与心灵哲学》的高潮部分,塞拉斯从两个方面证明了内部片段的观念:概念片段和非概念片段。每个方面又包含结构类似的另个阶段。首先,塞拉斯解释了相关类别的片段是如何被引入理论的语境当中的。在这一阶段,这些片段可以被归因于其他片段或其自

㉖ 罗蒂(Richard Rorty)在《哲学与自然之镜》(*Philosophy and the Mirror of Nature*,第 293 页)中暗示先验哲学必须基于一个特殊的立足点,他写道:"需要……某种外在于我们当下表征的先验立足点,基于这一立足点我们可以来检视这些表征与其对象之间的关系。"康德区分了"先验的"和"超验的"(比如可参见 A296/B352 - 353)。罗蒂这里所说的"先验的"可以用"超验的"来替代。但这并不是说罗蒂误用了"先验的"。罗蒂建议先验哲学需要一个超验的立足点。而这正是我认为需要驳斥的。我在《心灵与世界》中批评了康德的"先验理论"(第 41—43、95—98 页),当时我默认(现在我对此感到后悔)康德所做的一部分工作符合罗蒂的表达。(我要仍然批评对康德做这样的解读。)

身,而这一点只有在理论的中介下经过推论才能实现。但是塞拉斯接着又解释,相关概念能力非推论性的、自我归因(self-attribution)式的("报告")运用可以通过以下的训练方式被引入,即让人们能够在归因正确的情况下直接倾向于做出这样的归因(这里的"直接"意味着他们不需要注意理论所提供的证据)。在《经验主义与心灵哲学》的最后,概念片段(包括视觉经验中那些以特殊方式"包含"断言的概念片段)和非概念性感觉(特别是视觉的)片段(印象或感觉)被放在了同一个层面上,因为它们都能被用于非推论性的自我归因。㉗

塞拉斯在《科学与形而上学》中修正了这一图景,我认为这种做法属于下面这一事实:他现在明确看清"感觉印象推论"的驱动力是先验的。他建议我们把"感觉印象推论"要求我们设定的视觉印象或感觉视为意识状态,而非意识对象;换言之,这些印象或感觉是没有被统觉到的意识状态,而这里的"统觉"则可以被解释为"非推论性的自觉(self-knowledge)"。㉘ 因此,他实际上是在建议,先验设定的视觉印象或感觉在视觉意识中所扮演的角色并不意味着它们实现了他在《经验主义与心灵哲学》的高潮部分所确保的那种直接的或非推论性的对自身的可归因性。

现在我们很难看清,根据塞拉斯式的(或其他任何)原则,意识中是否存在一个本质上永远无法被统觉、无法被直接自我归因的类别。我们不能说塞拉斯给出的建议是,根据先验的"感觉印象推论",单纯的视觉印象或感觉在"外部感觉"片段中不可能扮演的意识对象的角色。我认为塞拉斯所持的毋宁说是如下的观点:这里的视觉印象或感觉**在扮演先验角色时**并没有被统觉到。这并不是说它们无法**被统觉**,而是说,一旦被统觉到(变成意识对象),它们就不再扮演产生"外部感觉"片段(这些片段"包含"关于环境的断言)的先验角色。我们可以将注意力放到杂

㉗ 概念片段参见§59,非概念片段参见§62。
㉘ 《科学与形而上学》,第10、11页。关于"统觉"的注解可参见第72页。

多的"单纯感受性"上,这种感受性在前一刻将我们的注意力直接引向表面的所见环境。但是在这样做(将感受性拉入我们的统觉)的同时,我们也让它的功能停止了运作。

我认为这一观点使塞拉斯的立场免疫于某些反对意见,从而得到了加强。如果塞拉斯确实赞同"感觉印象推论",那么以这种方式来解释它的结论应该是一个不错的主意。我们只须考虑一下《经验主义与心灵哲学》。我曾经认为,我们可以抱怨塞拉斯视觉经验图景中的线下元素是不透明的,环境不能通过它们被清晰地展现给我们,我们最多只能在它们的基础上(如果我们对环境特征如何导致感觉能力的倾向所知够多)推论得出关于环境的结论。[29] 在《经验主义与心灵哲学》中,塞拉斯认为某物处于意识中的唯一方式就是成为意识对象。这使作为塞拉斯视觉经验图景一部分的感觉必须成为意识对象,否则它们就根本不能出现在意识当中。如果塞拉斯不想要感觉,为什么又要在《经验主义与心灵哲学》的高潮部分试图保证它们可以是意识对象?如果我们试着让它们变成了意识对象,它们就会吸引全部的注意力,从而阻止我们将注意力放到环境对象上(除非通过推论间接地关注),虽然我们试图理解的正是对环境对象的知觉。

但是塞拉斯在《科学与形而上学》中给出的图景免疫于任何这样的反对意见。既然塞拉斯承认杂多的视觉感觉就是主体意识的对象,那么主体的注意力就不再能够穿过感觉直接接触环境特征,前者对后者的接触最多只能是推论性的。但这并没有威胁到下面这个观点:对环境的知觉意识先验地需要这样一种杂多的视觉感觉。塞拉斯现在可以说,这种被先验需要的感觉杂多在执行其工作时并不是意识中的一个对象;它确实阻止了主体的注意力自由地投向环境,但也正是因为这样,主体的注意力才能被不受阻碍地引向表面的所见环境的特征。塞拉斯的观点

---

[29] 参见《心灵与世界》,第145页。

是，包含了统觉的注意力或者可以被引向表面的所见环境，或者可以被引向让环境被表面看到的视觉感觉，但两种情况不能共存。注意力一旦被引向了感觉，就不再能产生对环境对象的表面所见。

然而这里面的复杂性并没有削弱以下事实，即对视觉感觉的非推论性自我归因的塞拉斯式的解释（这种解释当然会出现也确实出现了）会具有《经验主义与心灵哲学》所建立的那种的结构。感觉被统觉时（而不是在产生"外部感觉"片段时）所属概念的最初家园是被先验需要的理论，这一理论考虑的是感觉杂多是如何产生"外部感觉"片段的。当视觉感觉变成意识对象时，它们所属概念的原初功能就是以一种理论中介的方式连接这些片段，并体现视觉经验"包含"断言的特征。

有些人认为我们可以在一种天真的理论性反思的基础上证明感觉在视觉经验的总体图景中所扮演的角色。他们的观点是，我们可以在任何情况下反思感觉特性，不管我们如何回答下面这个后续问题，即经验的感觉性特性与"包含"断言的特性之间的关系是怎么样的。我忽略了这个观点，因为它和塞拉斯的思想没有关系。[30]

有一点很重要，那就是不要被下面这个事实误导，即塞拉斯在下面两种情况下都使用了"印象"一词：在"处于……这样一种视觉印象之下"这一描述某种概念片段特征的表达中，以及在描述视觉经验图景中

---

[30] 比如可参见皮考克（Christopher Peacocke）《感觉与内容》（*Sense and Content*）第1章。皮考克说，视觉经验的感觉特性分布在一个二维视觉领域中，并且，他这里所说的"二维"和用来描述环境中某个平面的"二维"是同一个意思。塞拉斯会认为这是一个天真的观点，因为在他看来，视觉经验的空间性并不是"外部"排列的空间性，而是通过对概念构成的精妙运用而实现的对"外部"排列的某种类似延伸。

我认为即便是就其自身而言，皮考克的现象学论证也是无法令人信服的，但我不会在这里给出证明。这种独立的现象学考量是单薄的，这种单薄性揭示出，皮考克所认为的天真反思的结果事实上是对塞拉斯先验思想的隐含接受所控制的。

还有另一个假定的理由让人们认为视觉经验必须具有感觉特性，这一理由同样不是塞拉斯式的。我在这三篇文章中同样不会对此进行讨论。这个理由是：必须有一个二维的感觉分布来担任视觉经验的表征内容的载体，就好像画面上的颜料分布是图画的表征内容的载体一样。

的线下元素时。㉛ 这类概念片段（处于……这样一种视觉印象之下）单纯作为概念片段在出现时就是统觉的材料。㉜ 相反，另一意义上的印象只有在不是作为完整知觉经验图景中的线下元素时才能被统觉。

有些词语自然带有这两种用法，这一事实也许暗示了塞拉斯的图景为什么会呈现这一形态。根据塞拉斯的图景，当一个概念片段被统觉为"处于……这样一种视觉印象之下"这类印象，作为统觉材料的就是**这条**包含在正常知觉活动中的知觉表征之流；线下意义上的印象之流引导知觉表征之流，使之"包含"相关的断言。这或许就是为什么就统觉的运作而言，概念表征可以恰当地从属于"处于……这样一种视觉印象之下"这一类别。但统觉的运作中并不包含上面提到的这种引导是如何起作用的。一旦起引导作用的线下印象被统觉到，它们就不能再发挥它们的引导功能。㉝

7. 塞拉斯认为这一图景本质上是康德的目标，虽然他不得不认识到康德并没有在他的著作中对此做出足够的展开。首先，康德"试图将'意识'的概念限制为统觉与被统觉"，这就让我们很难在康德的著作中找到这样一种观念，即印象或感觉可以在不被统觉的情况下出现在意识中。㉞ 更为根本的一个问题是，塞拉斯发现康德在他的理论中对空间是否是外部感觉形式的问题感到严重困惑。㉟ 我们不免会想塞拉斯是否

㉛ 参见《科学与形而上学》，第19页。塞拉斯区分了"一个红色矩形的印象"和"一人躲在角落里的印象"。他说后一种意向为"一种概念状态"（或片段），他在第14页将这种印象等同于"处于……这样一种视觉印象之下"。

㉜ 这并不是说它们被实际统觉了。统觉的"我思"必须**能够**伴随我的所有表征（《纯粹理性批判》，B131），这并不是"我思"实际伴随所有表征。但概念表征作为统觉材料的方式不同于（在一个合理的塞拉斯式图景中）感知觉作为统觉材料的方式，对感知觉的统觉需要某种新的概念表征，这种概念表征包含的概念首要地源于这样一种先验理论，即对外部实在的概念表征如何受到杂多的"单纯感受性"的引导。

㉝ 关于这种引导，可参见《科学与形而上学》第16页。

㉞ 同上书，第11页。

㉟ 同上书，第8页："空间是外部感觉形式，这个观念是不自恰的。"

错误地理解了康德。塞拉斯对康德的解读乃是(完全恰当地)基于自己对应该如何理解知觉经验的确信，因此我们不免会想以下这个塞拉斯的观点是否是错的，好的哲学要求印象或感觉承担他分配给它们的角色。这些是下一篇文章的问题。

二
直观的逻辑形式

1. 我在三篇文章的第一篇中引出了塞拉斯关于知觉经验（其中塞拉斯最关注的是视觉经验）的图景。

塞拉斯的图景中既有线上元素又有线下元素，这一点对塑造他的思想是很重要的。我们需要这样来理解区分生命事件特征的界限：这一界限区分了作为概念能力之实现的特征与那些不需要被如此理解的特征。

在塞拉斯视觉经验图景中的线上部分中，有一类特殊的概念片段。由于它们是概念片段，所以"包含"了关于环境的断言。但是这类片段与其他片段不同，因为它们以一种特殊的方式"包含"它们的断言：由主体表面地得出或由一个表面的所见对象给主体造成印象。

在塞拉斯视觉经验图景中的线下部分中，有一些复杂或杂多的视觉感觉，也就是不包含概念的视觉片段或状态。塞拉斯为什么认为他的图景既要包括这一元素又要包括相关类别的概念片段？塞拉斯并不是要确保他的图景尊重现象学事实：除非我们提到线下元素，否则就不存在任何感觉的（更不用提视觉的）片段。相反，线上片段作为特殊类别的概念片段在塞拉斯视觉经验中所扮演的角色已经被理解为感觉（特别是视觉）意识的概念形态。塞拉斯的想法毋宁说是这样的：出于先验的理由我们需要认识到这一图景中的线下元素。他的观点是，我们有权谈论这样一种概念片段，断言之所以能在这种片段中给主体（图景中的线上元素）造成表面的视觉印象，唯一的原因是：这种概念表征之流是由感觉杂多——感觉（特别是视觉意识）中不包含概念的片段或状态——所引导的。

塞拉斯认为这一图景本质上是康德式的，虽然他抱怨即使康德自己也没有清楚地做出这一必要区分。我在第一篇文章的最后提出，这一点促使我们去思考一种不同的解读上的可能性。包含概念表征之流的知觉由杂多的"单纯感受性"引导的观念也许根本就不是康德式的。我的主张是：确实如此。这个观念是塞拉斯强加在康德上的，虽然他清楚地认识到这样做的代价，即需要指责康德的思想中存在着困惑。塞拉斯愿意付出这个代价，因为他确信，为了令人满意地执行康德的方案，这一观念是必须的。我将在这篇和下篇文章中主张，塞拉斯在这一点上也是错的。我想指出，塞拉斯图景中的线下元素远没有让我们对知觉的意向性感到舒服，从而也没有让我们对一般的意向性感到舒服；实际上，这些元素阻碍了我们对知觉和思维如何指向对象给出一个有用的构想。一旦我们抛弃了塞拉斯对康德赋予感性的先验角色所做的解释，我们就能在康德那里找到这一构想（或者至少是这一构想的萌芽）。

2. 塞拉斯坚定地确信，康德通常所谓的"直观"是个体的表征，这些表征已经包含了与概念联系在一起的知性功能。他指出，如此解释下的直观将个体表征为**如此这般**(this-such)。① 我认为这一点非常有帮助，我要对此做一番探索。如此解释下的直观既包含了感性又包含了知性。我们或许可以将如此解释下的直观描述为经过知觉塑造的感觉意识，以回应我在讨论塞拉斯所构想的"包含"断言的知觉片段（在《经验主义与心灵哲学》给出的知觉经验图景中，这些片段是线上元素）时所用的表达。

但是我又说过，塞拉斯确信康德也需要按照他的思路谈论感性。将直观首先解释为感觉意识并不是塞拉斯的思路，因为根据这种解释，直

---

① 参见《科学与形而上学》（第 3 页）："我认为这种解释在整体上是正确的，根据这一模式，直观就成了**这一个**(thises)的表征，它们是概念性的，即以一种特殊的方式将**这一个**表征为是概念性的。"第 4—7 页对此进行了详细阐述，塞拉斯指出，将某物表征为**这一个**就是将它表征为**如此这般**。

观中的感觉意识已经被概念功能所塑造了。塞拉斯认为康德需要感性扮演的先验角色是要后者提供未经知性塑造的感觉杂多，从而引导知觉中的概念表征之流。因此，塞拉斯认为康德还需要将"直观"——指称运作中的感性的最一般的概念——应用于不包含知性（概念功能）的事件："我们似乎……要区分两种直观，一种直观包含了某些超越单纯感受性的东西，另一种则不然。"②

塞拉斯认为康德的失败之处在于他没有区分对"直观"的这两种解释。塞拉斯将这一失败隐含地对应于感觉材料这一杂交的经典概念（《经验主义与心灵哲学》）："康德对'直观'这个与人类知识联系在一起的概念的使用模糊了下面两者间的区分：一方面是个体**概念**表征的一个特殊子类，虽然这种表征的功能在某种意义上是感受性，但它们又从属于一个不在任何意义上先于一般概念，而是在本质上包含了后者的框架；另一方面则是另一类完全不同的个体表征，这种表征从属于单纯感受性，且在任何意义上都不是概念性的。"③这就像那个杂交概念：没有根据塞拉斯所划的界线将线上与线下元素分开来。

塞拉斯在康德那里发现了这种隐含的杂交，这一事实有助于解释他在康德那里发现的线上直观的某些特征。根据塞拉斯的解读，在某些应用中，康德的线上直观因为和线下直观隐含地杂交在一起而受到了扭曲。

线上直观将它的对象表征为如此这般。比如，某个视觉直观或许会将它的对象表征为**这个立方体**。那么"立方体"这个词对这种特殊的直观内容做出了何种贡献？在塞拉斯看来，康德认为"立方体"一词先在于立方体的概念，这样我们就能根据这个概念判断某物是一个立方体。根据塞拉斯的解读，康德认为立方体的概念——以断言的形式出现在判断中的概念——是通过知性的分析活动从直观中某些还不是概念的东西

---

② 《科学与形而上学》，第 4 页，还可参见第 7 页（§17）。
③ 《科学与形而上学》，第 7 页，比较《经验主义与心灵哲学》，§24。

那里推衍而来的,这些东西虽然不包含概念,但能够通过伪装成创造性想象力的知性功能的综合运作将它们的对象表征为**这个立方体**。④

根据这一观点,将某个对象表征为**这个立方体**中的**立方体**先在于判断某物**是一个立方体**中的**立方体**。塞拉斯指出,这种关于先在性(priority)的提议是"令人困惑的"。⑤ 但是如果放到下面这个语境中,即塞拉斯发现康德那里存在一种观点对应于《经验主义与心灵哲学》中的杂交概念,这个提议就有了意义。塞拉斯在康德那里发现的观点是:有些直观只是原概念性的(proto-conceptual)。这个观点可被视为对下面这一压力的回应(假定塞拉斯的康德因为暗中陷在杂交概念当中而没有恰当地理解这一压力):要一个杂交的直观概念提供一种非概念性片段的观念;但是事实上,这种观念只有在杂交得到揭示的情况下才会变得清晰。

塞拉斯说:"康德的理论……要求存在一种完全确定的、'基本的'知觉性的如此这般"。⑥ 这一点符合下面这个观点,即康德认为概念(至少是基本层面上的)是对只是原概念的**如此这般**的表征进行抽象推衍得到的。隐含的对杂交概念承认扭曲了康德的思想,这一认识符合塞拉斯在康德那里找到的关于大多数经验概念如何形成的观点,这种观点在某种意义上的抽象主义的。⑦

---

④ 参见《科学与形而上学》,第 4—7 页。
⑤ 同上书,第 5 页。
⑥ 同上书,第 7 页。
⑦ 这是一种特殊的抽象主义。塞拉斯在其他地方(比如"Phenomenalism",第 90 页)认为康德提出了下面这个观点,即概念不能通过对**感觉**的抽象推衍得到,这样一个将内容转化为理智的过程就好像是杰克·霍纳(Jack Horner)想把手指变成李子。(比较《科学与形而上学》,第 20 页)。他在《科学与形而上学》中将这样一个立场归于康德:概念不是通过对感觉的抽象推衍得到的,直观已经受到了知性的塑造。但这一立场仍然违背塞拉斯的一个基本确信:将事物经验为如此这般的能力应该同时被视为将事物判断为如此这般的能力。

藏于《科学与形而上学》之下的是一幅关于创造性想象力如何从(严格的)感觉材料中产生直观的细节化图景。这一图景能帮助我们解释塞拉斯归于康德的感念形成观。参见塞拉斯的文章"The Role of the Imagination in Kant's Theory of Experience",我无法在这里就此展开。

3. 根据塞拉斯对康德式立场所需条件的看法,先验感性论应该处理体现在的直观中的形式,这种直观是第二种解释下的,也就是先于任何知性运作的杂多的感觉印象,它们先验地推动了第一种解释下的直观,也就是既包含了知性也包含了感性的直观。只要感性论与"外部感觉"相关,康德在感性论中所谈话题的形式就应该体现杂多的"单纯感受性",这种单纯感受性先验地产生外指的、包含知性运作的片段。康德说外部感觉的形式是空间。如果他的话题是塞拉斯所认为的那样,那么他的意思是就会是空间为先验图景(对外部对象的意识就是经过知性塑造的感觉意识)中的线下元素提供形式。但是塞拉斯又抱怨,康德在感性论中考虑的空间是第一种解释下的外部形式直观,这种解释下的直观已经包含了知性。根据这一形式,如此这般是第一种解释下的外部直观的对象,是经过知性塑造的感觉意识片段,它们是被给予主体的。也就是说,空间提供的形式是线上的,感性论没有讨论它应该讨论的东西,即一种在线下运作的形式。[8]

塞拉斯在如此抱怨时忽视了另一种解读,那就是感性论是如何契合《纯粹理性批判》的总体方案的。根据这一解读,我们应该用作为感性自律形式的空间(无须任何知性的介入就可被理解)来解释外部感觉的外指性。当康德在先验分析论中引入知性之后,感性论业已提供的外指性(根据上面的解读)就有了新的形式——对明确**对象**的指向性。根据这一解读,感性论考量下的空间运作是线下的,而知性的运作则是线上的。

塞拉斯的抱怨没有给这一解读留下任何空间。这一抱怨暗示了他是这样解读康德的:空间为主体性的外部指向性提供形式的观念无法在脱离下面这一观念的情况下单独得到理解,即第一种解释下的外部直观(经过知性塑造的感性)的对象是现成的。也就是说,我们只有同时拥有分析论和感性论的前提下才能理解感性论所考量的、作为外部感觉形

---

⑧ 参见《科学与形而上学》,第 8、28—30 页。

式的空间。在塞拉斯看来,空间作为"感觉本身"的自律形式不应该被明确地和对象放在一起,它不是现成的外部母体或舞台,而是内部状态或片段的形式。他认为康德应该考虑到这一点。我们对空间的理解应该是下面这一理解的类似延伸:空间是外部的母体,第一种解释下的直观(经过知性塑造的感性)在其中定位对象。⑨

我认为塞拉斯在这里很好地理解了康德提出空间是外部感觉形式的理论意图,并很好地理解了将空间性理解为母体(外部对象在其中被给予我们)的可能性。塞拉斯所忽视的解读并不契合康德的思想,且没有任何哲学上的意义。⑩ 我不同意塞拉斯的地方是他以下的这一确信:康德没有讨论"感觉本身"所具有的、不包含任何知性参与的形式,这是他这样抱怨的理由。

塞拉斯的抱怨是:"康德从未充分地讨论被如此表征的感受性的特征,这些特征应该是感性形式所包含的**恰当**含义,而随着《纯粹理性批判》论证的推进,所谓的感性形式也更为明显地变成了概念表征的形式。"⑪"从未充分地讨论"似乎是有意的保守说法;就我所知,康德从未提到过塞拉斯认为他应该提到的感性形式的这层含义。康德或许在感性论中隐含地认为感觉是一种经验性直观(A20/B34),并在此之后偶然谈论作为知觉或经验知识的感觉(比如 A42/B59-60;A167/B209)。但

---

⑨ 参见《科学与形而上学》,第 29 页。论内部感觉的附录(第 230—238 页)对作为内部感觉形式的时间作了类似的分析。
⑩ 这里我不得不变得教条主义。我在这个哲学问题上简单地追随塞拉斯。关于康德思想的契合问题(我在这个问题上也追随塞拉斯,虽然我不赞同塞拉斯将这一发现作为指责理由的做法),可参见 B160 的脚注。康德在这个脚注中说,感性认为作为形式化直观的空间"只属于感性",这是误导性的;空间的确"先于任何概念",但它预设了知性的运作。我想或许可以这样为我所追随的塞拉斯解读辩护:不管康德在脚注中怎么说,外部形式直观(康德把它和形式化直观区分开来)仍然能够成为独立于知性的、对感性的自律探究的话题。但是我们很难把作为外部形式直观的空间性与"形式化直观"(空间本身是直观的对象)的可能性区分开来。如果是这样,那么康德的脚注就是在暗示我们放弃下面这一理论,即将空间作为外部感觉形式的观念可以脱离分析论得到理解。
⑪《科学与形而上学》,第 30 页。

他从没有说感觉有其**自身的**形式,感觉在知性的介入下变成了知觉、概念和经验知识,随着《纯粹理性批判》的展开,这一点——正如塞拉斯所说的——也变得越来越清晰。⑫

塞拉斯确信恰当的康德式立场需要感觉本身的形式,也就是"单纯感受性"的形式。他认为感性论并没有考虑这一话题,这一理解我认为是正确的。因此,塞拉斯认为康德自己的陈述中遗漏了其立场中某些根本性的东西。(这一确信还反映于塞拉斯在康德思想中找到的其他特质:杂交概念的对应观念、"令人困惑的"抽象主义概念形成观。)我们不免会想,康德是否真的如此过分地遗漏了自身思想所必需的东西。或许一个恰当的康德式外部感觉概念并不需要任何作为"单纯感受性"的感觉形式,而只需要塞拉斯理解的(我认为是正确的)康德分配给空间的角色:作为既包含知性又包含感性的外部直观的形式。也就是说,一个线下的感性概念或许并不需要扮演塞拉斯赋予它的先验角色。这是接下来我要极力主张的。

4. 塞拉斯从《纯粹理性批判》题为"发现一切纯粹知性概念的线索"(以下简称"线索")的一章中(所谓的"形而上学演绎")引了一段话。康德说,"赋予**一个判断中**的各种不同表象以统一性的那同一个机能,也赋予**一个直观中**各种不同表象的单纯综合以统一性"(A79/B104 - 5)⑬。但是我又指出,塞拉斯认为康德持如下的观点:直观将它的对象表征为如此这般,而这里的"这"(至少对基本层面的直观来说)并不一定要表达判断中相应的断言性概念。我认为这意味着塞拉斯无法充分理解他引自"线索"的这段话。

这里我需要重提我在第一篇文章中说过的一些话,当时我试图给出这样一个康德式的观念:概念能力在判断中得到范型性的实现。如果

---

⑫ 比较一下我们会如何思考有自身形式的、独立于雕塑形态或枪尖形态的青铜。

⑬ 塞拉斯的引用参见《科学与形而上学》,第 4 页。

我们做出了某个判断，比如面前有一个红色立方体，那么我们就联合运用了多种概念能力，并且这些能力中至少包含判断某人面前有一个红色角锥体和判断某人面前有一个蓝色立方体时会用到能力。我们并不只是将这些能力联合运用于某个单一的判断行为当中，无论是判断面前有一个红色角锥体还是有一个蓝色立方体。我们必须要以一种正确的"共同性"运用这些能力。要判断面前有一个红色立方体，我们要以一种共同性运用我单独列出的这两种能力，这种共同性对应于"红色"和"立方体"这两个词在"我面前有一个红色立方体"这一语言表达中"逻辑"共同性。

我们可以将此与"线索"联系起来。为了判断面前有一个红色立方体，我们要以一种类似的共同性模式运用我单独列出的这两种能力，这部分地界定了——用康德的话来说——在判断中赋予各种表征以统一性的功能。

我在第一篇文章中将这一判断概念作为另一个类似概念的基础，即（用塞拉斯在《经验主义与心灵哲学》中的话来说）"包含"断言的知觉（特别是视觉）经验。表面地看到面前有一个红色立方体和判断面前有一个红色立方体是以一种**相同**的共同性运用**相同**的概念能力。这说明表面的看所"包含"的断言内容与相应判断的内容是相同的。

以恰当的共同性实现概念能力，判断和表面的看在这一点上是相似的。它们的不同只在于实现相关概念能力的方式。判断自由而负责地运用概念能力，而在表面的看当中，概念能力则是在表面的所见对象的迫使下不自觉地被拉入运作。

但是因为这两种概念片段都是以恰当的共同性实现恰当的概念能力，所以"线索"中的"逻辑"要点不仅可用于判断，还可用于表面的看。为了部分地界定在判断（面前有一个红色立方体）中赋予各种表征以统一性的功能，我根据塞拉斯探索了判断与断言之间的相似性：我们必须要以一种共同性运用对应于"红色"的概念能力和对应于"立方体"的概念能力,这种共同性对应于"红色"和"立方体"这两个词在"我面前有一个红色立方体"这一语言表达中的共同性。我们可以把"线索"的话加以改造这样来说:赋予一个判断中的各种不同表征以统一性的那同一个功能,也赋予一个直观中各种不同表征的单纯综合以统一性。

对任何表面的看来说,其内容上的特质都不只是面前有一个红色立方体,即便它的内容确实包含了后者。⑭ 出于本文的目的,我可以基本上忽略这一点,但与本文相关的一点是:如果某个表面的看的内容可以被部分地界定为某人面前有一个红色立方体,那么这个红色立方体就会被明确地**放在**某人面前,而不是其他地方。站在主体的角度,这一表面的看的内容可以被表达为"**那里**有一个红色立方体"。"那里"的使用具有明确的意义,因为主体以一种特殊的方式使它指向了表面的所见环境中的表面呈现。"那里"在一个非外显的概念事件中的使用同样也是如此,我们必须将这一模式理解为通过说"那里有一个红色立方体"这句话来做出断言(就像塞拉斯在《经验主义与心灵哲学》中对表面的看所做的分析)。⑮

让我们想象一个表面的看,它的(一部分)内容是**那里**有一个红色立方体。(我们必须站在主体的角度来想象这样一个表面的看。)现在让我们假定这个表面的看并不只是表面的看,而是看。在这种情况下,主体要么在经验内容的外在表达中使用"那里",要么在相应的非外显概念事件中使用"那里",这两种使用都意味着那个位置上**确实**有一个红色立方体。在这一概念事件中,实际有一个红色立方体的经验作为一种看是被引入主体的视角当中的:在主体看来**那里有一个红色立方体**。如果我们想象自己站在主体的角度,我们就不得不认为这种对"那里"的使用具

---

⑭ 参见《经验主义与心灵哲学》,§22。
⑮ 比较吉奇从阿奎纳那里借用过来的"返回感觉的表象"(conversio ad phantasmata)概念,《心理行为》,第65、72、74页。

有明确的意义，因为这里所包含的指向性就是下面这种情况下的指向性：如果我们用"那里"来界定所见的表面事件内容，"那里"就具有一种指向（表面）所见环境中的（表面）呈现的明确意义。

至此我得出的是一种表征（或者至少是表象［Vorstellung］）概念，这一概念符合标准的康德式直观：对对象的直接感性表征。⑯ 这一概念还符合塞拉斯所坚持的观点，即直观在康德那里主要是归属于线上的。用"直接"来描述这种直观的特征并不意味着后者"不包含知性"，这种直观并不是塞拉斯认为康德所需要的直观，也就是"单纯感受性"的运作。塞拉斯对"直接"有一个更好的不同解释，他主张康德意义上的直观主要是对**这一个**（或**那一个**）的表征，或者更完整地说，是对**如此这般**（或**如此那般**）的表征；因此不可避免的是，这些表征虽然是对对象的直接表征，但明显已经包含了知性。⑰ "线索"中的话指出了我们该如何理解这个意义上的直观，即以一种适当的"逻辑"共同性而实现的概念能力。

表面的看是以一种特殊的"逻辑"共同性而实现的概念能力。它之所以和其他种类的概念片段（比如判断）相对立，乃是因为这种概念能力的实现是概念对感觉（特别是视觉）意识加以塑造的结果。"线索"说直观的特征同样也是这种"逻辑"共同性。如果表面的看是一种看，那么从一个不同的角度来看，构成它的对视觉意识的概念塑造（在视觉意识中以相同的"逻辑"共同性实现的概念能力）也是一种直观：对象对感觉的直接呈现。"看到……"就是**对一个对象**的看，至少对我所举的例子来说是这样。如果将康德在"线索"中所说的应用到我所举的例子当中，我们可以这样说：在**确实存在**直观的情况下，也就是说，在表面的看就是看的情况下，赋予一个判断（站在主体的角度，这一判断的内容是"**那里有一个红色立方体**"）中的各种不同表征以统一性的那同一个功能（此功能

32

---

⑯ 比如可参见 A19/B33。
⑰ 比较《科学与形而上学》，第 3 页。

将运用于这一判断中的各种概念能力统一起来，或者说将与这一判断内容相同的表面的看中的各种表征统一起来），也赋予一个直观（站在主体的角度，这一直观就是**那里有一个红色立方体**或**那个红色立方体**）中各种不同表征的单纯综合以统一性。⑱

"立方体"是对直观（这一直观将它的对象表征为那个红色**立方体**）内容的一个界定，这一事实反映出直观主体必须在自己的感觉意识中实现某种**概念**能力（拥有立方体的概念），同一种能力的运用还部分地决定了我们站在主体的角度做出的"那是一个红色立方体"这一判断形式中的断言要素。事实上，直观中相关概念能力的实现**就是**后者在概念事件中的实现，如果我们站在主体的角度，概念事件的内容就是判断性的，也就是说，概念事件就是以"**那里有一个红色立方体**"为内容的看（"看到……"）。在用"看到……"描述的过程中，我们明显将某个概念的表达放到了断言性的位置上，因此"看到……"就是作为直观的概念事件，它们是以相同的"逻辑"共同性实现的相同的概念能力。

因此，不同于塞拉斯解读下的康德，当我们说一个直观将它的对象表征为一个立方体时，"立方体"一词对构成这一直观所作的贡献并不只是知性的原概念性的。塞拉斯坚持认为（我认为是正确的），康德式的直观已经包含了知性。因此，我一直在这样表达：直观并不是**概念**对感觉意识的塑造，而是**知性**对感觉意识的塑造。这样做是想为下面这一事实留下空间：根据塞拉斯的解读，知性作为概念功能运作于构成直观的过程中，而概念（至少在基本层面的直观中）则并非如此。但是根据我的不同解读，我可以丢弃这种累赘的说法，说直观就像"看到……"，是**概念**对

---

⑱ 基于将概念与共相（一般性）联系在一起的康德式观点（比如可参见 A320/B377），看到**那里有一个红色立方体**或对**那个**红色立方体的直观如何能够成为一个概念片段？一般概念能力的概念并没有问题，我们可以用这些概念来描述特殊经验的事实（如果这些描述确实展现了主体经验情境的特殊性）说明一般概念能力是可以实现的。我们所思考的能力（通过说"那里"或使用与其对应的非外显概念片段来确定位置和决定对象）并不局限于它的特殊实现。

感觉意识的塑造。从不同的角度来看，**对对象**的视觉直观就是"看到……"。这里并不存在塞拉斯在康德那里找到的关于基本经验概念之形成的抽象主义图景。

康德在"线索"中谈论直观中的"各种不同表象的单纯综合"。"单纯综合"这一表达隐含地将直观的统一性与判断的统一性区分开来。塞拉斯还引了这段话之前的一段话，这两段话应该联系起来看。康德说，综合"只不过是想象力的结果，即灵魂的一种盲目的、尽管是不可缺少的机能的结果"。(A78/B103)塞拉斯可以引用这句话来支持他的观点：康德所设想的直观只是原概念性的，即便它们已经包含了知性的综合能力，并由此可以作为概念的来源。但康德的这些话在我所给出的不同解读下也是完全可理解的。"单纯综合"只是发生的事件，它不像判断那样是我们的行为，它不需要我们决定如何去思维某物。这和下面这个观点是非常一致的，即对象在概念性能力的实现中呈现给我们，这些完全概念性能力的实现范型运作于履行认知责任的判断中。

5. 我同意塞拉斯的观点：我们可以用"那个红色立方体"这样的短语来表达康德式直观的内容。我们或许可以认为如果一个概念事件的内容可以像这样用一个非整句的短语来表达，那么它在本质上就是某些更为宽泛的概念事件(比如"那个红色立方体太大，装不进箱子"这个判断)的潜在成分。(像之前一样，为了理解这里所使用的"那个"，我们必须让自己站在主体的角度来看这种特殊的概念事件。)

我并不想就这一观点展开辩论。与本文目的相关的一点是：我们还可以用一种方式来理解这些可以用短语来表达其内容的概念事件，即这些概念事件的内容是判断性的(在我的例子中，判断性内容是"**那里有一个红色立方体**")。(我们还是要让自己站在主体的角度去处理这里所使用的"那里"。)上面提到的另一个想法——直观内容本质上是判断内容的一个片段——意味着看到对象的能力本质上取决于做判断的能力，而这的确是我在康德的立场中找到的含义。但是从我所强调的观点得出的并不只是这一点,更为根本的一点是:看到对象这种能力的实现本身已经是发生在我们生命事件中的、包含判断内容的能力的实现,而不只是后面这种实现中的一个元素。

在此为止,我们或许可以认为,对主体而言,包含判断内容的概念能力有时可以(但并不总是)以直观的形态实现:在实际的视觉直观中,对象在直观事件中被看到。但这不可能是康德的观点,因为这违反了他所坚持的观点:直观对思维的概念化来说是不可或缺的。⑲ 康德的观点应该是这样的:概念指令系统就是能在基本的层面上让对象直接呈现给主体的能力系统。

第一篇文章中,我在塞拉斯对知识基础这一隐喻的讨论中(《经验主义与心灵哲学》)找到了一种非传统的经验论,上面的这个观点给这种经验论带来了一个新的变化。塞拉斯提出的已经是非常深刻的康德式图景,我们现在要来看一看如何让它变得更为康德化。

我已经指出,塞拉斯并不抗拒下面这个经验论观点:在我们把信念同它们的根据维系在一起的逻辑维度中,世界观中的所有其他东西都依赖于知觉知识。塞拉斯在此之上又增加了另一个维度(在这一维度中,我们可以在相反的方向找到另一种依赖关系),由此改造了这幅经验论图景。他坚持认为,知觉知识以及更为一般的知觉经验——不管它们是否产生知识——都"包含"断言,因此我们可以基于以下事实假定它们都能产生知识,即在另一个逻辑维度中,"包含"在知觉经验中的断言在世界观中有它们的位置。这种上层结构对知觉基础的依赖(我们现在姑且只能这样叫它)是先验的。只有在构成客观意义的概念符合世界观(这一世界观在另一个逻辑维度中又建立在经验的传达之上)的情况下,我们才能将可被理解的客观意义赋予知觉经验。但是上层结构对知觉基础的这种向下的依赖仍然是狭窄的认识论意义上的。

---

⑲ 比如可参见 A50-2/B74-6。

我所做的改变是这样：通过我所主张的康德式直观概念，我们可以在这幅图景中加入一种非狭窄认识论意义上的向下依赖，这种向下依赖就像塞拉斯图景中已有向上依赖那样是先验的，只有这样这幅图景才能以一种可被理解的方式描述对客观实在的指向性。康德暗示说思维无直观是空的。[20] 现在我们能够看清，他的观点（至少最初）并不是要坚持概念必须要能够在**基于**经验（为此经验必须具有判断内容，比如"看到……"）的判断中发挥作用。先验的要求是：概念活动具有**内容**这一点必须是可被理解的。而康德的观点是：只有我们看清概念指令系统如何提供概念状态或片段，并且在这些状态或片段中，概念活动的内容如何在能力（这些能力属于概念指令系统）实现的过程中得到感觉性的呈现，上面这一点才能被理解。[21]

我们当然能将思维引向因为太小或太远而无法看到的对象，但是在这种情况下思维是通过理论指向对象的。我们必须在经验中寻找理论的最终根据。只有理解了将对象带入视野的经验，我们才能理解理论的最终根据为什么在经验中（这个观念在目前为止而是狭窄的认识论意义上的），以及经验为什么是由"看到……"组成的。只有看清了对象是如何在概念事件中直接呈现给思维者经过概念塑造的感觉意识的，我们才能理解让思维能够最终指向客观事物的概念。但是对等地，只有看清了思维是如何通过理论的中介与它的内容相关的，我们才能理解这样的概念事件，而这正是将塞拉斯的向上依赖应用于直观和世界观之间的关系。

最后这句话开启了一个我尚未提及的话题：康德是"线索"只是一条发现所谓的纯粹知性概念的线索。当他说这些话的时候，我们仍然在等待他对"纯粹概念"做出先验演绎。因此，即便我正确地从"线索"中引

---

[20] 这一暗示隐含于"思维无内容是空的，直观无概念是盲的"。（A51/B76）
[21] 这修正了我在《心灵与世界》中给出的康德式图景。当时我认为在康德式的对对象的直观中，"对象"仅仅意味着"某种程度上的客观事物"，它包括（比如说）事件的状态。现在我认为"对象"的意思更接近弗雷格在他的标准翻译中所指的意思。

出了直观概念,康德仍需完成他的先验演绎,因为这样我们才有权接受对象在直观中直接呈现给主体的观念。我们仍然需要理解范畴是如何使经验成为可能的。

这是一个复杂而庞大的问题,我无法在这几篇文章中深入展开。(根据我目前之所见,范畴同直观概念一样并没有在塞拉斯对康德的解读中得到明确呈现,而这正是我想要探索和改进。[22])但是我之前所说的只是基于我们已有的立场给这个话题暗示了一个方向。我已经在"线索"中找到了一种直观概念,并试图将这一概念引入塞拉斯图景(根据他对"基础"隐喻的反思)的一个变体当中。在这样做的同时,我悄悄给某些范畴性的东西指明了位置。为了让概念活动具有客观意义,我们不得不弄清楚概念能力的实现是如何包括直观的。但是根据塞拉斯新版本的向上依赖,只有在看清了对象是如何符合世界观的之后,我们才能理解对象是如何在直观中被我们看到的。这一观点需要某些范畴性的东西以及康德赋予它们的原则作为基础。[23]

6. 塞拉斯认为感性在康德式思维中所扮演的先验角色是:提供杂多的"单纯感受性"以引导概念表征。他指出,如果康德要"避免从黑格尔的《精神现象学》到19世纪观念论的辩证法"[24],他就需要这幅图景。

---

[22] 但我们也可参见塞拉斯的文章《对康德经验理论的一些评论》("Some Remarks on Kant's Theory of Experience")。

[23] 塞拉斯说:"下面这一点是很重要的:除非我们拥有所有关于时空中物理对象的可观察属性的概念(我们甚至还将看到,除此之外还需要更多的东西),否则我们就无法将任何概念归属于它们。"(《经验主义与心灵哲学》,第19节)"我们还将看到"指的是对"基础"隐喻的讨论。塞拉斯说,除非知道关于世界的很多东西,否则我们对可观察属性将毫无概念。我们可以用康德式的概念来表述塞拉斯的观点:获得第一个概念能力之前必然需要许多概念能力,这些概念能力相互联系的总体就是体现了知性之必然形式的概念指令系统。也就是说,获得第一个概念能力之前必须获得一个与纯粹知性的原则相一致的世界观。(至于这些原则和形式是什么,我们当然可以持不同于康德的看法。)

[24] 《科学与形而上学》,第16页。还可参见第29页。塞拉斯在后一处指出,康德没有对感觉形式和"由感受性'引导'的直观性概念表征的'形式'"做必要的区分。他说:"这些特殊的问题在康德离开之后马上被黑格尔和密尔搅混了,哲学不得不开始缓慢爬行着'回到康德',这一过程仍在进行当中。"塞拉斯的观点大概是这样的:黑格尔试图在不需要"单 (转下页)

这一说法对我们是有帮助的。

塞拉斯将黑格尔视为一个恶人，认为后者没有认识到任何对思维的外部限制，从而使人无法理解他所提供的图景如何能指向独立的实在，而思维要被辨识为思维就必须指向实在。但塞拉斯没有考虑到下面这一事实：黑格尔认为他所找到的在自己的领域内自由运作的理性概念正好勾勒了康德试图在第一和第三批判中描述的感觉与知性的相互贯通。㉕黑格尔式的理性不需要来自外部的限制，因为他自身之内就包含了康德归于感性的感受性。

我所得出的康德式直观概念也许能将理性这个困难的概念拉回到地球上。塞拉斯的观点是：思维要成为关于客观实在思维，知觉经验中的概念表征一定要得到来自外部的引导。虽然事实确实如此，但我们不需要杂多的"单纯感受性"来扮演这个引导的角色。根据"线索"所勾勒的直观概念，我们所理解的引导是由**对象**本身提供的，也就是说，概念表征的内容直接呈现给概念事件之主体的感觉意识。

塞拉斯有他自己的意象来表达这种对外部限制的需要，那就是对引导等概念谈论。实际上，比起塞拉斯提出的"单纯感受性"的限制，这一意象更契合概念表征内容的限制。

任何忠实于《经验主义与心灵哲学》的研究者一定会对塞拉斯在《科学与形而上学》中所说的话感到不舒服。塞拉斯说，线下的状态或片段**引导**线上的状态或片段。这样的说法似乎有退回所予神话的危险，尤其奇怪的是这竟然是塞拉斯说的。㉖

（接上页）纯感受性"的先验引导的前提下用线上元素来包办一切，而密尔则退回到所予神话的经验论版本，试图最终用线下元素来包办一切。
㉕ 这里我参考了比阿特丽斯·隆格内斯（Béatrice Longuenesse）的文章《人的视角或上帝的知识：康德与黑格尔论概念、判断和理性》（"Point of View of Man or Knowledge of God: Kant and Hegel on Concept, Judgment and Reason"）。
㉖ 从这一点出发，我们能够看清布兰顿在《使之清晰》第4章提出的观察性断言和知识也许并不是一个彻底的非塞拉斯式的概念，而是对塞拉斯的基本直观概念的温和解读。（转下页）

知性在知觉中的运作被伪装成创造性想象力,塞拉斯在讨论这一点时甚至更加尖锐地指出,先验设定的非概念性感觉印象杂多是"一个对结果有强大影响的独立因素"㉗。这样的说法同样有退回所予观念的危险。但即使撇开这一点不谈,我们也很难明确说明这一因素。杂多的"单纯感受性"在扮演塞拉斯试图赋予它的角色时并没有直接对**我们**说话;我已经在第一篇文章中讨论过,"单纯感觉性"是塞拉斯思想的一个自然隐喻,它在扮演自己的角色时并没有被统觉到。一旦杂多的"单纯感受性"对我们说话,它就不再扮演它的先验角色,这是对这个隐喻的自然解释。那么,它在扮演未被统觉的先验角色(影响知性在知觉经验中的运作)时是在对谁(或什么)说话?或许是运作中的知性?但是如果杂多的"单纯感受性"是在对我们的知性而不是对我们说话,我们就是在将我们的知性和我们自己笨拙地分离开来,就好像知性是一个独立的、在我们背后运作的认知主体一样。

但是我们还可以认为必要的外部限制(在塞拉斯看来)就是对象本身将包含在知觉中的概念表征内容在直观中施加给主体,这样的观点能更加容易地契合"单纯感受性"所扮演的角色。如此这般的所见对象邀请我们将其视为它所呈现的样子。它对我们说话;如果它对我们的知性说话,那也只是对我们所想到的东西说话。它这样对我们说,"把我看成如我所是,也就是说,我的特征就是**这些**属性",在说话的同时它展现了它的属性。

(接上页)根据这一观点,塞拉斯想要将感觉意识保留在图景中的愿望是某个过时而危险的哲学观念的残余,他自己已经在攻击所予神话时破坏了这一观念。这一观念有一个健康的替代物,那就是可靠而有差别的回应倾向这个单纯的观念。根据这一观点,感觉只是回应与回应对象之因果联系的一个细节,赋予其更多哲学上的重要性——塞拉斯在《科学与形而上学》中令人吃惊这样做了——只会导致前塞拉斯式的危险。我同意布兰顿的观点:塞拉斯的思想需要一种温和的解读,但是,在警惕布兰顿想要避免的危险的同时,我又想保留塞拉斯的康德式思想:感性具有先验的重要性。

㉗《科学与形而上学》,第 16 页。

但是这样的意象并不能解决塞拉斯提出的黑格尔问题。塞拉斯自己毕竟也在《经验主义与心灵哲学》中探索了这样一个意象：知觉中的概念表征是**由对象**从我们身上"唤起"或"抽出"的。塞拉斯的先验思想是：只有认识到概念表征是由"单纯感受性"引导的，我们才能理解这样一种外部限制的意象。康德对这一意象的表达是：对象是防止我们的认知变得"碰运气或随意"(《纯粹理性批判》，A104)。

塞拉斯这里的思想与他关于"科学图像"(the scientific image)和"显像图像"(the manifest image)之关系的理论紧密相连。他在《经验主义与心灵哲学》中这样说："**作为一个哲学家**，我很愿意这样说：由时空中的物理对象构成的常识性世界是不真实的，也就是说，这些东西并不存在。"㉘根据这一理论，明显在直观中呈现给我们的红色立方体等实际并不存在，因此它们也就不可能是从外部引导知觉中的概念表征的东西。由此推测，我们应该认为概念表征是由科学图像提供的替代物所引导的——不是明显的对象，而是一堆无色粒子或其他东西。然而这种真实的指引缺乏显像图像（红色立方体等）的指引所具有的那种直接性。因此，如果对象的直接引导在先验方案中所扮演的角色是指明概念活动是如何必须指向客观实在的，现在我们就需要在先验的意义上或作为一个哲学将对这一理解进行再理解：这种对象的直接引导其实已经经过了真实的、非感觉性对象的中介性引导。如果我们想把真实对象的中介性引导理解为某些实在物的直接引导，我们就之只能将其理解为感觉事件的引导，在感觉事件中，创造性想象力将显像图像中的红色立方体等建构为直观的直接对象。

塞拉斯认为这样的观点是对康德式区分——作为直接直观对象的

㉘ §42。参见《对康德经验理论的一些评论》。我要感谢韦恩斯坦(Anders Weinstein)，他坚持认为塞拉斯思想的这一方面是与我们的问题相关的。

表象与物自体——的一种解读。㉙ 塞拉斯经常能很好地协调康德的精神，但我认为这里他没能做到这一点。这幅塞拉斯式的图景无法与康德所坚持的观点相调和，即使物自体出现在直观当中的东西就是与经验知识相关的物自体本身。㉚ 我认为这就等于是说，塞拉斯所持的常识性的红色立方体等并不真实存在的观点在哲学上是误导性的。我不能在这几篇文章中证明我的这些信念，但是我希望我已经在试着阐明，在塞拉斯所指出的这条必然道路之外还有另一种选择。

人们也许会这样来为塞拉斯辩护：如果我们没有认识到需要"单纯感受性"来进行先验的引导，就会遇到一个两难的困境。一方面，我们试图理解具有客观意义的概念活动是如何退化成"观念论者的"欺诈的——所谓的概念活动所指向的所谓的实在不过是前者的投射；另一方面，我们则陷入了一种不可能的先验实在论当中，并通过合并下面这两个意象使这一立场生动起来——第一个意象是对我们说话的对象，第二

㉙ 参见《科学与形而上学》第 2 章。
㉚ 比如康德在 Bxxvii 处谈论了"由于我们的批判而成为必要的这一区别，即作为经验对象的物与作为自在之物本身的同一些物的区别"。作为哲学家，我们并不是要谈论一些不同于显像图像之对象的、真正实在的新对象。我们是在一种特殊的思维模式下谈论同一些对象，这种思维方式是从对象在我们的世界观中的存在方式中抽象出来的。塞拉斯将康德解读为一个不成功的科学实在论者；在他看来，要是康德能深刻地思考概念形成在科学上的可能性，他就会让科学图像的对象来扮演物自体的角色。但是在康德看来，科学图像的对象不过是一些显现的对象，像其他任何地方一样，这些对象也需要一个先验背景。塞拉斯试图回应康德式的先验考量，但他又在下面这一点上误入了歧途，即认为科学可以承担这一先验的工作。他的科学主义具有严重的危害性。

我在《心灵与世界》中认为康德提出的是两个世界式的图景，这里我要纠正这一看法。但是请注意：康德在类似 Bxxvii 的段落中所坚持的观点是，出现在知识中的物与"作为自在之物本身的同一些物"同一，他并没有说出现在知识中的物与"作为其本身的同一些物"同一。（举个例子，亨利·E. 阿里森（Henry E. Allison）的《康德的先验观念论》（*Kant's Transcendental Idealism*）中就充满了后面这种非两个世界式的解读。）物自体就是出现在知识中的物，但又从后者当中抽象出来。但这并不是说，物自体拥有不为我们所知的、未在我们关于它们的知识中显现出来的其他属性。因此如果这样理解，那么非两个世界式的解读或许仍是一种两个世界式的解读。它仍然包含了两个事实领域：一个可知，另一个不可知；它并没有消除两个世界式的解读所带来的危害，因为它不能说两个领域中的物是一样的。

个意象则是罗蒂式的,也就是把对我们说话的对象放到世界本身的语言中来把握。㉛

但这一困境并没有威胁到我所主张的立场。

我并没有把对我们说话的对象放到世界本身的语言中来把握。用一个符合我所主张的立场的隐喻来说,对象之所以对我们说话,只是因为我们学会了人类语言。我们可以想象一下对象是如何在一种我们所知的语言中(比如英语)对我们说话的,而这正是我刚刚所做的。但是用更平实的话来说,我的观点是:对象只有在属于我们的概念能力的实现中才能被我们看到。为此,我们必须尽一切所能去认识哪些概念能力是属于我们的。属于世界本身的概念能力是一种不着边际的幻想。

但我又没有因此陷入困境的另一面,即所谓的对象不过是思维的投射。在感觉意识中,对象在概念能力的实现中被我们看到,而康德又极为自然地将感性与感受性联系在一起。如果坚持这一点,我们就能看到存在于图景中的概念能力并不意味着观念论(塞拉斯想用这种观念来吓唬我们)。如果我们将主体理解为感受对象的主体,那么不管我们对主体做任何其他设定,这些设定都无法阻止我们认为对象是独立于主体的。

㉛ 比如参见《哲学与自然之镜》(第 298 页)"根据自然本身的表征规则进行成功表征"。有一个塞拉斯式的表述很接近这一意象,参见《经验主义与心灵哲学》,§34。

三
作为关系的意向性

1. 塞拉斯告诉我们如何理解作为表面的看的视觉经验发生在主体的视觉生活当中,并"包含"了关于表面所见的客观实在区域的断言。说视觉经验"包含"断言就等于是说它们是概念事件,是以一种恰当的"逻辑"共同性实现的概念能力。在这个意义上它们就像是判断。但它们"包含"断言的方式又不同于判断。判断是以一种恰当的共同性对概念能力进行自由的运用,而对某个表面的看(其内容包含了某个特定的判断)来说,虽然相同的概念能力是以相同的共同性实现的,但实现的方式则是由表面所见的客观实在所迫使的。视觉经验就是处于这样一种视觉印象之下:事物在表面所见的环境中是如此这般的。

这幅视觉经验的图景(概念对视觉意识的塑造)已经是非常康德式的了,因为它通过诉诸感性和知性去理解经验是如何具有客观意义的。但塞拉斯认为这幅康德式图景还需要一个元素才能完整。他认为只有通过一个先验的设定我们才能理解概念对视觉意识的塑造,即这种塑造是由杂多的"单纯感受性"——视觉意识中未经概念塑造的事件——所引导的。塞拉斯认为,只有这样从知觉得出对客观实在的概念表征才是合法的。如果没有认识到知觉中的概念事件是由"单纯感受性"引导的,那么无论我们如何去试图把握知觉意识的对象,这个假定的对象最多不过是心理活动的投射。这就是为什么塞拉斯提到黑格尔预留一个观念论的陷阱,如果康德没有让感性扮演塞拉斯认为它必须扮演的角色,他就掉入了这个陷阱。

塞拉斯认为康德式的图景需要"单纯感受性"的引导,他不赞成《纯粹理性批判》的一些特征。在塞拉斯看来，康德的问题在空间是外部感觉形式的理论中达到了高潮。空间为外部直观现象提供形式，而随着《纯粹理性批判》的展开，下面这一点也变得越来越明显，即外部直观包含知性和感性。康德关注为外部直观提供形式的空间，但没有讨论——在塞拉斯看来这应该是一个关键话题——对知觉中的外部实在的概念表征进行引导的杂多"单纯感受性"的形式。塞拉斯说康德没有"充分地"讨论这个关键话题，但实际上康德是根本没有讨论。

既然康德对感觉形式的讨论与塞拉斯认为他应该讨论的话题之间存在明显的不协调，我们就应该停下来做一番思考。但是这种不协调本身并没有多少分量。塞拉斯无疑也停下来思考了这种不协调，但他自认为对于康德应该讨论什么他比康德看得更清楚。他认为下面这个基本的康德式观念必须要有"单纯感受性"的引导，即通过理解受知性塑造的感性，我们也理解了感觉意识是如何指向客观实在的，以及一般思维是如何具有客观意义的。如果塞拉斯的这一观点是对的，那么他的另一观点就同样也是对的——因为没有讨论"单纯感受性"的形式，康德忽视了其自身思想所需的某些关键性的根本特征。因此真正的问题是：塞拉斯关于康德式观念必须受"单纯感受性"引导的观点是否是对的？

我在第二篇文章中开始主张塞拉斯的这个观点是错的。康德认为对象在作为表征的直观中直接呈现给主体。在题为"发现一切纯粹知性概念的线索"（以下简称"线索"）的一章中，我引出了康德的一个观点：直观正是体现了概念能力以"逻辑"共同性在感觉意识中得到实现的概念事件，我们可以以此来理解表面的看是如何"包含"关于客观环境的断言的。事实上，视觉直观就是以必要的共同性实现的概念能力，这些概念能力构成表面的看中属于看的那部分。如果"似乎看到……"是"看到……"（至少如果表面的看的内容是一个表面的对象，比如我们在表面的所见环境中似乎看到一个红色立方体，并指出它在**那里**），那么前者本身就是一个直观。

塞拉斯认为知觉中的概念表征必须由杂多的"单纯感受性"引导,因为只有这样我们才能理解知觉经验中的概念事件(以及一般的思维和概念活动)受到外在于概念活动的东西的限制。在塞拉斯看来,概念活动要指向独立实在、概念活动要被理解成概念活动,这幅图景中就必须要有这种外部限制。但是我认为,一旦我们理解了对象是如何在直观中直接呈现给经概念塑造的感觉意识的,我们就可以认为这种对外部限制的需要就已经通过知觉到的对象本身得到了满足。这一先验任务让我们看清概念活动是指向实在的,并且后者并不只是前者的映像。为了执行这一任务,我们不需要认为知觉中的概念表征受到的外部限制来自于任何东西,它的限制只来自独立实在中的相关元素,而正是这一过程让我们有权认为一般概念活动是指向独立实在的。这里存在某种循环论证,但我们不应该将此理解为假定的限制性对象只能是概念活动的投射。如果我们的理解仅限于此,那么之前所说的便毫无用处。我们在做这一先验工作时所关注的概念能力的实现是对**感觉**意识的塑造,因此也就是对康德所描述的感受性(这一描述明显是恰当的)的塑造。这保证了我们所理解的在直观中呈现给主体的对象是真正独立于主体的。

塞拉斯自己也在《经验主义与心灵哲学》中谈论由被知觉对象唤起的概念表征,但他将这种谈论的恰当性降低到显像图像的层面,并且他主张这种谈论需要一个先验的证明,即阐明它是如何与科学图像联系在一起的,否则显像图像中假定的客观意义就只是一个幻相——塞拉斯认为明显被知觉的对象(比如红色立方体)并不真正存在。当然有一些众所周知的科学理由让我们否认实在之于直接知觉对象的独立性,并认为实在的独立性只存在于科学图像当中。我认为这些理由并不能令人信服,我也不会在这篇文章中考察它们。[①] 这里我要讨论的是塞拉斯思想

[①] 发现它们无法令人信服并不需要我去批判科学图像,我只需质疑它们认为自己穷尽了实在的断言。

中另一个我认为更为有趣的特征,即以另一种方式去理解为什么在塞拉斯看来直接直观对象的引导本身无法先验地证明概念活动的客观意义。

2. 塞拉斯在《经验主义与心灵哲学》的原始版本中暗示②,看是表面的看中可证实的部分。再版于《科学、知觉与实在》时,他又在增加的几个脚注中指出,表面的看要成为看,除了要是可证实的之外,主体还必须知道看的环境是正常的。③

表面的看要成为看,可证实性肯定不是唯一的条件。考虑以下的情况:用一幅错觉画成功地将某人和一个红色立方体隔开,而画上所描绘的红色立方体同那个真实的红色立方体一模一样,这样我们就有了一个表面的看,它不是看,但又是可证实的。塞拉斯试图在附加的脚注中纠正这一错误,但他的尝试并不令人满意。当然有人或许会说,"现在我才意识到自己看到的是一个红色立方体,当然我并没有意识到这一点,因为当时我觉得环境并不正常"。我们完全可以理解此人的意思:当时他就是在看,虽然主体并不知道看的环境是正常的。重要的不是主体知道环境是正常的,而是环境就是正常的。

塞拉斯的第一个观点可以被更好地表达为:表面的看本质上就是一种表面的"看"。他的错误在于忘记了不可证实性并不是让表面的看只停留在表面阶段的唯一条件。塞拉斯的第二个观点提出了一个危险,如果我们像上面这样纠正了他的第一个观点,这个危险就可以被完全避免。正常性的提出鼓励我们做出以下的假设,即我们可以通过在独立的视觉经验上附加条件来构成看的概念。

我从康德的"线索"中提取了这样一个观点:如果"似乎看到……"是"看到……",那么用来解释表面的看"包含"断言的概念能力的实现同

---

② §7;比较§22。
③ §22《科学、知觉与实在》(*Science, Perception and Reality*,第151、152页)。我要感谢保罗・考波克(Paul Coppock)让我注意到这些脚注。

样——至少在断言内容是表面对象的情况下——也构成了作为直观的表面的看,对象在这种直观中直接呈现给主体。如果我们认为所见对象必须出现在概念事件的内容当中,也就是说,认为对象在因果链(这条因果链以某种适当的指示性方式产生了主体当下的经验情境)的外端占据了一个位置,我们就无法理解对象直接呈现给主体的观念。而这正是塞拉斯的第二个观点。他认为"似乎看到……"不仅要"包含"关于环境的断言,还要"包含"关于主体经验与表面所见的环境是"正常"关系的断言(也就是主体在拥有相关经验时所应该知道的那部分内容)。这一观点所引入的中介会对下面这个理解构成威胁,即我们应该能够像"线索"所建议的那样将这些相同的概念事件视为对对象的直接直观。

这种将直接性与额外概念内容的缺席联系在一起的做法符合埃文斯知觉指示性思维(perceptually demonstrative thought)这一概念中的一个元素。④ 埃文斯说,在最基本的意义上,将指示性思维带向其对象的是一条连接了对象和主体的信息链,而不是对这条信息链的思维。(当然,我所得出的相应观点并不与埃文斯所坚持的如下观点矛盾:只有在主体拥有丰富自我意识的基础上,思维才能像这样直接走向它的对象。)

同埃文斯的这种对应还能更进一步。只有在表面的看是看的情况下,构成前者的概念能力的实现才等于是直接呈现对象的直观。当然单纯表面的看也是一种表面的"**看**",因此——至少在断言内容是表面对象的情况下——它们也表面地构成了直观。但这只是表象上的直观,而非实际的直观。我一直像塞拉斯那样将直观的直接性与直观作为"**这一个的表征**"联系在一起。⑤ 如果我用直观与指示的联系来理解单纯表面的看提供的只是表象上的直观这个观点,就等于是说:康德的直观概念体

---

④ 参见《指涉的不同种类》第 6 章。
⑤《科学与形而上学》,第 3 页。

现了埃文斯理论的一个版本，即知觉的指示性内容是**依赖于对象的**。如果我们存在这样一种幻觉，认为自己是在知觉上遇到了一个对象，那么我们就很容易产生下面这个相应的幻觉：存在一些可供概念活动运用的内容，并且这些内容可以通过知觉对假定对象的指示性指涉得到表达，比如使用"那个红色立方体"这样的短语。以上只是针对直观的直接性。如果在对象对主体的直接呈现中可以有概念对感觉意识的塑造，那么认为对象可以以这种方式呈现的幻觉（这个幻觉很明显是会发生的）同时也就是关于概念所塑造的意识内容的幻觉。

对这一幻觉的非难常常是反直观性的（这个词虽然笨拙，但又是这一语境所不可或缺的）。但"线索"中的话又让我们怀疑这种指责是否有任何实质内容。在一个单纯表面的看当中（比如"那里"有一个红色立方体），对应于"红色""立方体"和"那里"这些词（我们用这些词探索自己的经验情境，对经验内容作语言上的表达）的概念能力在视觉意识中得到了**实现**。所有这些概念内容都不是幻觉。用"线索"中的话来说，确实有一种功能赋予表面的看的内容（或者毋宁说是一部分内容，因为任何表面的看实际并不止这些内容）中的各种不同表征以统一性。这一部分内容就是主体所做的"**那里有一个红色立方体**"这一判断的内容。幻觉的地方在于，认为同一种功能也赋予直观中相同表征的综合以统一性。这种功能——相关概念能力借以实现的"逻辑"共同性——**似乎**赋予直观中相同表征的综合以统一性，也就是说，**似乎**有一个红色立方体直接呈现给主体。但是因为并不存在这样一个红色立方体（表面的看仅仅是表面的），这种直观的统一性仅仅是一个假象，也就是说，**仅仅是**似乎有一个红色立方体直接呈现给主体。

3. 我已经对塞拉斯提出的理解直观之直接性的方式进行了探索，并得出了一个独立于对象的、可通过指示性指涉来表达的概念内容的概念。但我所得出的这个概念却彻底有别于塞拉斯。我虽然排除了塞拉斯所持的显像图像的对象并非真正存在的观点，但仍然能够解释塞拉斯为什么不能赞同我赋予这一直观概念的先验角色。

这里的要点是,我的图景将作为某种特殊概念事件的直观描述为是和**对象相连**的。某些情境下的内容不过是一种幻觉,这一观点只不过是更加生动地说明了直观性概念事件的关系性特征。概念事件要拥有直观内容,只需和一个对象发生某种关系;因此如果没有对象和一个概念片段恰当地相连,就不会有这样的关系,因而也就不会有这样的内容。(当然仍然会有一个作为表面知觉过程的概念片段。)然而塞拉斯的核心思想是,概念秩序中的元素只能和概念秩序中的元素,而不能和实在秩序中的元素发生包含内容的或语义性的关系。他认为这种"'意义'和'关涉性'(aboutness)的非关系性特征"是"纠正心灵在自然中所处位置的关键"。⑥

4. 意义和关于如何是非关系性的?为了阐释这个塞拉斯式的观点,最简单的方法就是从语言(作为外在语言行为的指令系统)元素的语义特征出发。

当我们说一个表达是什么意思或代表了什么时,我们就把握了这样一种潜在的含义:与此相应的语言行为具有一种对语言外实在的特殊指向性。⑦ 在这一语境下,我们所考虑的理论是,这种语义性的陈述并没有将它们所处理的表达和语言外的实在元素关联起来。

从表面上看,"……的意思是……"或"……代表……"的形式是关系性的。如果我们以通常的用法(非语义性的)来使用位于陈述左边的表达,我们就能按其表象接受这些表达,我们就能说这些表达指涉了语言外实在中的某些元素。通常的用法使语言行为能够指向语言外的实在,从而使这些陈述能够断言语言外实在中的某些元素与左边表达之间的

---

⑥《科学与形而上学》,第 ix 页。
⑦ 关于这里的"意思",参见《经验主义与心灵哲学》,§31;关于这里的"表达",参见《科学与形而上学》第 3 章。

关系。但是在塞拉斯看来，我们无论如何都没有以平常的方式使用位于陈述右边的表达，并且这些表达也不是或并不只是被提及。如果它们只是被提及，我们就有可能在不知道是什么让这些发生在语言行为中的表达指向客观实在的情况下去理解这些语义性陈述说了什么。但这是不可能的。在塞拉斯看来，这些语义性陈述右边的表达既没有被平常地使用也没有被平常地提及，它们**展现了**其自身由正当性（propriety）控制的使用。我们可以将此理解为一种特殊的使用，它不同于通常意义上的词语使用，因为——比方说——它并不指涉一个对象；我们也可以将此理解为一种特殊的提及，它不同于通常意义上的提及，因为说话者假设听者能够理解这些被提及的表达。⑧

一个只是把一个表达和另一个表达联系在一起的陈述如何决定与第一个表达联系在一起的意向特征，从而使它所处的语言行为能明确地指向语言外实在中的元素？正如我所说的，陈述右边的表达应该展现其自身由规则控制的使用。如果要对这些规则做明确的说明，我们可以说，作为实在秩序（而非概念秩序）之元素的陈述右边的表达和实在秩序中的其他元素（与陈述右边的表达不同，这些元素完全是在语言外的）之间**应该**存在某些关系。⑨ 也就是说，这些规则需要在实在秩序中和语言外实在发生明确的关系，说话者可以在实在秩序中以平常的方式使用语

---

⑧ 关于特殊的使用，比如可参见《经验主义与心灵哲学》，§31："不是**被提及**，而是以一种独特的方式**被使用**，或者说，**被展现**。"关于特殊的提及，比如可参见《存在与被知》（Being and Being Known），第55页。塞拉斯先是说在"'Mensch'表示['意思是'或'代表'的另一个变体]人"这一陈述中，"德语词'Mensch'同英语词'人'的用法实际上是一样的"，然后又说，根据这样的解释，我们能在不知道"Mensch"意思的情况下知道这个陈述在说什么。塞拉斯最后指出，"对此我们可以用这样的解释来补救：[这一陈述]预设'man'这个词已经在听者的语汇当中了"，这就等于是说"'Mensch'这个德语词的用法同**听者的**'man'是一样的"。
⑨ 塞拉斯用"自然语言对象"这个语言学概念来称呼这些应该存在的关系。参见《真与符合》（"Truth and 'Correspondence'"，第212页）："虽然我们可以，或者说应该知道这些语言对象是服从法则和原则的，而这些充满'应该'的法则和原则是我们从视这些语言对象为自然秩序对象的知识中抽象出来的。我要引入'自然语言对象'这个概念来称呼这些语言对象。"

义陈述右边的表达。因为我们以不平常的方式使用了这些表达,上面这一要求的内容——和语言外实在的某种明确关系——被反映在了陈述左边的表达中,即使陈述只是把左边的表达和另一个表达联系在一起。陈述断言了表达之间的关系,这种关系把捉到了左边的表达对其所处语言行为的意向特征(对语言外实在的指向性)所作的贡献。

塞拉斯告诉我们用语言行为的模型去理解非外显概念片段,他还用这一结构去理解非表达性思维的意向特征("关涉性"[aboutness])。意向性地指向实在秩序中某元素的概念片段类似于包含了作为此元素之名称的表达的语言片段。塞拉斯认为这种"关涉性"不能被理解为概念秩序元素与实在秩序元素之间的关系,这两种秩序之间并不存在语义关系;关于就像意义一样是非关系性的。但"关涉性"的陈述又断言了完全处于概念秩序中的关系内容,而这种陈述的一部分构成则是作为实在秩序元素的概念片段与实在秩序中其他元素之间的理想化关系。

5. 塞拉斯为什么认为我们必须对概念秩序和实在秩序之间的语义关系做出解释?他在《存在与被知》这篇精彩的文章中给出了一个回答。

此文的目的在于通过讨论"意向性可以是关系性的"这一对立观点的两个版本来引出非关系性的意向性概念。塞拉斯这样表述对立观点:"理智行为"——《经验主义与心灵哲学》中的"概念片段"——"的不同并**不**在于它们作为行为的内在特征,而是因为它们直接和不同的关系项相连"[10]。

塞拉斯在笛卡尔哲学对经院哲学的继承中找到了此观点的第一个版本。他说:"在笛卡尔哲学那里,直接关系项是为心灵的存在('对象性'实在)。因此,关于金山的思维与为心灵而存在的金山相连,后者是

---

[10] 《存在与被知》,第41页。"理智行为"这一术语反映了《存在与被知》是讨论如何解读阿奎纳的这一事实。但此文的问题就是《经验主义与心灵哲学》和《科学与形而上学》所提出的那些问题。

为此思维而存在的。"⑪思维中的"对象性"存在被自然地称为"内容"。塞拉斯指出,在这样的用法下,"笛卡尔哲学设定了一个内容的领域来中介理智和实在秩序"⑫。

塞拉斯将第二个版本等同于"本世纪早期的极端实在论"立场。根据这一版本,概念片段的直接关系项是实在秩序中的元素,而非概念片段和实在秩序元素之间的中介内容。笛卡尔传统中的哲学家认为他们需要这些中介内容来解释概念片段的实在秩序目标并不存在的情况;而根据这一版本的关系性概念,实在秩序可以扩展到包含非存在对象,比如"生存对象"(subsistent),而正是这些非存在对象"迷惑了之前的哲学家,把他们带向了内容理论"。⑬

基于他的理解,塞拉斯合理地主张这两个选项都有缺点。"内容"的中介功能是有问题的,而笛卡尔传统则屈服于怀疑论和观念论倾向。在任何情况下,笛卡尔从经院哲学那里继承而来的"对象性"存在都只是给思维和对象的关系贴上了标签,除此之外并没有对后者做任何解释。而仅就其极端性而言,作为唯一替代方案的极端实在论也是无法令人满意的。

迫使我们在这些无吸引力的选项之间做出选择的似乎是下面这个假设:概念片段的不同只是外在的,即与不同的对象相连。这就让我们对这个假设产生了怀疑。塞拉斯所说的当然是正确的,这个假设——"不管它们是关于什么的,理智行为都是内在相似的"⑭——不管怎么看都是奇怪的,即便不考虑它让我们做的尴尬选择。

为此塞拉斯写道:"但另外的选项是什么?大体而言它认为理智行为的不同是内在的,也就是说,它们作为行为以不同的方式系统地对应

---

⑪《存在与被知》,第41页。
⑫ 同上,第42页。
⑬ 同上。
⑭ 同上。

它们的相关物,也就是它们的内容。"⑮这个"另外的选项"就是塞拉斯对"意思"和"关涉性"的非关系性理解。理智行为(概念片段)的不同是内在的,它们作为行为有着不同的意向特征。如果我们将意向特征了解为与概念外秩序的一种关系,我们就可以这样来表达"意向特征的不同是内在的、概念片段特征上的不同"这一理论:概念片段的不同是内在的,即**成为**它们的相关物时所产生的不同。因此,概念片段之间的内在不同并不**在于**它们的内容,而在于它们**系统对应**不同内容的方式,而这种系统对应就反映在陈述中。塞拉斯坚持认为陈述只是在概念秩序元素之间建立联系,它无法跨越概念秩序和实在秩序之间的界限;并且,在作为实在秩序元素的概念片段和其他实在秩序元素之间应该存在一些理想的关系。

因此,塞拉斯是在通过消除选项来得出自己的立场。但是根据我对这一论证的阐释,塞拉斯并没有考虑还有一种可能性,他甚至没有想到去拒斥它,即概念片段之间的内在不同并不在于它们系统对应不同内容的方式,而是在成为它们的相关物时产生的不同。他认为,凡是会说理智行为的不同只是相关物的不同,而非系统对应方式的不同的人都会承认理智行为的不同根本不是内在的。(塞拉斯就是这样来表述除非关系性概念之外的另一个选项的。)他完全没有考虑有人也许会说理智行为的不同指向本身就是理智行为的内在不同。(我从"线索"中引出的直观概念就是如此。)因此,塞拉斯的穷尽可能性论证是非决定性的,他对除自身立场之外的另一个选项做了带有偏见的表述,根据他的表述,另一个选项的观点不仅包括意向指向性是关系性的,还包括与概念外事物的关系不可能内在于理智行为当中。

由此看来,塞拉斯论证中令人无法满意的地方并不只是最后一个步骤。在解读他所考虑的另外两个立场时,他并没有穷尽所有的可能性。

---

⑮《存在与被知》,第 43 页。

一旦我们开始质疑塞拉斯的假设,这些立场的前景看起来就有所不同了。

让我们再一次思考笛卡尔对经院哲学的继承。在塞拉斯看来,赋予理智行为以"内容"的意思就是实在秩序元素拥有"对象性"存在。但塞拉斯没有看到,赋予理智行为以"内容"的意思还可以是,理智行为的内在特征就在于它们与实在秩序元素的直接关系。根据这样的理解,"内容"并不是塞拉斯所理解的理智行为和实在秩序之间的中介,相反,赋予理智行为以"内容"恰恰表达了塞拉斯论证中缺少的一点:与实在秩序元素的无中介相连可以是理智行为的内在特征。

诚然,经院哲学术语并不只是给这种关系贴上标签,但它并不需要由此排除另一种正当的解释——这种解释也许就是我在康德那里找到的解释。(这就要求我们在使用经院哲学术语时主要关注让实在对象呈现给主体的直观,而不是关于金山的思维这种理智行为。)经院哲学本身并不一定会将笛卡尔哲学推向怀疑论和观念论。

我认为,在消除了它的极端性之后,经院主义式笛卡尔哲学的康德式复兴会指出 20 世纪的实在论版本,也就是塞拉斯考虑的另一个选项。塞拉斯在讨论这一选项时奇怪地暗示,罗素的摹状词理论属于区分存在对象与生存对象的做法,它提供了另一种将非存在对象包括进实在秩序中的方法:非存在对象在实在秩序中成为理智行为的关系项。⑯ 当然,摹状词理论的目标正是要避免这种对作为理智行为关系项的非存在对象的明显需要。关系性的理智行为概念要求这些行为与可能的非存在对象发生关系,而罗素则是让理智行为的内容包含了对对象的**说明**。即使没有对象回应这些说明,也不会威胁到理智行为本身富有内容。这一罗素式策略的确无法满足有些情况,在这些情况下,虽然意向性的假定

---

⑯ 《存在与被知》(第 43 页):"因此,非存在对象……通过存在对象与生存对象之间的区分在实在秩序中找到它们的位置,这种方法就是罗素的摹状词理论。"

对象并不存在,我们还是想保留关系性意向性的概念。然而上述观点——关系性意向内容可能是一种幻觉——的美妙之处在于,由此我们可以不需要假设理智行为和单纯生存对象的关系就满足这一准迈农(Alexius Meinong)式的动机。理智行为和平常实在对象发生关系这一幻觉让我们觉得理智行为和单纯生存对象之间也需要有一种实际关系。⑰

6. 我已经说明,为了证明非关系性的意向性概念,塞拉斯假设只有在概念片段指向外在的客观实在时,意向性才可能是关系性的。由此塞拉斯合理地得出了以下观点:概念片段是内在相似的,不管和它们相关的对象如何不讨人喜欢。⑱ 但塞拉斯并没有去证明关系性的意向性概念会导致这一观点的假设,他甚至并不认为这是一个假设。这似乎是他的一个盲点。

我们可以用另一种方式来描述这个盲点。塞拉斯在《存在与被知》中用托马斯主义式的理智语(intellectual word)概念阐述了他的意向性概念。根据这一术语,理智行为的内在特征在于它们是理智语的(二级)实现,而它们的意向性则是由理智语语义学决定的。塞拉斯将此视为其标准意向性概念的一个版本,根据这个标准概念,未经表达的思维也是一种语言行为(外显的语言运作)模式。塞拉斯的理智语语义观符合这个常见模式。虽然关于理智语意义的陈述断言的只是理智秩序内部的关系,而非理智秩序和实在秩序之间的关系,但它还是试着去把捉一种

---

⑰ 塞拉斯还忽视了罗素早期的判断概念(作为和事件状态的关系,事件可以存在也可以不存在)和晚期的判断概念(作为和对象及属性的多重关系)之间的区别。晚期的判断概念同样也是要避免(尽管并不令人满意)早期概念导致的迈农式概念——作为假判断之实际关系项的非存在事件状态。

⑱ 塞拉斯在《科学与形而上学》第 63 页中说自己乐于接受"半透明(diaphanous)行为的概念……并不令人满意"。在《存在与被知》中,塞拉斯在与其立场对立的"另一个选项"那里找到了半透明行为的概念:这种行为不同于其他行为的地方在于,它虽然意向性地指向对象,但又不是内在地指向对象。参见《科学与形而上学》,第 34 页。

对实在秩序的意向性指向,因为它的一部分构成是实在秩序元素之间的理想化关系。我们可以用理智语语义学来阐述被塞拉斯遗漏的可能性:关于理智语语义特征的陈述也许能把理智语(作为理智秩序中的元素)和实在秩序中的元素联系起来,前者所处的理智行为意向性地指向后者。我将此表达为:理智语语义学也许是塔斯基(Alfred Tarski)式的。

与此对应的一个观点是:平常语的语义学也许是塔斯基式的。但塞拉斯提出的意义是非关系性的理论排除了这一观点。塞拉斯有时候会讨论塔斯基式的平常语语义学,但他的讨论很不令人满意,我们可将此视为源于同一盲点的症状。

有时塞拉斯认为塔斯基语义学中的语言-世界关系是"奥古斯丁式的",它符合维特根斯坦《哲学研究》第一节所表达的观点。[19] 但这个观点完全是错的。塔斯基式的语义学完全可以说,我们只有通过如下的方式才能理解这种作为指示与满足的语言-世界关系:这种关系如何通过表达由相关词语组成的整个句子来把捉"在语言游戏中行动"的可能性。我们不能把语言和语言外秩序中各元素之间的关系理解为独立的、可用于解释语言如何使我们表达思维的建筑材料。[20]

塞拉斯在其他地方指出,关系性语义学的支持者认为语言-世界关系是在用语义性陈述去断言"理想的语义统一性"。这涉及那些由规则控制的、作为实在秩序元素的语言行为和实在秩序中其他元素之间的真正关系;在塞拉斯的图景中,这些关系的一部分构成就是语义陈述的内

---

[19] 参见《经验主义与心灵哲学》,§30。比较布兰顿在《使之清晰》第 323—325 页中对"假设的语言-世界间指涉关系"的驳斥。
[20] 换言之,塔斯基式语义学完全契合塞拉斯在《科学与形而上学》,第 100—102 页中提出的反对卡尔耐普(Rudolf Carnap)的真理观。(塞拉斯在讨论语义学时试图把卡尔耐普和塔斯基放在一组,比如《科学与形而上学》,第 83 页:"卡尔耐普-塔斯基式语义学"。)塞拉斯并不反对用关系来研究语义学,他想说的是,与"T 约定"一致的结论的可导出性已经足够让我们对语言作关系性的语义学解释。戴维森(Donald Davidson)在"In Defence of Convention T"中明确指出,塔斯基式语义学中不存在任何"奥古斯丁式的"元素。

容。㉑ 这里，塞拉斯是在根据自己所理解的可能性来解读塔斯基式的语义学。在塞拉斯的观念中，关于"理想的语义统一性"的陈述——它们虽然决定着语义性陈述的内容，但本身并不是语义性陈述——最接近既是语义性的，又和实在秩序元素发生关系的陈述概念。因此，在塞拉斯看来，关系性语义学的支持者错误地认为这些关于"理想的语义统一性"的**陈述就是**语义性陈述。他认为他的对手并没有清晰把握他的结构，且误解了其构成元素的意义。㉒

但我说"……指示……"这种形式的陈述将语言和对象联系起来的意思并非如此。我的观点毋宁说是这样的。首先，我们是以平常的方式，而不是以塞拉斯所理解的特殊方式去使用陈述右边的表达。因此我们可以看到，陈述本身就断言了左边表达和标准使用右边表达所提及的实在秩序元素之间的关系。其次，关键性的是，与陈述相关的理想性或规范性并不是塞拉斯图景中的"理想的语义统一性"。"指示"表达的是语言秩序元素和语言外秩序元素之间的关系，借用塞拉斯的话来说，这个观念充满了"应该"㉓，这也反映出这一语义学概念并不是"奥古斯丁式的"。我们只有用如下的语境中才能理解这种关系：它们如何决定整个句子**被正确地还是被错误地**断言。而"正确地"和"错误地"所表达的规范性又反映在指示的内容当中。㉔

塞拉斯认为我们应该用外显的语言行为的模式来理解非外显的概

㉑ 参见《科学与形而上学》，第 86—87 页；第 112 页提出了同样的观点。对"统一性"的描述可见第 75—77 页。

㉒ 参见《科学与形而上学》，第 86 页："卡尔耐普错误地认为**我所理解的语义性陈述**——也就是包含了'指示'或'指派'这种表达的陈述——就是构成了（理性的）语义统一性的语义陈述。"

㉓ 比如参见《真与"符合"》，第 21 页。

㉔ 塞拉斯反对"卡尔耐普-塔斯基语义学"的另一个考虑将他的这部分思想和他的显像图像和科学图像理论联系起来；他反对关于显像图像语言的关系性语义学，理由是，这样我们就必须承认显像图像的对象是实在的。参见《理论的语言》（"The Language of Theories"），第 109 页注 3。

念片段。因此如果我们可以接受用塔斯基式的概念来理解理智语语义学,也是因为这种理解类似于用塔斯基式的概念来理解平常语言的语义学。塞拉斯的盲点掩盖了下面这一点,理智语可以是塔斯基式的,但它并不是一个表达理智行为没有任何内在特征的无吸引力的概念。由此我们可以理解,平常语言的关系性语义学并没有以我刚刚概述的真正形式出现在塞拉斯的思想中。㉕

7. 我在这三篇文章的一开始就指出了塞拉斯思想的一个结构性特征,这个特征使塞拉斯无法看到完整的康德式意向性图景。现在我要揭示出我的意思是什么。塞拉斯无法看到明确的意向性指向如何既是和实在秩序元素的关系,又是概念事件的内在特征;与此对应地,他也无法看到指示过程如何可以是联系概念秩序元素和实在秩序元素的关系。

塞拉斯为什么没有考虑到我所主张的那个可能性?㉖ 我的意思并不是说他的盲点是肤浅的。

有两种方式去解读充满了"应该"的意义和"关涉性",比较这两种解读是有益的。

根据塞拉斯的解读,陈述的内容反映了概念秩序中的关系,根据构成语言实践的属性,实在秩序中的两组元素(其中一组是从有意义的实践属性中抽象出来的语言构件)之间应该存在这种关系。意义和"关涉性"中充满的"应该"作为语句算子(sentential operator)进入图景,出现在其范围内的就是上述语言构件和实在秩序中其他元素之间的理想关

㉕ 对于一些受塞拉斯影响的人来说,此点的影响是破坏性的。比如,罗蒂认为戴维森所设想的关于自然语言的塔斯基式语义学包含了语言-世界关系,并得出了以下结论:戴维森式的充满了"应该"的语义学和谈论充满了"应该"的语言并不一致。参见罗蒂《实用主义、戴维森与真》("Pragmatism, Davidson and Truth")。罗蒂忽视了下面这个事实:语言-世界关系(比如指示)本身已经以一种完全不同于塞拉斯式语义学的方式承载了"应该"。罗蒂对戴维森的解读看起来像是承袭自塞拉斯的盲点。
㉖ 这并不是说塞拉斯无法看到概念能力(拥有概念能力让我们超出单纯的自然状态)不能塑造感觉意识这样自然的东西。(我试图在《心灵与世界》中处理这个困难。)塞拉斯认为概念能塑造感觉意识,并对这个观点进行了探索。

系。我们可以从陈述中提取出"应该"的内容（即根据"应该"，事情应该是怎么样的），并用本身不包含意义的概念去界定它们。⑰

让我们对照一下塔斯基式的概念。指示过程是语言或概念秩序元素和实在秩序元素之间的关系，其本身就充满了"应该"。这并不是说，有一个"应该"对应于某个指示性陈述，我们可以提取这个"应该"的内容，从而使这个"应该"成为一个能够决定表达之语义特征的分离因素。指示性陈述中充满的"应该"反映了指示过程如何决定断言的正确与否。"应该"所传达的规范性是表达的一部分意义，也就是表达对其所处句子之意义的影响。这种规范性并不是某种先在于语义，并从语义外部来解释意义的东西。

因此，我可以这样来表述塞拉斯思想的结构性特征：他无法看到语义性思维是如何承载"应该"的，他认为充满语义性思维的"应该"只是某种从语义外部决定意义的东西。他认为（实际的）语言实践必须具有一些可以用非语义性概念来表述的属性，而这些属性则是语言表达之语义性的基础和构成。

康德建议我们这样去理解作为对象的思维：把理解的核心放在直观中对象对概念意识的直接呈现上。我建议将这种直接呈现解读为是关系性的。塞拉斯想要探索康德赋予感性的先验角色，但是将直观内容理解为概念秩序和实在秩序之间的关系并不在他的选项当中。我指出了理解指示性陈述充满"应该"的两种对立的方式，这让我们对执行康德的先验方案需要什么有了一个大致的概念。在塞拉斯看来，概念秩序元素意向性地指向实在秩序元素必须从语义外部，也就是概念秩序外部得到保证。我们已经看到，塞拉斯思想的这一结构性特征是和充满了意义

---

⑰ 比如参见《自然主义与本体论》(*Naturalism and Ontology*，第 92 页)："由法则控制的统一性……构成了语言（包括我们自己的语言），我们不需要使用意义陈述就能彻底地描述这些统一性……"

和关涉性的"应该"联系在一起的,但先验工作必须从语义外部实现的观点具有更为普遍的应用。基于这一确信,感性扮演的先验角色只能是塞拉斯所设想的那种,也就是"单纯感受性"对概念活动的引导。根据这一观点,我们不能像我推荐的康德解读那样,用对象对意向性意识的直接呈现来理解感觉的先验角色。因为根据这种理解,既然概念已经指向了实在,我们就不需要从外部来证明概念指向实在这个观点了。

概念秩序和实在秩序之间如何存在一种充满了"应该"的关系?我们或许可以这样来开始我们的回答:概念秩序本身必须拥有与实在秩序之间这种承载了"应该"的相关性。我已经仔细地用一个黑格尔式的表述展现了塞拉斯的盲点:他没有考虑到下面这种可能性,即意向性可以是关系性,这是因为他确信对意向性进行黑格尔式的哲学反思就要抛弃客观性,而不是证明客观性。

现在我们可以有不同的方式去描述塞拉斯思想的这种结构性特征。其中一种方式是:塞拉斯确信黑格尔只是把康德的水搅混了。㉘ 与此对立的,我主张如果我们以康德提出的方式理解直观,被知觉对象本身就能给概念事件提供外部限制,而不需要像塞拉斯诉诸"单纯感受性"。运作于这种直观中的非单纯感受性足以消除"观念论"的威胁——经概念塑造的意识对象只能是概念活动的投射。不管怎样,除了科学主义提出的假设性理由(科学主义否认在直观中直接呈现给我们的显像图像对象真实存在,并拒绝认为这些对象本身就能提供对概念活动的先验外部限制),我并不反对对感性的先验角色作这样的解读。除了这种科学主义,我们不必害怕塞拉斯对黑格尔解读。下面这一点也鼓励我得出了以上结论,即我们还可以用另一种方式来描述塞拉斯的观点——"单纯感受性"的引导必须存在的观点反映出他忽视了塔斯基式语义学方式。

把与实在秩序的关系包含在概念秩序中的做法似乎是一个令人茫

㉘ 参见《科学与形而上学》,第29页。

然的方案。但塔斯基式语义学指向了一个清晰的解释。下面这一点对理解塔斯基式语义学是关键的：我们必须**使用**语义性陈述右边的表达（对照塞拉斯对意义陈述右边表达的理解）。塞拉斯认为未经表达的思维要用语言行为的模式来理解。我们也可以把相同的观点应用于未经表达的思维：我们必须**使用**那些对非外显概念片段意向性地指向的东西进行界定的表达。我们在意义和关涉性的陈述中将概念秩序和实在秩序联系起来，通过对陈述右边的表达作平常的使用来提及实在秩序中的元素。但是我们不需要到概念秩序之外去断言这些关系，我们只需运用我们的概念能力。

我们的心灵如何仅仅通过获得经过适当塑造的概念内容来和实在秩序中的元素发生关系？如果我们把直观内容按康德的方式放到概念图景的中心位置，就会发现上面这个问题并不神秘。

8. 我在这三篇文章的一开始就指出，塞拉斯的思想对于我们理解康德，并进而发现意向性不成问题有着特别的帮助。现在我可以给出一个更为明确的观点，并以此来结束这三篇文章。我的观点是，理解康德并进而对意向性感到舒服的关键就是塞拉斯所关注的问题：能否在概念秩序内部令人满意地执行先验方案，还是需要另外附加一种概念对实在的指向性？

我在第一篇文章中区分了一般先验哲学和需要附加视角的先验哲学。塞拉斯的立场体现了后一种更为特殊的先验哲学，这一立场认为我们需要从思维的外部来执行试图证明思维之客观意义的先验方案。塞拉斯无法在康德的感性论中找到对这种先验哲学的回答，我认为这是正确的。为了在感性论中找到这种回答，塞拉斯只好忽视康德的以下观点：现象（显现的事物）也可以被理解为物自体。先验哲学是一个康德式的发明，我们不能认为《纯粹理性批判》中并不存在任何先验哲学。塞拉斯的解读有力地证明了，黑格尔的理性概念——不需要来自外部的限制，拒斥附加的视角——就是康德本身的思想。

埃文斯的著作常常会遭到拒斥或不理解，这反映出人们常常看不到这样一种可能性：关系性指向或许就是和对象的关系。与此相伴的，人们还常常理所当然地认为概念活动是意向性地指向世界的。塞拉斯不但特别地回应了客观意义需要先验运作这个康德式观点，还回应了下面这个更为特殊的康德式观点：为了探索感性接受性，这种先验运作必须以直观为中心。但他没有回应将感受性置于理性内部这个黑格尔式观点，我已经试图指出，这说明他没有看到另一个可被清晰描述的可能性。塞拉斯确信先验运作必须从概念外部来进行，基于这一确信，除了用"单纯感受性"的引导来解释感性的先验角色之外，塞拉斯对康德的回应不可能还有其他选项。

假定我们同意塞拉斯的观点：感性接受性必须扮演先验角色是康德的洞见。反思塞拉斯为这一观点提供的语境，我们会发现，除开一些小的细节，确信康德关于感性的看法是正确的观点给了我们一个非常简单的选择：要么接受塞拉斯提出的由"单纯感受性"引导的图景，要么像我建议的那样，认为塞拉斯赋予"单纯感受性"的引导角色可以在先验方案中由直接知觉对象本身来加以运作。㉙ 我希望这能让我们看到，第二个选项的范围要比塞拉斯所允许的更宽广。

㉙ 在这个一般层面上，唯一的选项就是全盘否定感性的先验角色。就我所知，布兰顿的《使之清晰》是虽然采用这一非康德式路径但仍能兼容意向性的最好尝试了。布兰顿在第 4 章中讨论了经验内容，他仔细地不将先验角色赋予感觉意识，从而否定了康德式的直观概念。（布兰顿思想中的这一事实还反映在第 8 章：他没有将许可"强从物归因"(strong de re ascription)的情境放在中心位置。在第 8 章中，布兰顿在没有对直观进行先验探索的前提下提出了思维和语言的"表征性特征"，他诉诸下面这个观点：A 对 B 思维的界定就是 A 对对象被界定的方式负责。他在《回应》中声称这一观点使语言-世界关系合法化。我认为这是无法实现的。参见《科学与形而上学》，第 82—87 页；塞拉斯指出，如果我们（像布兰顿那样）从语言-世界关系是不可能的或者至少是有问题的前提出发，那么布兰顿探索的替换推论的方式并不能让我们在证明概念秩序和实在秩序之语义关系的路上更进一步。

第二部分
黑格尔和塞拉斯的康德式主题

四
作为康德之彻底化的黑格尔观念论①

1. 罗伯特·皮平(Robert Pippin)主张,我们应该在理解黑格尔时认识到黑格尔的思想既受到康德的启发,又是对后者的批判。② 我将根据这一思路勾勒一种理解黑格尔的方式。首先,我将简单地借用皮平所执行的这一方案。在结尾处,我会指出我和皮平之间存在的某些分歧。

2. 在黑格尔看来,康德把经验之客观意义的核心放在统觉的先验统一性上的观点表达了一个根本性的洞见。黑格尔在《逻辑学》中写道(第584页),"《纯粹理性批判》最深刻、最正确的洞见在于认识到构成**观念**的**统一性**就是统觉的**原初综合**的统一性,也就是**我思**的统一性,或者说自我意识"。皮平对黑格尔的解读就是以此为中心展开的,他在《黑格尔的观念论》第18页引用了这段话,并不时重提这段话。

黑格尔暗指的是"第一批判"的先验演绎部分。③ 康德在先验演绎,特别是第二版(B版演绎)中,几乎实现了黑格尔眼中真正的观念论。

---

① 此文是对首次用意大利语发表的《作为康德之彻底化的黑格尔观念论》("L'idealismo di Hegel come radlcallzazzlone di Kant")作简单修改后的版本。我原本打算作更彻底的修改,特别是文章的结尾部分。但是因为这个英语版本之后还有塞巴斯蒂安·罗德(Sebastian Rödl)的回应,所以我抵制住了转移目标的诱惑。

② 特别参见《黑格尔的观念论:自我意识的满足》(*Hegel's Idealism: The Satisfactions of Self-Consciousness*)。我将跟随皮平关注黑格尔对康德理论哲学。我相信这样做并不妨碍我们看到下面这一观点的正确之处:如果不重构黑格尔对"三大批判"的看法,我们就不能完全理解黑格尔对康德的回应。但是这里我不会对此进行证明。

③ 我在这一和下一部分对康德(特别是B版演绎)所作的解读是同詹姆士·柯南特及约翰·霍格兰德一起合作的结果,但他们不应该为我表述中的缺陷负责。

（黑格尔在《信仰与知识》中就是这样看待先验演绎的。）

康德用范畴（纯粹知性概念）为直观提供形式的观点解释了经验是如何拥有客观意义的——经验包含了那些至少自我呈现为直观的东西，也就是直接关于对象的感觉状态。④ 在"发现一切纯粹知性概念的线索"的一章中（所谓的"形而上学演绎"），康德说（A79/B104-5）："赋予**一个判断中**的各种不同表象以统一性的那同一个机能，也赋予**一个直观中**各种不同表象的单纯综合以统一性。"因此，我们可以换一种方式来描述先验演绎：康德通过经验体现了判断所特有的逻辑统一性，解释了经验是如何拥有客观意义的。关于判断，康德这样说（B141）："我就发现，一个判断无非是使给予的知识获得统觉的客观统一性的方式。这就是判断中的系词'是'的目的，它是为了把给予表象的客观统一性与主观统一性区别开来。"通过判断、统觉和直观之间的这种联系，我们得以理解康德在之前"什么是自我意识的客观统一性"一节中所说的"统觉的先验统一性是使一切在直观中给予的杂多都结合在［进］一个客体概念中的统一性。因此它叫作客观的……"⑤我想我们可以用"经过概念塑造的意识"来表达这里的"概念"。

根据我已经说过的，康德似乎是想用先在的对判断之客观意义的理解，即判断对内容的可答复性来解释直观的客观意义，也就是对对象的直接直观。这就给我们留下了一个问题：如何理解解释的出发点，也就是判断的客观意义？但是我认为康德的观点毋宁说是：统觉

---

④ 在这个意义上，直观不可能和概念相对。皮平：《黑格尔的观念论》（*Hegel's Idealism*，第30页）说，在B160，康德"在某种意义上收回了他在直观和知性间所作的严格区分"。这样说有起误导作用的危险。如果像我这样来理解"直观"，这种严格的区分应该从来不会存在。（参见塞拉斯《科学与形而上学》，第2—8页；以及我在上面第二篇文章中对塞拉斯的阐述）。然而，我们将会看到，皮平所持的是不同的观点。

⑤ B139. 我想用结合"进"（into）来代替 Kemp Smith 翻译的结合"在"（in）。康德用的德语是宾格的"in einen Begriff"，而不是与格的"in einem Begriff"。参见阿奎拉（Aquila）《心灵的物质》（*Matter in Mind*），第136页。

的统一性使我们能够将直观和判断的客观意义**放在一起**理解。先验演绎阐述了这样一个观点：主体性既在直观中与客观实在接触，又能对后者做出判断。理解主体性拥有其中一种能力能帮助我们理解它还拥有另一种能力。（关于这一点的阐述，参见第一、第二和第三篇文章。）

　　黑格尔为什么认为这个观点是有希望的？判断一般是我们处理客观意义的核心。判断就是对某事拿定了主意。拿定主意是一个人自己的行为，他要为此负责。判断就是进行自由的认知活动，而不是单纯地接受不受控制地发生于生命中的事件。这是康德用**自发性**来描述作为"统觉功能"的知性时所表达的核心观点（B134n.），比如可参见 A50/B74；而自发性正是 B 版演绎第一节的主题。（对这些章节的有益讨论，可参见皮平，《康德论心灵的自发性》。）

　　皮平认为判断的统觉性特征是一个普遍真理，也就是说，Φ-ing 的主体（Φ-ing 作为"Φ"的替代物暗示了心理性）部分地构成了 Φ-ing 本身。⑥ 我认为康德考虑的就是这种心理性。但是我们最好不要认为它是一个普遍形式，然后再将它应用到特殊的判断当中，相反，它的证成只有在判断中才能实现。这个普遍断言之所以成立，乃是因为判断能力本质上是统觉性的，并内在地和所有心理对对象的指向能力（比如拥有直观的能力）维系在一起。

　　康德有时似乎认为，所有体现了让心理指向对象的那种统一性的例子都反映了自发性统觉的**活动**（比如参见 B129 - 30）。但这是一种夸大。这种夸大要求康德尴尬地思考对自由的无意识运用。（参见 B130："任何一切联系，不论我们是否意识到它，……都是一个知性行动。"比较 A78/B103："一般综合只不过是想象力的结果，即灵魂的一种盲目的、尽

---

⑥ 参见皮平：《黑格尔的观念论》，第 21 页："这里的'主体'暗指正在知觉、想象、回忆等等的主体，它是知觉、想象、回忆等对象不可分割的成分。"

管是不可缺少的机能的结果,没有它,我们就绝对不会有什么知识,但我们很少哪怕有一次意识到它。")康德所需的那种统一性就是以判断为特征的统一性。并不是所有体现这种统一性的例子都是自由认知活动的结果。直观就这样发生了,不受主体的控制。但我们只有在自发性统觉的语境中才能理解直观的统一性。⑦ 正是基于这一点(而不是自由在直观当中的神秘运用),我们才能正确地说,直观就像判断一样是统觉性的,直观中至少隐含着自我意识。⑧

因此,康德认为客观意义的核心在于自我意识的理智活动。很明显,这可以被看作是指向了黑格尔式的观念论,后者用意识到自我的理智所进行的自由的、决定自我的运作来理解客观性。

3. 先验演绎接近黑格尔式观念论的地方并不只在于康德赋予判断的中心地位。

康德试图在 B 版演绎中回避某个反对意见。他想通过纯粹知性概念为经验提供形式来使后者具有客观意义。对此的反对意见是:这样做只是确保了对象的可思性,但使对象可被思考的条件并不是使它们能够被给予感觉的条件。(反对意见还说,)先验感性论确实为对象能够被给予感觉提供了条件:对象必须处于时空秩序当中。康德最多指出,对象能够在不遵守知性要求的情况下满足这个条件,从而呈现给我们的感

⑦ 皮平在《黑格尔的观念论》,第 26 页暗示主体判断他们的经验内容。(他说,即便是考虑"关于自身心理状态之'内在之流'的主体经验",我们也必须假定"这个主体在判断那些状态在以那个秩序流动"。)这种以判断为根本的方式丢失了判断和直观互相阐明的可能性。正确的观点是:直观的统一性就是可能判断的统一性。
⑧ 也就是说,统觉的"我思"**能**伴随,但并不必然伴随直观(参见 B131)。注意:为了隐含自我意识,"我思"必须包含在主体的指令系统当中;"隐含"的意思是说"我思"不需要实际伴随我的每一个表征。康德的观点并不是说每一个"表征"都明确伴随着一个"我思",而布兰顿在《使之清晰》第 8 章中正是这样设想的。在布兰顿看来,在此之前的任何阶段都不隐含这个意义上的自我意识,也就是说,这些阶段都不是统觉性的。布兰顿与康德紧密相连,并受黑格尔的启发,但从这一点——他描绘了这样一种可能性,即明确的自我意识在概念性出现很久之后才出现,而不是概念性呈现的条件——来看,他的思想和康德有着彻底的分歧,而根据我在本文开头所引的《逻辑学》,康德正是在这一点上启发了黑格尔。

觉。⑨ 我们可以拒绝认为某个主体状态是一个**直观**，是在**认知**中拥有一个对象，除非这个状态具有范畴统一性。但是如果我们不回应这个反对意见，直观要有范畴统一性就会变成我们主观强加给呈现给感觉的事物的要求，而与物自体没有任何关系。这里的"物自体"就是给予感觉的事物。由范畴获得秩序的世界有可能会丧失客观性，而这种客观性正是康德想要的，但康德要揭示的并不是一种客观性的幻象，他并不认为我们可以脱离事物的条件去把握事物。从这一思路来看，康德想要实现的目标——具有真正客观有效性的纯粹知性概念——并不具有可观的前景。

康德想在 B 版演绎中预先阻止这个反对意见。根本的步骤在于否认先验感性论为对象给予感觉提供了独立的条件。我们可以把感性论的话题——感性形成的方式——和作为"形式直观"（之对象）的时空统一性(B160n.)联系起来。这些形式直观是将杂多联结成单一的直观，这样它们就符合了康德在先验演绎一开始(B129 - 30)提出的指导性原则。康德实际是说，所有联结（将某物表征为复合体）都是自发性统觉活动的结果。我认为此观点是一种夸大，我主张直观并不是理智活动的结果。但是经过修正的正确版本也能很好地符合康德的目的：除非联结中包含了进行自由理智活动的能力，否则任何联结都不是理智的。属于自发性统觉的能力在直观中实现，特别是对时空的纯粹直观。因此，我们无法在脱离自发性统觉的前提下完全理解感性论的话题，即感性形成的方式。符合感性要求所构成的统一性，也就是时空的纯粹形式直观的统一性，并不独立于范畴所提供的那种统一性。⑩ 按照这一思路，上面

---

⑨ 参见 A89 - 91/B122 - 3（先验演绎序言，两版同）。这段话解释了为什么先验演绎的任务（阐明"思维的主观条件如何具有**客观有效性**"）如此困难，并在此过程中预见了上面这种潜在的反对意见。

⑩ 参见 B144 - 5。康德开始进行先验演绎第二部分的工作："在后面，我们将由经验性直观在感性中被给予的方式来指明，经验性直观的统一性不是别的，而是范畴……为一个所予直观的杂多而一般地规定的统一性。"康德认为感性论和分析论涉及的是同一种统一性，而非不同的统一性。

的反对意见至少不会出现,康德也有权说范畴可以认识"**对我们的感觉出现**的任何对象"(这是他在 B159 提出的目标)。他认为自己已经避免了反对意见的威胁,即范畴的要求只是一种主观的强加。⑪

　　康德面临的威胁是:他的立场只是一种主观观念论。为此,他试图阐明知性的要求不只是主观要求,还是对对象本身的要求。他在 B138 指出(在结束这一论证之前),"所以意识的综合统一是……一切知识的一个客观条件,不仅是我自己为了认识一个客体而需要这个条件,而且任何直观为了**对我成为客体**都必须服从这一条件"。或在"纯粹知性原理"的前言部分指出,"一般**经验可能性**的诸条件同时就是**经验对象之可能性**的诸条件……"知性要求一开始伪装成主观条件。但经过反思之后,它们也变成了对象本身的条件。这个观念——主观与客观、思维与内容之间的平衡——就是黑格尔所认为的真正观念(至少是一种愿望)。⑫

　　4. 那么,这种观念论为什么只能是一种愿望?康德的观念为什么没能像黑格尔希望的那样成为一种非主观的观念论?

　　在 B 版演绎的第二部分中,康德将思考延伸到了首先作为自发性反

---

⑪ 参见皮平《黑格尔的观念论》,第 27—31 页。正是在这个语境中皮平提出了我在脚注 4 中引用过的观点:康德"在某种意义上收回了他在直观和知性间所作的严格区分"(第 30 页)。我在那个脚注中提出了这样的观点:先验演绎的目标是要阐明对经验对象的直观包含了知性,在这个意义上,不应该存在"严格区分"。但让知性进入直观构成的做法并不会违背皮平所说的"严格区分",他所说的是感性论与分析论之间的区分,即感性知识的经验条件与推论性知识的经验条件之间的区分。当然,康德组织第一批判的方式——首先是感性论,然后是分析论——的确会让人觉得有两组不同的条件,好像时空的纯粹形式直观是独立于知性的综合能力的(他在 B160-1 的脚注中也承认了这一点)。这就是皮平说康德"收回"了区分的意思。但与其说康德收回了区分,更好的说法是,他从未想过要给人一种两者之间存在严格区分的印象。

⑫ 我们也许要将它描述为客观观念论。这个对应主观观念论的表达认为先验条件首要是客观的(主观观念论则认为先验条件首要是主观的),从而忽视了黑格尔式的平衡。黑格尔用这个表达来批判谢林,以及将实在世界视为世界灵魂之流溢的一般观念论。参见皮平《黑格尔的理念论》,第 61 页。先验演绎所涉及的那种观念论可能性实现了真正的客观性,但它既不是主观的也不是客观的。

思思维之构成的先验感性论条件。(参见皮平:《黑格尔的观念论》,第31页。皮平说康德"把他对概念条件的解释延伸或试图延伸'进'对杂多的直观当中"。)康德的目标是想由此揭示出这些条件最开始是以伪装出现的,它们的客观性并不亚于它们的主观性。

但是基于康德对感性角色的理解,这种向感性论的延伸最远只达到了感觉具有形式的事实,却没有触及感性具有的特殊形式:时间性和空间性。关于感性康德所能得出的普遍结论最多只能是:任何和推论性理智一起得出经验性知识感性都允许这样一种纯粹直观,这种纯粹直观所反映的感性形成方式就是时空形式直观所反映的感性形成方式。但是下面这一点在康德的图景中仍然是一个基本的事实:反映感性形成方式的纯粹直观是时空的直观,这个事实外在于自发性统觉的统一性能力,后者的运用并不能决定前者(即使这个事实只有在包含了运用统一性能力的语境中才能得到理解)。

康德试图在感性论感觉形式上给一种先天知识奠基。但是基于他所描述的基本事实(这一事实甚至一直存留到 B 版演绎之后),即感觉需要时间性和空间性,他已经尽其所能地将这些要求纳入自发性统觉的范围之内。问题是:他要如何理解这种知识既是先天的,又是真正客观的?为了阐明这些要求外在于自发性统觉的统一性能力,康德引入了这样一种可能性,即**我们可以通过感觉把握的任何世界都是处于时空秩序当中**,即便他会说并不是所有经验世界都必须处于符合某些感性要求的秩序当中。我们可以用下面这种最严厉的方式来表达这一批判:虽然感性论想要奠基一种先天的客观知识,但是就我们唯一能够理解的意义而言,它并没有办法和主观心理主义区分开来。⑬ 不论反映推论性理智的要求是怎么样的(对此我们需要再思考),反映感性形成方式的要求

---

⑬ 这就是黑格尔在《历史哲学》中对康德观念论的著名攻击。参见皮平《黑格尔的观念论》,第264注5,以及他在第5章引用的黑格尔的部分辩护。

(时空秩序的要求)都像是一种主观强加。先验观念论坚持认为世界的明显时空性来源于感觉形式,在这个意义上,它是一种主观观念论。

由此先验观念论开始朽坏。如果我们这样来考虑先验观念论,康德将统觉统一性延伸进感性论的做法似乎预先阻止了下面这个反对意见:他无法让知性要求超越单纯的主观强加。但康德的证明似乎又让纯粹知性概念的客观有效性在本质上依赖于**我们的**感性形成方式。康德在B148-9清楚地表明了这一点:"但这些纯粹知性概念超出**我们的**感性直观之外的这种进一步扩张对我们丝毫也没有什么帮助。因为这样一来,它们就是一些关于客体的空洞的概念,凭借它们,我们就连这些客体是可能的还是不可能的都根本无法判断,这些纯粹知性概念就只是一些没有客观实在性的思维形式,因为我们手头并没有任何直观,能够把唯独那些思维形式才包含着的统觉的综合统一应用于其上,而这些思维形式也能在其上这样来规定一个对象。唯有**我们的**感性的和经验性的直观才能给这些客体带来意义和表象。"

如果我们像康德所鼓励的那样允许自己构想一种不属于我们的感性,那么我们就可以假设这种感性可以产生像时空形式直观反映我们的感性形成方式那样反映这些感性之形成方式的纯粹直观。我们或许可以想象,拥有这种感性的存在可以建构关于范畴性思维之客观有效性的先验演绎,这种演绎像康德的先验演绎一样探索下面这个观念:经验直观在感性中被给予的那种统一性模式就是范畴指派给杂多的一般直观的统一性(比较B144-5)。但是这种幻想并不能帮助我们证明我们的范畴性思维的客观有效性。我们需要避免的威胁是:范畴性要求就像它们是被给予**我们的**感觉一样,只是主观对对象的一种强加。

当康德指出时空形式直观的统一性本身就是统觉的客观统一性时,上面这个威胁似乎被避免了。

但是在先验时空观念的语境中,对象给予我们的感觉的观念就不得不被视为一种主观强加。如果这一点是对的,康德最多只能得出下面的结论：世界在经验上的符合知性要求的可知性并不要求**额外的**主观强加。康德认为，当我们从考虑感性要求转为考虑产生经验性知识的推论性理智要求时，我们并没有做额外的主观强加，即像先验观念论那样要求可被认识的世界处于时空秩序当中，然而，这个强加实际已经影响了康德提出的所有要求。先验演绎似乎想阐明，康德首先引入的作为主观条件的知性要求同样也是客观条件，也就是对象本身的条件。但这一点又取决于我们是否接受将"对象本身"等同于"给予我们的感觉的对象"。如果给予我们的感觉的对象处于时空秩序当中的特征是一种主观强加，那么主观和真正客观之间的原黑格尔式平衡就是一种幻相。关于时空的先验观念论是康德整个建构的基础，正是这个基础将康德的建构拉向了主观观念论。

这迫切地促使我们对下面这个观念进行再思考：我们最多只能将知性要求所需的客观性理解为给予我们的感觉的对象。如果存在让事物可被认识的条件，那么事物一定是在符合那些条件前提下才能被认识，这是不证自明的。康德希望阐明，如果我们渴求超出给予我们的感觉的对象的那种客观性，我们就是在渴求违背上面这一自明之理的东西。但下面这一点同样也是自明之理：事物可被认识的条件一定是让我们有可能**认识**事物的条件。如果某个假定的一般形式只是事实的映像（先验观念论认为我们所经验到的世界的时空秩序就是这样一种映像），我们就无法用相关事实为我们**认识**那个形式的条件奠基。先验观念论确保康德无法将感性形成方式描述为让事物**可被认识**的条件的来源。

康德认为知性条件和给予我们的感觉的对象有关，这让人感觉他是在说知性要求具有客观有效性。但知性条件毕竟不能被视为是客观有效的，因为这些对感性的要求并不能被视为是让事物在如此这般的时空秩序中**可被认识**的条件。在这个唯一可理解的解释语境中，康德说知性条件和给予我们的感觉的对象有关的意思并不是说知性要求和对象本身有关。缺少一个不同意义的客观性概念并没有限制上面提到的自明之理，即如果存在让事物可被认识的条件，那么事物一定是在符合那些条件前提下才能被认识。因为康德将这个自明之理描述成是在强加一个真正的限制，而真的自明之理是不能这样做的。根据先验观念论，我们认识事物的能力只能到这么远，超出这个界限我们就无法认识任何事物——我们无法知道物自体是否真的处于时空秩序当中。我们无法知道物自体是否真的处于时空秩序当中，这一点取消了我们能将在界限内实现的知识辨识为知识的可能性。而这反过来又确保了先验演绎无法证明知性要求的真正客观性。⑭

5. 以上我似乎是在简单地假设在主观和客观之间实现一种黑格尔式的平衡对康德来说是一件好事。但我又在试图削弱康德的这一失败所造成的后果，这应该能够澄清我的意图。以上面这样的方式看待康德就意味着一种成功的批判性观念论必须是黑格尔意义上的。

出于知性奠基的需要，康德试图确保和真正的对象本身维系在一起的客观有效性，因为虽然他试图将作为直观的形式直观的统一性理解为那种只有在自由理智活动的语境中才能被理解的统一性，仍然有某些其他的东西存留于这一语境之外。我们可以用上面这种方式来表述将时空视为先验理念的理论。

康德认为"某些其他的东西"是外在于自发性统觉的，我们可以将此理解为形式直观的材料。康德认为这些材料具有自己的形式，这种形式先在于统一性为形式直观提供的形式。因为我们的外部感性的纯粹材料反映了外部感性本身的形式特征，所以将外部感性材料统一进直观的结果就是空间的纯粹直观；同样地，将内部感性材料统一进直观的结果就是时间的纯粹直观。

---

⑭ 很明显，我们不能这个反对意见对康德进行无根据的"两个世界"（表象和物自体）的解读就将其驳回了。我表述这个反对意见的方式和康德把"作为经验对象的事物"等同于"作为物自体的同一些事物"的做法（Bxxvii）并没有矛盾。这种等同丝毫没有移除下面这个事实：康德认为，对作为经验对象的事物的时空组织只是事实的一种映像。

康德在实现这种平衡的过程中犯的错误是，只是将一部分来自感觉形式的要求放在受自发性统觉影响的那种统一性范围内。康德由此得出一个明显的结论：所有与我们认知对象相关的能力都必须处在这种统一性范围内。康德的洞见是：批判哲学的根本之处在于，让我们有可能认识事物的条件并不是来自事物本身的独立条件。如果我们既要接受这个洞见，又要真正理解那些让我们有可能认识事物的条件，我们就必须把这些条件完全放在自由理智活动的范围内。⑮

　　由此我们可以看出康德为何会受到黑格尔的赞扬（比如在我之前所引的《逻辑学》），因为他试图实现一种在主观和客观之间取得平衡的观念论。正是这一点促使康德将自我意识的客观统一性放在其图景的中心位置。但同时我们也要指责康德（虽然不像黑格尔那样严厉），因为他没有认识到他不能在脱离下面这种做法前提下实现他的目的，即把所有将我们的心灵引向对象的能力都放在自发性自我意识之统一性的范围内。

　　我希望我通过思考康德得出这一结论的方式让下面这一点变得可以理解：保留康德批判哲学的洞见需要黑格尔式的观念。使这个观点被接受的关键在于强调，我所批判的被康德放在统觉统一性范围外的东西只是我所谓的形式直观的材料。康德的问题在于：他的结论是在将时空作为先验理念的语境中得出的。康德式的经验直观概念（明显是对

---

⑮ 亨利·阿里森很有帮助地将先验观念论的特征描述为在"可能认识事物的条件"和"可能认识物自体"的条件之间做出了区分。参见《康德的先验观念论》，第13页。先验实在论（或者说前批判实在论）拒绝认为可能认识事物的条件来自于事物本身得以可能的自律条件。阿里森指出，如果我们一方面试图拒斥这一区分，一方面又保留了不能用纯粹的消极性来理解知识这个基本的批判哲学观念，我们无疑会陷入主观主义的现象当中。但这同时也反映了阿里森的一个假设：任何在拒斥区分的同时保留批判哲学观念的做法只能是先验实在论的对称立场，即认为"主观"条件是自律的（先验实在论认为"客观"条件是自律的）。这里缺少的是一个黑格尔式的选项，这一选项受康德知性要求的启发：这些条件既是思维的条件又是对象的条件，两者不可分割，且谁也没有占据首要地位。参见我在《心灵与世界》中对阿里森的评论，第43页注18。

对象的直观,因为它体现了判断中的那种统一性)几乎成功地阐明了如果通过自由理智活动来理解客观意义。(一旦纠正了我所指出的康德过分夸大自发性**活动**之范围的倾向,这一点就更容易看清了。)把事情搞坏的地方在于,当我们将图景拓展到先验观念论,经验直观的直接"对象"(多亏我们必须用自发性统觉来理解直观所具有的统一性)——就它们的时空性而言——就变成了独立于自发性统觉的、单纯反映主体性之另一面的映像。如果我们能够不用这一框架来建构先验观念论,我们就不会有这样的失望。为了(至少从这个角度来看)实现一种黑格尔式的对康德的彻底化,抛弃这一框架正是我们所需要的。由此我们得到的图景是:经验直观的对象既是真正客观的,又需要通过诉诸自发性统觉才能获得它们。

有人会忍不住想指责黑格尔将客观实在重构为完全不受限制的心灵运动的产物,并认为,将纯粹直观的材料置于知性自发性之外使康德可以对世界的独立性作任何的贬低。[比如可参见迈克尔·弗里德曼(Michael Friedman)的文章《为哲学传统驱魔》("Exorcising the Philosophical Tradition"),特别是第439—444页。]但这种观点恰恰是错误的。康德试图在时空的先验观念论内部证明范畴的客观有效性。常识实在论所确保的客观实在并不是康德想要为范畴确保的那种客观有效性。既要保护一种可被经验获得的、独立于我们的常识性实在,又想保留批判哲学的洞见的做法,最终只能抛弃康德的框架。

对黑格尔和康德的关系而言,还有一个重要的特征我尚未提及,那就是黑格尔拒绝在知性和理性之间做出明确的区分。在康德那里,知性是以感性为条件的,而理性则是无条件的。而正是知性的这种有条件性破坏了康德希望实现一种非主观性观念论的尝试。也就是说,在这个语境中,知性以感性为条件说的正是自发性统觉的范围并不包含那些被统一进时空的形式直观中的材料。这并不是说经验思维受制于藏于经验中的独立实在,也没有违反统觉的自由。相反,这构成了我们所理解的运用这种自由的介质。黑格尔认为追求知识就是理性无条件的活动,这样的说法拒斥的是康德得出这一结论（知性是以感性为条件的，而理性则是无条件的）时所用的框架，而非这一结论本身。这种黑格尔式的谈论并未展现"康德结论中所体现的拉开理性思维和感性经验之间的距离，并将经验论元素缩减到最低限度的倾向"⑯。

6. 我追随皮平认为 B 版演绎（特别是第二部分）是康德对黑格尔的启发。但我在某些方面和皮平存在分歧。我希望对此展开探讨会使这里的图景变得更加清晰。我将考虑两个主要问题。

首先，皮平并没有将先验演绎这一失败（没有把被统一进形式直观的材料包含在自发性统觉的范围当中）的特殊原因分离出来。同样，他也没有准确地指出先验批判是如何几乎完成了这一任务。

皮平正确地指出，康德试图将统觉的统一性延伸进先验感性论的领域当中，这一做法最接近于黑格尔的立场。但他并没有指出关键的一点：这种延伸只包含了构成纯粹直观形式的那种统一性。皮平没有界定这种延伸的界限，反而认为，从更为典型的康德立场来看，这是康德所犯的一个黑格尔式的**失足**。⑰ 并且，皮平认为这种失足的结果总体来说体现了一种契合于黑格尔的观念论。因为，在他为先验演绎的倾向是观念论式的这一结论辩护时，他指的是这样一个事实：根据康德自己的结论，先验演绎所展示的只是和经验对象联系在一起的范畴的客观有效性。⑱

---

⑯ 弗里德曼（Friedman）《为哲学传统驱魔》（"Exorcising the Philosophical Tradition"），第 440 页。当然我并不否认，拒斥康德的框架，从而为把追求知识视为理性无条件的活动留下空间的做法会对康德的观点产生根本性的影响。值得注意的是，客观有效性的要求可以一致延伸到第一批判中的先验演绎。康德认为，只有规范性的要求——满足我们的主观需要，而非描述客观实在本身的特征——才是客观有效的。参见皮平《黑格尔的观念论》，第 68 页。

⑰ 参见我在前面的脚注中讨论过的《黑格尔的观念论》第 30 页上的一段话，并比较第 37 页："如果……黑格尔是对的，即康德提出的任何可能经验的统觉性条件破坏了他在概念和直观之间所作的严格区分……"

⑱ 参见《黑格尔的观念论》，第 32 页，以及（特别令人不安的）第 267 页注 23。皮平在后一处指出，先验演绎对纯粹直观的依赖"必然地将这一论证观念论化了"。这一说法的重点在于指出先验演绎包含了对**先验**观念论的接受。但如果我的观点是正确的，这恰恰是黑格尔认为错误的地方，这种说法并没有指明黑格尔在康德那里找到的正确方向。

首先，延伸统觉的统一性使它包含纯粹直观的统一性的做法并不是一种失足。在康德看来，这对先验演绎的成功是关键性的，且符合先验感性论。我们最多可以说这种做法纠正了下面这一误导性的印象，即康德的出发点是先验感性论。（但康德必须要从某处出发。）

其次，虽然康德的观念论包含了只是和经验对象联系在一起的范畴的客观有效性，但这种观念论是完整的。我主张，它退化为主观观念论的原因是，即便康德纠正了形式直观材料的统一性是独立于统觉的印象，关于后者的先验观念论仍然持存在那里。而这恰恰是黑格尔不会赞赏的那种观念论。为了在先验演绎中找出黑格尔式的萌芽，我们必须注意到（皮平没有注意到这一点），康德将统觉延伸进先验感性论领域的做法是有界限的。而正是这一点开启了一种可以通过克服这些界限而实现的观念论的可能性。

黑格尔在《信仰与知识》中指出，先验想象活动"内在统一性"对康德来说"只不过是理智[Verstand，康德的"知性"，黑格尔的"理智"]本身的统一性"（《信仰与知识》，第89页）。皮平说这"会引发康德激烈的否认"。他还说，尽管黑格尔赞同B版演绎中的那段话，"主导性的康德式立场明显是，理智'自身'不能在经验内部制造统一性，我们还需要直观的内容和材料"（《黑格尔的观念论》，第77页）。而这也从属于皮平的下面这个观点：先验演绎的近乎成功取决于康德在基本思想上的一个黑格尔式的失足。但我坚持认为，将统觉统一性延伸进纯粹直观的统一性的做法非常符合康德的基本思想。并且，基于先验想象在B版演绎第二部分扮演的角色（这种角色在下面这个结论中达到了极点：时空的形式直观的统一性就是一般直观所具有的那种统觉统一性），康德完全不会否认黑格尔的话，相反，黑格尔的话贴切地转述了B版演绎第二部分的方案——展示"经验性直观在感性中被给予的方式"（他进一步用先验想象来阐明这一方式）"不是别的，而是范畴……为一个所予直观的杂多而一般地规定的统一性"（B144-5）。当然，任何这样的同一性都需要材料,但康德希望这种统一性——包括时空的形式直观的统一性——属于由先验想象"制造"的形式。这就是先验演绎为什么近乎成功的原因。黑格尔对康德的解读比皮平的解读更加敏锐。

不幸的是,皮平关注的是康德观念论的整体,而没有将作为破坏性成分的先验观念论分离出来,这反映在他用如下的方式来描述康德易受攻击的"先验怀疑论"(对此黑格尔必须回避):"因为现象是以我们的概念图型'为条件'的,不同的图型就会有不同的(现象)世界,由此就产生了物自体的问题。"(《黑格尔的观念论》,第 77 页注 1)然而康德的观念论之所以退化成主观观念论并不是因为"我们的概念图型"的相对性,而是因为它包含了一种关于空间性和时间性的主观观念论,这种空间性和时间性外在于统觉统一性,从而也就外在于任何可以被称为"概念图型"的东西。

康德在 B145 把范畴统一性的要求称为"知性的特性"。皮平在《黑格尔的观念论》第 33 页引用了这一说法,并认为这一说法把康德图景中的知性要求放到了感性形式要求的层面上。但这一说法的前后语境清楚地表明,康德所谓的知性特性是指知性是推论性的、有限的、取决于感性的,而不是指知性是人类特有的。

我们或许可以通过一个难解的非事实来表达这里的要点:根据黑格尔式的思路,如果康德没有把基本的外在性赋予感性的时空形式,他的先验演绎就会成功。在这种情况下,先验演绎就能成功地展示,我们能够将一开始伪装成有限知性的能力再次把握为理性的无限自由。

7. 为了考察我和皮平之间的第二个分歧,我要重提前面的一个观点:康德的先验演绎指向这样一种观念论,这种观念论可以通过克服将自发性统觉延伸进先验感性论领域这一做法的界限得到实现。这样来看,康德需要得到纠正的地方其实很简单,虽然这种纠正的影响肯定非常深远。我并不认为皮平将黑格尔理解为康德式遗产之继承者的观点能够很好地契合这一图景。

皮平指出,我们认识到康德的方法近乎成功但并未成功,从而得到对概念之客观性的黑格尔式理解，这种理解与康德的图型论或B版本演绎第二部分并不类似。(《黑格尔的观念论》，第38页)但他又认为，在这个新的环境中，康德式的范畴衍生为黑格尔式概念(复数的概念，Notions)，而黑格尔式概念与一般经验概念的关系又衍生自康德式范畴与一般经验概念的关系。(参见《黑格尔的观念论》，第305页注6)而这一点又属于下面这个事实：他不断用被经验侵蚀的概念发展来掩饰概念之自我决定这种黑格尔式的谈论。(参见第93、100、145、146、250页)这种解读在下面这个结论中达到了极点：即便是在写完《逻辑学》之后，黑格尔仍有一个"未解决的问题"，那就是界定概念与普通概念之间的区别。皮平写道，"如此多的……概念明显因为世界之所是而成为其所是，我们不可能将它们视为思维之纯粹自我决定的绝对结果。黑格尔的方案迫切需要在黑格尔的意义上对下面这一点做出一个更为明确而清晰的解释，即在什么时候以及为什么我们应该将谈论事物的根本方式视为完全是'归因于'我们的？"⑲同时，皮平还认为黑格尔存在"'返回'经验世界的问题"，这是"康德恶名昭昭的[哥白尼式]革命问题"的再现。(《黑格尔的观念论》，第259页)

但是，如果我们将黑格尔的观念论视为为克服将自发性统觉延伸进先验感性论领域这一做法的界限而改变康德立场的结果，这种归责是没有根据的。

这里的图景毋宁说是这样的：(单数的)概念[The Notion，或译为总念，为了与复数的概念区别，下面译为总念]是恰当理解之下的概念性。这种概念是范畴性的，我们可以在或多或少的康德意义上将其理解为自发性统觉。判断中概念能力的运用是根本性的。对"总念"的黑格尔式谈论并不暗指特殊的非经验概念，因为关于后者我们会问，它们和

---

⑲《黑格尔的观念论》，第258页。皮平指出，"概念表"(这个概念表需要得到先验的证明，而不只是像康德的"范畴表"那样借用现存的逻辑)可以满足这个要求。

普通经验概念的关系是怎样的。根据康德对范畴的理解，这种问法是错的，因为根据 B 版本演绎第二部分或图型论，对这个问题的回答需要诉诸某些外在于统觉的东西。⑳

谈论"总念的自由运动"符合经验性探究的演进。（从这个例子出发，我们可以正确地从康德的先验演绎理解黑格尔式的思维。）经验性探究是由经验引导的。康德几乎已经将作为经验性探究之指引的经验整合进了自由的自发性统觉当中。正如我之前所指出的，如果他没有将基本的外在性赋予感性的时空形式，他就能将经验世界的独立布局描述为运用自由的自发性统觉的介质。从康德转移到黑格尔之后，我们可以说经验的时空性不再违反统觉的自由，正如我们经验到的世界时空布局不再违反统觉的自由。这样我们就真正得到了康德几乎成功实现的观念。㉑

我们要再一次指出，黑格尔式的表达会给人这样一种印象：他将实在表征为完全不受限制的心灵运动的结果。我已经试图用运用自由的介质这个形象来消解这个印象。康德那里的感受性在黑格尔那里并没有的消失，而是被重新把握为理性自由的自我决定过程中的一个"环节"。㉒ 在

---

⑳ 皮平在《黑格尔的观念论》，第 211 页写道，《逻辑学》第二编"混合了对一般'中介'（概念活动，überhaupt）之必然性的论证和对**本质**的中介的论证，对后一种中介来说，明确的'思维对象'需要明确范畴性条件"。根据我所主张的解读，黑格尔所做的并不是混合，而是对康德作必要的修正。黑格尔的观点是，康德的范畴概念遗留了两个不同的话题。

㉑ 皮平在《黑格尔的观念论》，第 105 页写道，黑格尔在《精神现象学》中"明显无法谈论**任何**用于知识断言中的概念，因为他指的是总念在意识中的必然推理。《精神现象学》所要展示的不可能是我们对任何概念之客观性的怀疑可以被克服"。这个结论明显是对的，但这并不意味着对总念的谈论不能是对概念性的谈论。《精神现象学》要求我们把对这个或那个概念之客观性的质疑放到被意识把握了的总念的自由展开当中。《精神现象学》的工作就是让意识以这种方式来把握对客观性的追求，而不是去预期如此把握之下的活动会造成什么样的结果。（或许除了我后面会考虑的意识对自己所作的二级应用。）

㉒ 皮平至少在两处地方表达了这一观念。他在第 68 页这样描述黑格尔对康德在理性与知性之间所做区分的重新思考："……如果我们能看到康德所认为的独立直观条件本身就是理性的自我决定运动，……那么我们就能将康德所说的理性的'自我立法'视为使对象可能的要素。"他在第 87 页说："黑格尔关于感受性的结论必须被理解为主体渐进的自我理解运动。"这些话在我看来是根本正确的。我不知道皮平如何让它们契合总念的展开是由经验引导的这个观点，因为这个观点看起来就像是破坏了先验演绎的康德式反思性二元论的残余。

这样的理解下,[哥白尼式]革命问题就不应该出现,我们的立足点也就不需要从绝对知识"返回"到经验世界当中。从绝对知识的立足点出发,我们可以理解对客观性的追求就是总念的自由展开,但这一立足点又不能让我们脱离经验时间。我们所考虑的对客观性的追求是经验性的探究,在拥有绝对知识的过程中我们已经参与到了经验世界当中。㉓

重要的一点是,我们要清楚(黑格尔本人也许并不清楚)这里所说的经验(经验的引导就是总念在经验性探究中自由展开过程中的一个"环节")并不是《精神现象学》中的经验。《精神现象学》尝试给出一系列思维概念,并将它们最终把握为总念的自由运动。黑格尔用"经验"来指称这些思维概念,但马上又认为这个名称无法被接受,因为它促使"意识"(《精神现象学》的教化对象)做出改进。如果总念的自由运动确实存在,那也是二级层面上的,即作为关于总念之总念的自由运动。《精神现象学》对"意识"进行教化,使它能够通过记录总念逐步明晰的过程,从而将**普通**理智活动(理论的和实践的)视为总念的自由活动。在这个二级层面上,我们或许可以看到,这一哲学旅程本身就是对客观性的追求——对客观性的追求本身的客观性,以这样的方式它把自己的结论应用于自身之上。但我们应该避免混淆这两个层面。㉔

㉓ 皮平在《黑格尔的观念论》,第246页指出:"对总念性决定之自发性的自我意识……似乎是[黑格尔所持]决心的**限度**。"我认为这是完全正确的。我所反对的皮平的下面这个观点:这一"决心"给黑格尔留下了进一步的工作,即制定"概念表"。

  我之所以说[哥白尼式]革命问题或返回经验世界的问题不**应该**出现,是因为我们不清楚黑格尔是否清楚地认识到了这一转向,从而能明确不受这些问题的影响。但我的观点是,如果我们能像我刚才所说的那样来理解黑格尔,他就不会面临这些问题。

㉔ "经验"揭示了每一个根据绝对知识的标准还不是绝对知识的相继思维概念。皮平在《黑格尔的观念论》,第106页指出了根本性的一点:每一个客观性概念都体现了客观性本身关于客观性的标准。至少在我看来,这种说法使他在下一页(他在那里用复数的概念引入了图景)提出的观点变得神秘难解,他说:"任何潜在概念之充分性的问题……只有在和其他可能概念的关系中才能得到理解。"在我看来,在特定阶段的"意识"经验中产生的充分性的问题总是来自某个可能的客观性概念,而这个客观性概念根据**其自身的**标准又是不充分的。我们不需要引入与其他客观性概念的相对性。皮平继续说(第107页):"这样的概念对经验来说是必要的;**有**经验**存在**,因此合法性问题只有在和其他可能概念的关系中 (转下页)

8. 我已经说过,黑格尔式思维的这一个角度指出了一种从某种意义上来说可以让我们非常简单地达到黑格尔观点的方法:消除破坏了康德先验演绎的外在性。当然,我必须进而指出,我们不能只在黑格尔描述的空间内执行这一步骤。不论出于何种原因,黑格尔并没有给出任何从康德出发的阐述。但我们有理由认为,康德的先验演绎至少是黑格尔所采取的其中一条道路;我在这一点上赞同皮平,尽管我们在这一思路的细节上有所分歧。我建议,我们应该在理解黑格尔提出的更为复杂的发展进程时记住这条"简单"道路。㉕

(接上页)才会产生。"但是我主张,这种"经验"的用法(对普通对象的经验)并不是《精神现象学》的用法。我们不需要**假设**有和《精神现象学》相关的经验存在。这一步发生在哲学反思的过程中。

㉕ 这条"简单"道路的目的地很像我在《心灵与世界》中提出的目标(本书的前三篇文章对此又做了改进和修正)。沃尔夫冈·卡尔(Wolfgang Carl)(在和我的谈话中)提出,对康德先验演绎的斯特劳森式解读就应该像《心灵与世界》那样,无论是就目的还是就方向而言,斯特劳森的解读更适合驳斥观念论。[参见 P. F. 斯特劳森(P. F. Strawson)《感觉的界限》(*The Bounds of Sense*)]我已经在《心灵与世界》中指出(第 111 页),斯特劳森的康德,也就是我的康德,比康德本人更接近黑格尔。

布兰顿在《黑格尔观念论中的一些实用主义主题》("Some Pragmatist Themes in Hegel's Idealism: Negotiation and Administration in Hegel's Account of the Structure and Content of Conceptual Norms")一文中给出了一幅关于黑格尔式思维的非常不同的图景。他引用了我在本文一开始引用过的那段出自《逻辑学》的话,并像我一样声称追随皮平的引导。但布兰顿自己的思想正是在这条"简单"道路探索的方面上远离了康德。他试图在省略直观概念的前提下(将其理解为对对象的直接感觉意识中的片段)重塑康德的自发性和感受性。关于这些脱离直观的尝试,可参见《使之清晰》,第 712—3 页注 10 及第 4 章。因此,我们不会惊讶布兰顿对黑格尔的解读没有涉及 B 版演绎的细节。尽管布兰顿声称自己的出发点是皮平,但他并没有追随我在本文中所陈述的方法论上的建议。

五

自我决定的主体性与外部限制

1. 强调自我决定的主体性是德国观念论的一般特征。黑格尔通过谈论作为概念之自由自我实现的绝对知识将这一主题推向了极端。本文的标题想要指出由这种谈论产生的一个明显问题。为了让如此表达下的概念契合对客观实在的主体性参与,概念的自由自我实现最好能体现一种对外部限制的回应。外部限制并没有从图景中消失,相反,我们必须把更为普通的客观性概念中的外部限制和自我决定的主体性结合起来。我要考虑的是这一观点的某个特殊例证,即塞拉斯哲学的某些特征。

2. 我们或许会基于思维的权威将主体性自我决定的主题直觉性地解释为拒斥教条主义,或拒斥对一切单纯所予的默许。思维理应对这样的解释做出回应,思维主体存在的唯一理由是能够自由地认识到其作为理性的权威。

拒斥对单纯所予的默许至少能让有些人想到塞拉斯对他所谓的"所予神话"的攻击。在《经验主义与心灵哲学》这篇经典文章的一开始,塞拉斯就明确地和黑格尔站在一起,而我正是把黑格尔作为将对自我决定的坚持推向极端的观念论代表。塞拉斯暗示自己对"所予框架"的攻击符合黑格尔对"'直接性'这个巨大敌人"所做的攻击。(§1)塞拉斯后来又假想了一个对话者将他的反思描述为"初期的黑格尔式沉思"(§20)。① 塞拉斯明显想让人们把他对所予神话的攻击理解为——至

---

① 我对塞拉斯的法语做了改进。

少在精神上——是黑格尔式的。

塞拉斯强调,所予神话的范围非常之广。他写道:"很多东西都被说成是'被给予的':感觉内容、物质性对象、共相、命题、真正的联结、第一原理,甚至是所予本身。"(§1)但塞拉斯认为,《经验主义与心灵哲学》的主体部分是"对整个所予框架进行一般性批判的第一步"(同上),也就是攻击此框架的特殊经验论版本。我们或许会认为塞拉斯的立场至少大致符合黑格尔《精神现象学》的第一部分,塞拉斯强调他的批判只是"第一步"实际上也说明他认识到黑格尔对直接性的攻击远不只是揭露它在经验知识中的虚假地位。不管怎样,对我们为解释由经验获取知识的过程而诉诸所予的做法进行反思给我们提供了一个很好的语境,让我们开始去思考如何在对自我决定作观念论断言的同时为外部限制留下空间。

任何经验论都将经验作为经验知识的凭据。我这样说并不是在简单重复一个关于经验知识的自明之理,因为还有人认为(比如戴维森《论概念图型的观念》《关于真理和知识的融贯理论》,以及布兰顿《使之清晰》第4章)任何能够被叫做"经验"的东西都不是经验知识的凭据,它们最多只是经验知识的原因。这种观点完全拒斥了经验论。相反,塞拉斯并不拒斥经验为经验知识提供凭据的观念。他批判的是阐述这一观念的一种特殊方式——交缠在"所予框架"下的经验论,也就是他所谓的"传统经验论"。(§38)在传统经验论看来,经验是知识的基础层面,我们可以运用能力在知觉中感知它们,这些能力或与生俱来或在普通的生物成熟过程中获得,完全不依赖文化的适应或知识的获得。用塞拉斯引入的黑格尔式术语来说,在这一图景中,客观实在在经验中直接给主体造成印象。相反,塞拉斯主张,即使最基本的知觉知识也是通过概念能力的实现获得的,而概念能力并不是单纯的生物过程,而是随着语言的掌握而逐步获得的,为此我们必须熟悉概念之间的理性联系。在这些联系中,物质性的声音指涉联结是很关键的,控制这种联结同拥有关于世界的实质性知识之间是不可分割的。

为了阐明这一观点,塞拉斯关注他所反对的观点的最佳形式——传统经验论图景将适合于基本经验判断的概念直接建立在知觉性所予的直接获取上。比如我们可以考虑一下颜色概念。塞拉斯认为,是否拥有颜色概念以及这些概念能否在获取基本经验知识的过程中发挥作用取决于世界性知识。他举出了一个例证:为了拥有颜色概念我们必须知道何种条件适合让我们通过观看事物说出它们的颜色。(§18)但这并不是塞拉斯要表达的全部意思。作为事物之明显特性的颜色只有在我们对可见事物如何冲击知觉主体有了丰富的知识储备之后才能得到理解。因此,即使是在对所予支持者来说最好的情况下,塞拉斯也仍然拒斥传统经验论赋予知觉知识的直接性,并代之以概念能力和世界性知识(为了能够获得基本知觉知识,我们必须首先具备这些知识)的中介。

3. 有人会忍不住将作为塞拉斯首要攻击目标的所予神话的经验论版本描述为我们所熟悉的对知性/感性、自发性/感受性的康德式二分。根据这种解读,感觉感受性产生了直接被给予的认知。属于自发性知性的概念能力在此之后才开始在基本经验判断中展开运作,这些基本经验判断以那些直接被给予的认知为直接根据,并反过来保证了我们对世界观的进一步探索。我们可以这样来表述塞拉斯的观点:这幅解释感性和知性如何合作的图景是毫无希望的。直接被给予的认知无法在根据性关系——首先是与基本经验判断的关系,因此也是与整个世界观的关系——中立足。如果我们把感觉感受性的运作理解为先在并独立于任何概念能力的运作,我们就再也无法理解它们与概念活动之间的理性关系。我们最多可以保证它们能触发或导致一点概念活动,但无法用它们来证成后者。这样,我们就把直接被给予的认知从和世界观的理性关系中排除了出去;事实上,这样我们也就根本无法将它们理解为**认知**。

如果我们无法看到还有空间对康德式二分做其他的解读,我们就会认为康德经验知识观的核心——知性自发性和感觉感受性的合作——是交缠在塞拉斯所谓的"所予框架"中的。然而,这些康德式的表达并不是塞拉斯的攻击目标，并且，后者提出的对立观点可被视为是对康德式二分做了不同的解读。

塞拉斯的关键一步是提出了这样一种经验概念，即"产生"断言，或者说"包含"断言的经验。（§16）塞拉斯有意识地用了这种隐喻性的表达，并认识这种表达同时也产生了一个义务：我们需要将这种"言语性的流通货币"置于基础性的位置。（§16）他通过对他所谓的"思维"概念——思维片段像语言行为一样需要用命题性概念来描述，但又不同于语言行为，因为它们是非外显的或者说是"内在"的——的理性重建免除了这个义务。如此界定下的"思维"包括了"包含"断言的经验，而且塞拉斯明确地指出，他在进行理性重构时，着眼点仍然是经验（参见§60的回顾性评论）。塞拉斯的目的并不是要完全拒斥经验论，而是想指出一种非传统经验论的可能性，一种清除了"所予框架"的经验论。在塞拉斯的理性重建中，最初设定包括了经验的"思维"的目的是为了解释语言和非语言的外在行为。② 和通常的设定一样，这些设定也有一个模式，这个模式对于我们理解这些设定起了根本性的作用。"思维"的模式是语言行为。因此，我们用粒子来解释气体在压力下的运动，这些粒子是根据微小的跳跃小球的模式设定的；同样，非外显的命题性片段则是根据作为外显断言的命题性内容的模式设定的，（§56—§59）特别是对经验来说。因此，塞拉斯并不是要阐明经验"包含"命题性断言这种隐喻性的谈论，而是要告诉我们这种谈论对语言作了何种拓展性的使用。为了把握这种经验概念，我们必须探索那些通过语言表达出来的断言的模式。

这一步为什么是有帮助的？经验片段中的命题性内容是呈现的，而不是通过语言表达的，但它们的模式却是根据明确表达命题性内容的语

---

② 这只是"最初"阶段，因为随着故事的逐渐丰富，"思维"在第二阶段也用于解释下面这个事实：主体的思维可以不需要通过对他自身的行为做出理论解释而直接为他所知。参见§59。但这里的目的不需要我对此做细节性的讨论。

言行为,那么,为什么指出这一点是有帮助的?为此,我们可以把塞拉斯的思想和康德的思想——至少在经验的层面——做一个类比。

康德在所谓的范畴的形而上学演绎中(第一批判中题为"发现一切纯粹知性概念的线索"的一章,以下简称"线索")写道(A79/B104-5),"赋予**一个判断中**的各种不同表象以统一性的那同一个机能,也赋予**一个直观中**各种不同表象的单纯综合以统一性,这种统一性用普遍的方式来表达,就叫做纯粹知性概念"。康德实际上是在说,直观(对对象的感觉意识)具有和判断一样的逻辑结构。这就是为什么判断的逻辑结构表可以成为一个引导性的线索,帮助我们获得呈现为直观之逻辑结构的范畴表——纯粹知性概念。这就引出了关键的一点:康德是如何在先验演绎中证明范畴的"客观有效性"的?康德的观点是展示一种可以同时解释经验判断和经验直观的客观意义的范畴统一性。

因此,康德的观点是,我们可以通过发现直观所具有的逻辑结构来理解直观是如何将对象呈现给我们的。一旦以这个层次的抽象性来表述这一观点,我们就不再需要康德提出的那种特殊的逻辑形式表。并且,康德的表述将逻辑作为判断的形式表,而非陈述的形式表,这一框架明显也是无关紧要的。康德的"线索"是,把感觉意识中表征能力的杂多实现结合进单一直观(直观将客观实现呈现给主体)中的那种统一性就是把推论性思维中表征能力的杂多实现结合进单一判断(主体在判断中认定事物是如何处于客观实在当中的)的那种统一性。与之相符地,塞拉斯提出了把语言行为作为"思维"(特别是经验)模式的观点。塞拉斯邀请我们去理解这样一个观点:把感觉意识中表征能力的杂多实现结合进单一经验中的那种统一性(通过这种统一性,经验至少在试图让客观实现呈现给我们,并且在最好的情况下,实际也能够做到这一点)就是把对词语的杂多使用结合进单一断言的那种统一性(主体通过断言表达他认定事物是如何处于客观实在当中的)。

也就是说,当塞拉斯说经验包含断言时,他提出了一种至少非常接近康德的直观概念(见"第一批判"的先验分析论,特别是先验演绎部分)的经验概念。在《经验主义与心灵哲学》中,塞拉斯并没有把自己的经验观和康德的放在一起。但是其思想的康德式特征在他的康德研究著作《科学与形而上学：康德式主题的变奏》中变得明显起来,他将此书描述为《经验主义与心灵哲学》的后续(第 vii 页)。此书的其中一个工作是,通过解读康德的第一批判重构《经验主义与心灵哲学》的基本步骤。塞拉斯正确地认为,至少到"线索"和先验演绎为止,康德放在"直观"这一标签下的明显不是"所予框架"之经验论版本中的那些直接所予(先在并独立于任何知性的感觉感受性运作),而是已经从知性那里获得结构的感觉感受性片段。先验演绎中的直观作为直观就是感觉感受性的运作,但康德的"线索"是,统一直观和统一判断的是同一种统一性。这里我们不需要涉及那些特别的原因。塞拉斯认为,在大多数康德式的原始直观中,实现表征能力的那种统一性只是原概念性的,而不是概念性的——它无法用于判断当中。(《科学与形而上学》,第 4—7 页)但他又远离了他在康德思想中找到的这一特征。根据塞拉斯自己的观点(他在《科学与形而上学》明确指出是受了康德的启发),经验是概念能力在感觉意识中的实现,经验通过构成单一判断和单一断言的那种统一性统一起来。

因此,我们可以将塞拉斯的图景——经验做出断言或包含命题——理解为经过范畴统一的康德式直观概念的变奏。

4. 在康德对直观的解释中(我认为这一解释符合塞拉斯的经验概念),自我决定是伴随着知性自发性提出的。沿着这一思路,我们可以联系自由观念考虑对知性的两层解释。首先,判断是概念能力的实现范式,判断就是自由而负责的认知活动,就是对某事拿定了主意。其次,更为抽象地,概念构成了认知活动的规范,而自我决定的核心就是一切规范的权威;无论是在什么活动中,进行活动的主体都要能自由地认识到起规范作用的概念。

康德有时似乎给第一层解释加上了不恰当的分量。他的话让人以为，在直观中把握对象的统一性就像是主体通过断言认定事物的那种统一性，并且这两种统一性都受到了主体的积极影响。比如，他在先验演绎中说，任何对杂多的联结，任何将某物表征为一个复杂统一体的行为，"不论我们是否意识到它，……都是一个知性行动"（B130）。也就是说，直观中体现的那种统一性产生于自由的运用，虽然我们也许并没有意识到这种运用。

如此一来，下面这个观念最多只能说是奇怪的：我们有时能在没有意识到自由的情况下运用自由。在任何情况下，自觉行为都不能很好地契合直观是感觉意识的感受性运作这一观念。除开那些和康德的观点不相关的意义，我们能知觉到什么真的这一点不取决于我们。我们当然可以控制自己的知觉摄入，比如转动我们的头部，但这并不是通过运用自由把"表象"统一进一个单一的直观。因此，我们最好能认识到，除开这种不相关的意义，我们能知觉到什么并不取决于我们。如果我们想让经验纳入客观实在，从而有合理的动机去相信直接性能在传统经验论中为知识奠基（即便我们通过概念的中介避免了所予框架），就必须认识到这一点。我们不能错误地认为康德的"线索"是在说自由的认知活动可以产生直观的统一性本身。体现了"线索"考虑的这种统一性的判断就是自由的认知活动，但体现了这种统一性的直观则不然。康德的观点是，统一直观的和统一判断的是同一种统一性。我们应该理解，被不自觉地引入直观运作的表征能力也受到这种统一性的影响，而这可以从下面这一点得到保证：这些能力也能在判断中被自由运用。这足以实现康德所坚持的直观的客观意义和判断的客观意义之间的亲缘性。康德不需要说直观的形成本身就是自由运用，更不用说是发生在我们背后的自由运用了。

这样，思考的分量就转向了对自由运用的第二层解释。在厚重的经验中，我们所拥有的概念能力的运作并不取决于我们。但是如果要理解这些属于知性自发性的概念能力，我们就必须能在概念能力的运作中答复构成能力内容的思维规范的权威。我们是在自我决定的范围内服从于这些权威的。因此，虽然我们的经验在任何时候都是由彼时我们所拥有的概念决定的，这些概念都不受我们的控制，但我们在任何时候都有责任确保这种对概念的默许并不是在服从一个由教条或传统控制的异己权威。我将在本文的最后讨论由此产生的一些问题。

5. 我通过探索塞拉斯和康德勾勒了一幅图景，这幅图景许诺我们，即使在经验认知中，认知主体自我决定的理性（知性自发性）也能和经验认识受对象本身限制（对象在直观中将自己呈现给意识）的观念结合起来。从抽象的层面来看，这幅图景中已经有某些黑格尔式的东西，但我们只能用图景本身用到的概念来描述这些东西。为了引出某些或许更加明确的黑格尔元素，现在我想讨论此图景之塞拉斯版本中的一个细节，这个细节之前我一直没有提及。我们可以用下面这个事实来归纳我想提出的问题，这个问题存在于塞拉斯思想之中：塞拉斯所采取的康德式步骤并没有给黑格尔留下任何空间。不管怎样，康德思想的这一方面能够帮助我们理解康德和黑格尔的关系，尽管我们可以脱离塞拉斯，但后者对康德的解读是我们进入这一领域的好路径。

根据塞拉斯的解读，感性在真正的康德式经验认知观中扮演了两个不同的角色。塞拉斯认为康德应该清楚这一点，但实际并不然。在塞拉斯看来，既然康德对感性有两个不同的诉求，他就应该将它们清楚地区分开来。首先，"线索"和先验演绎语境下的直观包含了已经经过知性能力塑造的感性。这是塞拉斯解读下的康德的特征，也是我一直在探索的。但是，其次，塞拉斯认为经验思维必须由他所谓的"单纯感受性"——也就是独立于知性的感性功能——的引导。（《科学与形而上学》，第4页）

塞拉斯认为这种对"单纯感受性"的诉求给下面这个观点提供了一种解释：任何经验认知都需要由外在于认知活动的实在加以限制。这是外部限制要求在经验思维中的特殊应用（外部限制是本文主题的后半部分)。有人或许会认为,我们不需要提及"单纯感受性"就可以满足这种对外部限制的直观性要求,因为如果我们将直观理解为经过知性塑造的感觉感受性,那么这幅图景就已经包含了普通的可知觉对象对意识的呈现。难道我们不能由此看到,对象是如何通过将它们自身呈现给感觉意识从而实现对关于它们的思维进行理性控制的吗?但塞拉斯并不这样看。

塞拉斯认为在知觉直观中呈现给意识的普通对象完全是非实存的。他认为"科学实在论"需要对他所谓的显像图像构成物的实际存在加以否认。③ 所需要的外部限制的来源不可能只是这些显而易见的普通对象。真正存在的是对应于明显普通对象的科学图像构成物:一堆基本粒子或其他类似的东西。经验认知对真正外部限制的服从只有通过那些真正的实存物对感觉产生冲击才能实现。塞拉斯以此来解释康德在现象对象(显像图像构成物)和物自体(塞拉斯将它等同于科学图像构成物)之间所做的区分。

塞拉斯的这部分思想还和他解读康德的另一个特征联系在一起。我们已经知道,塞拉斯认为经验认知所需的外部限制必须来自独立于知性的感性功能,而非来自经过知性塑造的感性,因为后者产生的是康德在"线索"和先验演绎中所说的那种直观,也就是普通(现象)对象的感觉表象。另外,我也提到了塞拉斯这一思想特征背后的"科学实在论"动机。但是这个"科学实在论"动机和塞拉斯对康德先验感性论的解读——感性带着自身的时空形式与知性合作——汇合在了一起。塞拉斯指出,康德所讨论的感性形式就是事物在直观中呈现时的某些形式特征,这里的直观是"线索"和先验演绎中的直观,也就是已经从知性那里获得形式的直观。但是在塞拉斯看来,康德的这一步是错的。(参见《科

---

③ 参见《科学与形而上学》,第 2 章。关于"显像图像"和"科学图像"的术语,可参见《哲学与人的科学图像》("Philosophy and the Scientific Image of Man")。

学与形而上学》,第 8、28—30 页)这表明康德并没有正确地认识到自身思想的要求。在塞拉斯看来,感性论的要点应该是,感性有其自身的形式,这些形式独立于它和知性的合作。因此,对经验思维的特殊外部限制就是科学图像构成物对感性的冲击,这种冲击独立于感性和知性合作产生显像图像的过程。并且,我们需要将这种作为感性工作的直观形式和知性隔离开来。

基于塞拉斯对"所予框架"的攻击,这幅塞拉斯认为康德应该接受的图景已经足够明显地将感性贡献给经验认知的形式视为单纯的所予或直接性,这种单纯的所予或直接性生硬地外在于知性,并从外部来摆布知性。我说"摆布",塞拉斯会说"引导",但是根据他自己的观点,他的说法似乎太过委婉。我们可以回忆一下他提出的观点:理性对"思考什么"这一问题的影响只来自已经包含了知性的思维事件。

正如我所说的,塞拉斯认为康德走错了一步,他没有讨论如何把我们的感性形式从它与知性的合作中隔离出来。但是这一观点很难符合第二版先验演绎中某些突出的评论。康德在那里明确地坚持他处理感性形成的特殊方式,而塞拉斯则认为这一方式只是单纯的失误。康德坚持认为感性的形式不能独立于它和知性的互动。我们或许可以从先验感性论推断,康德实际已经认识到自己坚持的是如下观点:在把知性引入图景之前,我们的感性形式就能得到理解。(B160n.)而这正是塞拉斯认为康德应该采取的思路。但是康德在 B 版演绎的后半部分清楚地指出,他想让我们认识到感性论并不是在说我们的感性形式可以离开知性实现自我认识。

一旦我们感性的形式独立于它和知性的合作,与这些形式相符就足以成为对象呈现给感觉的独立条件。康德主张,呈现给感觉的对象要有范畴统一性,否则它们就不能算是呈现给**直观**,但这种范畴统一性不过是主观的强加,它从呈现给感觉的东西中滤除了人类知性的作用。这也威胁到了康德的目的:通过范畴保证直观具有真正的客观意义。他在

B版演绎的后半部分回应了这一威胁,他指出,感性论的可理解性实际上预设了时空的"形式直观"。(B160n.)这些"形式直观"本身就是将杂多联结成一个单一的直观,它们包含在驱动整个演绎的原则之内——直观的统一性并非先在且独立于知性的统一性能力。因此,我们感性的形成根本不是独立于知性的,康德认为自己有权这样说:范畴不是单纯地挑选和人类知性能力相符的感觉对象,而是应用于"任何对我们的感觉出现的对象"(B159)④。

我认识黑格尔正确且赞赏地描述了康德的这一步骤:"这里[即B版演绎的后半部分],原始的统觉的综合统一又被认为是图像综合(figurative synthesis)的原则,即直观形式;时空本身被认为是综合的统一体,而自发性——创造性想象力的绝对综合活动——则被认为是以感受性为唯一特征的感性原则。"(《信仰与知识》,第69—70页)

黑格尔赞许这是康德最为"思辨"的一步,这一步让康德能从容地接受塞拉斯无法赞同的观点:让经验认知得以实现的外部限制是由在直观中呈现给我们的对象提供的,且我们仍然可以以康德式方式将直观理解为概念能力在感觉感受性中的实现。诚然,在某种明显的意义上,在直观中呈现给我们的对象就是现象的。对象在经验中显现给我们。但是根据黑格尔赞许的康德式步骤,我们就可以排除下面的结论:对象的显现部分地反映了我们的感性具有某些独立于我们把握对象之能力的基本形式,黑格尔会说,这些形式是我们的感性直接具有的。这样,说对象是"现象的"就不像"只是现象的,而非实存的"这一说法那样带有贬低的意味。我们不需要将感性自身具有形式的观念和塞拉斯用来否认普通知觉对象之实存的"科学实在论"混在一起。

康德关于物自体的官方理论丝毫不像塞拉斯所做的"科学实在论"解读。康德的官方理论是,我们可以把在经验中呈现给我们的事物理解

---

④ 这里对B版演绎所做的解读是同詹姆士·柯南特及约翰·霍格兰德深入讨论的结果。

为是从获得对象(物自体)知识的能力中抽象出来的。(参见《纯粹理性批判》,Bxxvii)"物自体"和"在经验中呈现给我们的事物"表达了理解同一事物的两种不同方式。这明显和塞拉斯的理论不符,塞拉斯认为在经验中呈现给我们的事物是非实存的,只是物自体的表象,并且塞拉斯认为康德应该将物自体理解为科学图像的构成物。

即使我们不让康德承担这样一种关于现象和物自体的立场,我们也能发现他对时空性的处理无法令人满意。虽然康德并没有像塞拉斯那样说现象是非实存的,但他确实倾向于认为现象所显现的特征是感性运作的结果。他倾向于认为这些特征——经验世界的时空秩序——只是我们感性形式的单纯反映,我们所知的并非事物本身的特征,或者说得更糟糕一点,我们无法知道事物本身的特征。这就使下面这种可能性变得非常单薄:将通过直观接触对象理解为主观和真正客观的接触。

但是当康德采取黑格尔赞许的那个步骤(见黑格尔对B版演绎的评论),并将统觉的综合统一展示为既是纯粹知性概念的原则又是直观形式的原则时(黑格尔是这样表达的),上面这一思路就变得不必要了。我们感性的形式不应该只是关于主体形态的基本事实,并且,由这种经验形式观得来的世界观也不再只是主体性的反映或投射。毫无疑问,这种关于有限认知或人类认知形式的观念描述的正是某种主体性的特征。但是作为关于**认知**形式的观念,它同样也应该是关于客观事物的观念。康德关于感性形式所说的很多话都让我们觉得无法真正探索认知形式观念的两面性特征。康德让我们觉得感性形式是主体性的基本特征,这样我们就很难看清感性形式如何也是真正客观显现的形式。但在黑格尔赞赏的那个步骤中,康德将感性形式放到范畴的层面上,这样我们就有可能看到感性形式可以和范畴一样成为认知的真正形式——感性形式既是主体活动的形式又是这些活动所接触的真正客体的形式(当然要阐明这一暗示还需要大量的解释工作)。

反思这一思路,我们就得到了将主体的自我决定和客观限制结合起来的康德式直观概念,这一概念不需要我们去界定是客观实在在进行这种限制。根据这一思路,我们开始在经验认知的语境中理解黑格尔所说的从意识的对立面中解放出来。直观的对象现在被把握为是完全客观的,即便它们经过了时空的组织。但它们对意识(至少是知觉意识)的异在性却得到了扬弃——不是取消,而是放到了一个更大的、不会再威胁到主体自我决定的理性叙述当中。

6. 理查德·罗蒂认为,在关于对象的思维中答复对象的观点背叛了自我决定的观念(比如可参见《团结抑或客观性?》)。在罗蒂看来,寻求对世界的答复是服从神之权威意志的世俗对应物。人类需要从宗教教条中的解放出来才能完全成熟。由此罗蒂主张,肯定我们的独立性就是要求我们在研究活动不对世界负责。我们应该在自由平等的协商语境中用对人类同伴的可答复性来代替这种对非人世界的可答复性。用罗蒂的口号来说,引导理智活动图景的应该是团结,而非客观性。

罗蒂要求我们自主思维,这表达了观念论者对自我决定的坚持(这也是本文主题的前半部分)。正如我所说的,黑格尔将这种对自我决定的坚持推向了极端。因此,当罗蒂建议我们用对人类同伴的可答复性来代替对非人实在的可答复性,并以此作为理智活动图景的中心时,他似乎是在推行一种黑格尔式的观念。当罗蒂将这一观念特别地应用于经验思维时,他的确是把黑格尔作为了先驱者。他把黑格尔和戴维森、布兰顿、塞拉斯(在我看来他完全误读了塞拉斯)归为一类,认为他们都不愿接受这样一种观念,即经验促成了我们对世界的可答复性(参见《人类对世界的可答复性观念》,特别是第 140 页)。

我一直在勾勒这样一幅图景:在对意识的呈现中,对象对我们的思维有一定的权威,我们只要探索康德直观概念的一个版本就能理解这一点。如果我们像罗蒂那样认为这幅图景低估了思维主体的自由,这就搞错了重点。被知觉对象的权威不像单纯所予的伪权威,根据后者,让呈现给意识的东西控制我们的思维就等于是让一个未经批判的、继承而来的传统来塑造我们的思维。直观是这样一种统一性，它的元素是自发性知性能力的实现。基于本文的目的，这一观点的要点在于保证在直观被给予的东西恰恰不是下面这个意义上的所予——对这种所予的默许和对自己生命的掌控是冲突的。将理智活动从单纯所予的伪权威中解放出来不等于是将我们从理性的权威中解放出来。如果我们能探索康德的直观概念，并对此稍作修改，把全部的分量加在黑格尔所赞许的感性观上，从而理解一小块世界是如何将自己呈现给意识的，我们就能理解世界是如何给出令人信服的理由，让我们相信事物就是如此这般的。根据这些理由我们必然要形成这样的信念，但我们并没有放弃掌控自己生命的责任，也不允许自己被异己的力量奴役。

7. 我想在本文的最后以一种更为深刻的方式提出下面的主张：在一幅被最大限度的自我决定观念所塑造的理智活动图景（比如黑格尔的图景）中，团结，或者至少是公共性存在，必须是基础性的。我一直在谈论让自己服从于对象权威的思维。我想考虑的是如何理解这种对对象权威的承认。这种承认是由构成概念（特别是经验概念）内容的规范控制的，这些规范给出的明确形式让我们觉得思维内容正确地掌控了自己的思维。因此，我要进一步提出，我们需要探究概念的规范性权威的来源。首先，自我决定观念要求我们将这些规范视为我们为自己确立的法则；其次，我们不能将这幅图景解释为单个的个体为自身立法。我们只能把概念性规范的权威性理解为是由公共性活动确立的。罗伯特·布兰顿更加明确地将这种规范观阐述为公共性的自我立法（参见《使之清晰》），但这里我只想在抽象层面上加以表述。

用人为自身立法这个意象来阐明理性的自我决定的做法可以追溯到康德对卢梭的借鉴。这个意象本身是好的，但我们要小心地思考它意味着什么。我们说理性规范是由理性主体的自我立法确立的，这一说法的要点在于，认识到规范的权威不等于放弃对自己生命的掌控，并把它交给异己的力量。但这一说法不但不和下面这一点矛盾，实际上还要求下面这一点：我们并不是在假装理解将权威赋予理性规范的立法行为。如果立法行为不是已经服从于理性规范了，它就肯定是任意武断的。任何由任意武断的行为所确立的东西都不可能被理解为是理性的权威。理性规范的自我立法如果要不成为黑暗中的随意冲动，就无论如何都必须认识到规范所具有的权威。服从权威并不是把对相关生命区域的掌控交给异己力量。掌控生命的东西仍然在我们手中，而正是这种东西让我们认识到规范的权威。从这个角度来看，自我决定的观念也就是理性主义基本观念的一种形式。

构成经验概念内容的规范是确定的，它们内在于我们的思维，并在呈现给我们的时候回应世界的特性。因此，我所谈论的外部限制——对象的限制——是在思维实践内部，并通过构成这种实践的规范得到授权的。这样的勾勒当然需要进一步的阐述，但我不清楚对思维内规范的进一步阐述如何能让这种规范性的来源变得更加清楚。自我立法的意象并不能提供帮助。问题的要点并不在此，理由我已经在讨论一般的理性规范时概述过了。我们不能认为思维的基本规范是由思维者确立的，我们一旦开始思维，就已经服从这些规范了。下面这个观念中存在神秘的地方：尚不是思维者的个体可以通过确立作为思维之构成的规范将自己转化为思维者。如果他们尚不是思维者，他们如何能够为自身确立这种规范？确实，从某种意义上来说，规范来源于我们内部。但这并不是说我们通过立法行为将权威赋予规范，而是说这些规范是思维实践的构成，我们在这种实践活动中认识到自身的潜能。我们无法选择是否成为思维者，但这并不意味着因为思维无论如何都要服从于规范，我们就只好放弃任何真正的自由。

这幅图景最初来自康德。当然在黑格尔看来，康德对细节的处理并不令人满意。首先，经验思维要和对象发生本质性的接触，而康德为了确保这一点所做的最有特点的尝试是不可靠的，虽然 B 版演绎中的"思辨"讨论指出了一个更有希望的方向。其次，康德只是简单地从现存的逻辑中找来了思维的基本形式表，众所周知，黑格尔是反对这一点的。为了阐明自我决定的观念，我们不能毫不怀疑地从既有传统中取用任何东西。

这些思考指出了另一种方式，供我们阐明我所描述的最初源自康德的观念——经验思维把权威让渡给内容的原因要追溯到内在于思维的规范那里。从某个角度来看，从康德版本进展到黑格尔版本的这一步无疑是巨大的。但即便如此，它们还是同一个基本观念的两个版本。特别地，这一角度上的分歧并不能揭示出布兰顿提出的建议：黑格尔突出了一个关于自我立法的公共性版本以回应康德所忽视的问题——我们受明确的概念规范束缚的原因何在？（参见布兰顿《黑格尔观念论中的一些实用主义主题》）

我当然不是在否认下面这一点，即公共性存在位于黑格尔思想的中心位置，在康德思想中则不然。我也不怀疑我们可以通过自我立法的意象找出某些无法在单一个体的层面上运作而需要公共性语境的东西，用它来解释公共性存在为什么在黑格尔思想中处于中心位置。但我认为这里的要点并不是要将自我立法呈现为一个复杂的公共性运作，并以某种方式将这种运作附加到如下的困境上，即确立基本规范的行为必须在不存在规范的情况下发生。这个困境是无法逃避的，而这里的要点也不在于此。在理性主义图景中，内在于主体的某种东西让他认识到了理性规范的权威。由此我们可以看到公共性存在为什么是重要的，因为我们可以通过如下的方式将理性主义观念拉回到地面（在某种意义上使之自然化）：认识理性要求（它们的权威性是本身所具有的，并不是因为我们认识到了它们的权威）的能力可以通过展开恰当的公共性实践获得，它不需要成为人类的超自然天赋。

历史性成就的成因一定要在共同体的语境中寻找，这一观点只是双面图景的其中一面。如果我们过近地关注这一面，自然就会有片面理解的危险（黑格尔常常带有这个意义上的片面性），并陷入最明显的各种相对主义中去。基于这一点，我们坚持理性的要求无论如何都具有权威，这也是正确摆脱片面性的需要。如果我们一开始就坚持理性的要求不管怎样都具有权威，最明显的片面性的陷阱就变成了一种前批判的柏拉图主义，而强调公共性存在就变成了我们所需的矫正措施。布兰顿所谈论的确定规范的方式至少鼓励了其中一种片面性。为了更好地理解黑格尔，我们需要在这两方面之间保持平衡，当然其中还有很多细节我并没有在这里涉及。

107

六
康德和塞拉斯论感觉意识①

1. 如果我们能理解康德的理论哲学，我们就会知道如何去思考理智的界限，就像斯特劳森(P. F. Strawson)在解读康德时有意使用的那个模糊的标题——感觉的界限。② 由此我们可以触及到一个我认为康德本人只是隐约瞥见的洞见：我们不能将这些界限理解为圈起某块领地并忽略其他领地的边界。但我们只有通过考察"第一批判"的细节才能获得这种关于边界和界限的理解，而这就是我要在这里做的所有工作。

2. 康德在"第一批判"导论中区分了"人类知识的两大主干"，感性是其中一支(A15/B29)，这幅图景和康德在第一批判的最后给出的图景正好相反(A835/B863)。在第一幅图景中，另一支主干是知性；而在第二幅图景中，另一支主干则是"整个高级认知能力"。

康德在开始解释感性和知性如何关联时认为感性是用来解释**直观**的，知性则是用来解释**概念**的，而在这幅图景中，概念和直观是完全分离的。随着讨论的推进，康德开始认为伪装成知性的自发性认知功能不但为概念负责，而且还进入直观的构成中。这就是康德最突出的直观概念，这一点他已经在形而上学演绎中明确指出了。（参见 A79/B104-5）

虽然康德认为高级能力为直观负部分责任，但他并没有将直观和感

---

① 本文曾在由巴伦特协会和挪威康德协会主办的"思考边界与限度"康德会议上宣读过（Kirkenes，Norway，June 2006），在此对这两个机构表示感谢。感谢詹姆士·柯南特的帮助和鼓励。
② P. F. 斯特劳森《感觉的界限》。

性分离开来；用一个标准的康德式比喻来说，感性提供材料，高级能力提供形式。我们或许可以这样说：康德将直观理解为**对对象的感觉意识**，认知通过直观直接和对象相连。（A19/B33）

我想比较对下面这一问题的两种回答：根据康德式的观点，我们如何理解对对象的感觉意识的**感觉**特征？

3. 感性虽然是人类知识的一支主干，但康德坚决认为感性单独无法产生认知。认知需要思维，而感性并不是思维能力。康德说："通过单纯的直观没有任何东西被思维，并且，这种感性刺激在我里面发生，[其自身]根本不构成这类表象与某个客体的任何一种关系。"（A253/B309）③我们能"正确地说感觉不犯错误"的原因"不是由于它们任何时候都正确地做出判断，而是由于它们根本不作判断"（A293/B350）。

基于我所说的康德最突出的直观概念，我们或许觉得康德在导论中说的话很奇怪，他说，直观不足以产生思维，因为也就不足以产生和对象的（认知）关系。但这并不和他所持的观点矛盾：高级能力进入直观的构成中。但这并不意味着直观中包含了作为思维能力的理智，因为这会和他在这里所说的矛盾。如果直观中存在思维，它的内容必须被阐释和分析为确定概念能力的内容。单纯的直观事件并不一定会影响这种分析。即使我们坚持认为高级能力为直观的形式负责，我们还是可以这样说。我们必须认为高级能力并不是伪装成知性概念能力来为直观提供形式。如果我们像塞拉斯那样认为意向性是概念性的④，我们应该说，除开阐释的部分，直观最多是只具有原始意向性。正如康德所说的（A20/B34），表象的直观在这一语境中意味着某种（在概念上）未决定的东西，虽然高级能力进入了对表象对象的直观中。

---

③ 肯普·史密斯（Kemp Smith）插入了[其自身]。这并没有歪曲康德的思想，但这似乎并没有必要。

④ 参见塞拉斯：《科学与形而上学》，第23页："意向性属于概念秩序。"

但这只是在解释感性单独无法产生认知这一理论时遇到的一个复杂因素。

塞拉斯对经验论形式的所予神话的攻击就是在这一思路上展开的。塞拉斯主张，如果感觉的形成独立于概念能力⑤，那么拥有这些感觉不可能像传统认识论认为的那样使我们获得任何知识，也不可能为任何其他知识奠基。

人们经常引用《经验主义与心灵哲学》来说明塞拉斯对所予的攻击。虽然他没有将此攻击追溯至一个康德式的起源，但他在其他地方强调了康德对此的启发。下面这个陈述很有代表性："我的理论是，感觉只有在让知识可能并作为知识的本质元素时才算是一种认知能力。感觉本身无法产生任何知识，但它是意向性秩序的必要条件，虽然它本身不属于这一秩序。虽然这一理论最初是由康德提出的，但幸运的是，我们可以把它和康德体系中其他较不吸引人的特征区分开来。"⑥

4. 康德说："通过我们被对象所刺激的方式来获得表象的这种能力（感受性）就叫作感性。"（A19/B33）他将感觉（empfindung）解释为"当我们被一个对象所刺激时，它在表征能力上所产生的结果"。（A19-20/B33）康德在先验演绎的开头部分（A320/B376-7，这部分一般被称为"上梯式"[Stufenleiter]演绎）对表征（vorstellung）进行了分类，其中感觉是"一种知觉[也就是有意识的表征]，它只是关系到主体，作为主体状态的变形"。

对这个感性和感觉的概念，塞拉斯有独到的解释。

根据塞拉斯所理解的康德式立场，感性产生感觉，而感觉作为内部

---

⑤ 也就是伪装成知性的高级能力。塞拉斯在《科学与形而上学》第 4—7 页将下面这个直观概念归于康德：在直观中运作的能力只是原概念性的。这说明塞拉斯认识到了我刚刚在讨论的那个复杂因素。但塞拉斯本人赞同的康德版本中并不存在这个复杂因素。本文丝毫不反对这一点，因此从现在起我也将忽视这一点。

⑥ 《存在与被知》，第 46 页。塞拉斯在《科学与形而上学》中通过解读康德探讨了他自己哲学的主题。

片段(或状态)⑦的特征**完全**可以用如下方式加以描述：它只是关系到主体，作为主体状态的变形。感觉不具有意向指向性。塞拉斯坚持认为，我们不能将"红色的感觉"中的"的"同化为"对一个人的思维"中的"的"。⑧（前者更像是"痛的感觉"中的"的"。）塞拉斯认为片段（或状态）是一种**完全**可以被描述的感觉，只要我们考虑的是它和意识的关联，并用非意向性的"的"去描述它。在塞拉斯看来，这其实是表达了一个基本的康德式洞见：感性单独无法产生认知，因为它不能为思维提供任何东西。⑨

塞拉斯认为，与感觉相对的知觉片段和知觉状态正是意向性的典型例子，为此他坚持认为——用康德式的表达来说——知觉片段和知觉状态的构成中包含了知性。

塞拉斯在《经验主义与心灵哲学》中引入了知觉经验的概念：这种经验"可以说是作了一个断言或声明"（§16）。为了说明这一点，康德或许会提出与之类似的判断，但塞拉斯却想通过探索他自己的观点来表达这个康德式观点，他的观点是：知性需要初级实现（first actuality），初级实现是存在于理智行为（语言表达）中的二级实现（second actuality）的潜在状态。塞拉斯在这篇文章的后面部分阐明了"可以说"这一表达的含义：他建议我们用外显语言片段的模式去理解具有概念内容的内部片段（之前他认为这一点是可以得到保证的）。未经语言表达的思维的意向性应该被理解为行为——我们可以将这种行为理解为"想出声

---

⑦ 塞拉斯在《经验主义与心灵哲学》中关注的是片段，因为当时他把注意力放在对赖尔的解读上。但他还在考虑如何证实一种不带倾向的一般内部状态。在他看来，这些不能被还原为倾向的状态和片段一样重要。

⑧ 比如可参见《经验主义与心灵哲学》第Ⅴ部分；还可比较脚注 6 所引的《存在与被知》中的段落。

⑨ 参见威廉·A. 德弗里斯《威尔弗里德·塞拉斯》（Willem A. DeVries, *Wilfrid Sellars*）第 8 章对塞拉斯的感觉意识观所做的出色探讨。

来"——对内容的指向性的类似延伸。⑩ 这是一幅关于一般思维的图景,但塞拉斯指出,正是这幅图景保证了特别用来描述经验的理论。(§60)在他看来,经验的意向性就是思维活动的意向性。

塞拉斯在有些地方更为直接地和康德站在同一阵营,在这些语境中,塞拉斯将焦点从具有命题性内容的经验转向了直观。根据塞拉斯的解读,康德那里最突出的直观概念具有可以用"如此这般"(this such)⑪这一形式来表达的内容。这种内容虽然不是断言的内容,却体现了意向性,并且符合塞拉斯的康德式观点:只有知性出现了,意向性才会出现。直观对实在的意向指向性——比如对一个粉色立方体的直观——应该被解释为下面这种情况的类似延伸:如果我们在某个语境下说出"这个粉色立方体"这个指示性的表达,任何理解这句话的人都能辨识出这句话所说的对象。这样,康德的意向性就获得了一个适合于语言学转向之后的哲学的、特殊的形态,并且这个形态同样也可以应用于直观:直观意向性的一部分构成是伪装成知性的自发认知能力,也就是概念能力。

因此,在塞拉斯看来,我们在拥有具有命题性内容的经验时就已经在思维了,而直观所具有的内容则可以构成对经验对象的思维。然而经验和直观并不**只**是思维(这里的思维不一定要具有命题性内容,这样直观也算是思维)。在某种意义上,认知通过直观获得的和对象的直接关系就是对象的存在**感觉性**地呈现给认知主体。当经验是一种认知时(在《经验主义与心灵哲学》的意义上),证实经验的事态在某种意义上也是**感觉性**地呈现给认知主体。经验和直观不只是思维,还是感觉意识的形态。

这里就涉及塞拉斯对感性单独无法产生认知这个基本康德式洞见

---

⑩ 琼斯神话(the myth of Jones)的第一阶段,参见《经验主义与心灵哲学》第 XV 部分。
⑪ 塞拉斯自己有时称它们为"takings",比如可参见《对知觉意识的一些反思》("Some Reflections on Perceptual Consciousness"),第 434—435 页。关于以"如此这般"为内容形式的直观,可参见《科学与形而上学》第 1 章。

的特殊解读。在塞拉斯看来,感觉意识(也就是感性的主要产物)在严格意义上是由感觉产生的,而感觉**完全**可以用如下方式加以描述:它只是关系到主体,作为主体状态的变形。因此,正如我所指出的,感觉意识缺少意向性,并且必须和任何具有意向性的东西明确区分开来。这样理解的结果是,塞拉斯不得不将经验和直观理解为是**复合性的**,它们必须**既**包含提供意向性的思维,**又**包含给感觉意识定位的感觉。比如,视觉直观就是把对象思维成以某种特殊方式(我还会回到这一点)**伴随**视觉的**"如此这般"**。直观不只是思维,还是感觉意识的形态,这句话是意思就是,复合性直观有一部分是思维,另一部分则是感觉意识的形态。

我的问题是:根据康德式的立场,我们如何理解对对象的感觉意识的**感觉性**特征?塞拉斯的回答是:因为哲学反思揭示出复合性直观中有思维存在,所以对对象的感觉意识是**关于对象的**;因为复合性直观中有感觉存在,所以对对象的感觉意识又是**感觉性的**。

正如我所说的,塞拉斯认为直观就是思维(这里的思维不一定要具有命题性内容),并以某种特殊方式伴随着感觉。理解这种伴随性模式有一定的困难。任何对这一思路的合理解释都要在把思维作为复合性直观的一个元素的同时认为这一元素是由另一个元素感觉**引发**的。但这种引发又不能是下面这类因果联系,即某个特殊原因只是偶然地产生了某种特殊效应,就好像引发对绿色事物的思维的感觉也能够引导对红色事物的思维。作为构成直观的一个元素,感觉的性质必须更加密切地和作为另一元素的思维的意向性内容关联在一起。塞拉斯在《科学与形而上学》中提出知觉意识中的概念元素受感觉元素**引导**(而不只是导致)[12],他的意图(至少是部分意图)可能就是为了把捉这种密切关系。

在其他地方,塞拉斯试图将经验理解为这些复合元素的统一体:"视觉知觉本身并不只是在视觉范围内对有色对象加以概念化,即在某个特

---

[12] 比如可参见第 16、29 页。

殊语境中'思维'有色对象，而是在一个最难分析的意义上**以颜色的方式思维**有色对象。"⑬

塞拉斯在《想象力在康德经验理论中的角色》中对经验中概念元素和感觉元素的关系进行了就他本人而言最为深刻的探讨。他对康德的创造性想象力——这种能力既属于感性也属于知性——进行了解读。这一解读的根本要点在于，这种和感性杂多（对象在感性杂多中呈现给直观）一起出现的创造性想象力有**两个**任务。作为一种知性能力，它产生概念表征，而后者又可以被部分地表达为"这个红色的角锥体将它的一边朝向我"。作为一种产生形象的能力，它用感觉（和想象）提供的材料构造出一个相应的"形象模式"（image-model），这种形象模式就好像是"看到面前有一个红色的角锥体将它的一边朝向我"（第426页）。这两个任务相互影响。借用《科学与形而上学》中的隐喻，我们或许可以说，形象模式引导着概念表征。但概念表征又为形象模式——更确切地说是一系列形象模式，这些模式的视角性特征随着知觉者和对象相对位置（实际的或想象的）的改变而改变——的建构提供了"方子"。但引导概念事件的并不是原始感觉的单纯集合，而是建构（以感觉为材料，根据概念事件本身提供的方子进行的建构）得出的结果。因此在这幅图景中，高级能力既进入引导物的构成中，又进入被引导物的构成中。⑭

5. 视觉直观中的感觉元素至少需要包括**颜色**的感觉。根据塞拉斯对康德创造性想象力的解读，为了和概念表征一起构成对一个半透明粉色立方体的直观，形象模式的材料中必须包括半透明粉色的感觉。

在对立方体颜色的直观中引导概念能力的感觉元素特征需要比"半透明粉色的感觉"这一描述更加明确。但这就需要一个正确的，但不完

---

⑬《知识的结构》（"The Structure of Knowledge"），第305页。
⑭ 我通过借用《科学与形而上学》中的"引导"隐喻来说明塞拉斯在《想象力在康德经验理论中的角色》中给出的图景并不是我的攻击对象，考虑到我在本书第2篇文章中驳斥了这一隐喻在塞拉斯早期著作中的使用。

全明确的描述。

因此在塞拉斯看来,颜色概念(在某种意义上)必须描述知觉直观中**感觉**成分的特征。颜色概念的这一角色在某种意义上是根本性的。在塞拉斯看来,正因为颜色进入了视觉的现象特征,颜色才在出现在对可知觉对象的思维中。

塞拉斯认为描述颜色感觉特征的颜色概念来自作为可知觉对象之明显属性的颜色概念⑮,这或许有点出人意料。本文的观点是,他将此观点和下面这一观点完美地结合了起来,即颜色现象在实在中的首要位置在感觉层面。⑯

这样一来,颜色在感觉意识中不可避免地和**形状**联系在一起就成了一个显著的现象性事实。我们看到半透明粉色立方体时出现在感觉意识中的半透明粉色是以**一个立方体**的形态呈现的。(物体表面的颜色也是类似的情况。)因此在塞拉斯式的图景中,颜色自然地带着形状一起进入视觉直观的感觉元素中。**作为某种立方体形状的东西**就是一种**感觉事物**的方式。

直观中的空间性感觉元素同样需要比这样的描述更加明确。它需要具有一些特征,这些特征足以让我们理解它是如何引导直观(这里的直观不只是将所见对象表征为立方体,还是引导所见的立方体,让它呈现给观看者)中另一元素概念表征的。但是,我想在这里关注的是"某种立方体形状的东西"这个不明确的特征描述所引出的塞拉斯的思想特征。⑰

康德认为空间是外部感性的形式。塞拉斯指出,随着第一批判的推

---

⑮ 比如可参见《经验主义与心灵哲学》第 XVI 部分。
⑯ 这一点在他的后期著作中特别清晰,但他在(比如说)《哲学与人的科学图像》一文中就已经探讨了这一观点。
⑰ 关于颜色在感觉意识中不可避免地和形状联系在一起,可特别参见塞拉斯的文章《贝克莱与笛卡尔:对观念理论的反思》("Berkeley and Descartes: Reflections on the Theory of Ideas")。

进，我们可以越来越清楚地看到，康德考虑的是用来描述外部**直观**对象之特征的秩序，且这种直观的一部分是由高级能力构成的。⑱

但塞拉斯认为，在一幅恰当的康德式图景中，感觉事物的方式必须包括"作为某种立方体形状的东西"。他还坚持认为，把这种**感觉**的空间界定等同于体现在直观（比如直观到某种立方体形状的东西）中的空间界定是一种混淆。这会把感觉描述中非意向性的"的"和思维（包括带意向性的直观成分）描述中意向性的"的"杂交起来。

因此，在塞拉斯看来，康德需要空间性来为外部直观中的**感觉**元素提供形式，且这种空间性必须和为外部直观提供意向性内容的空间性区分开来。但康德只考虑后一种空间性。塞拉斯认为康德可以通过对外部直观的空间性做类似延伸来解释一种纯粹感觉的空间性。在他看来，这意味着康德实际上是在设法忽视他在谈论作为**感觉**形式的空间时所要表达的观念。塞拉斯指出，随着讨论的推进，"空间作为外部感觉形式的观念是不连贯的"⑲。

直观中感觉元素的空间性可以被等同于形象模式的空间性，因为这一点，塞拉斯对康德创造性想象力的解读使上面这一批评缓和了一些。我们已经看到，塞拉斯认为形象模式是根据概念活动提供的方子建构而成的。形象模式完全可以具有形式属性（包括空间结构），并且这些属性只有在有高级能力参与的情况下才能被理解。但即便是在这幅精致的塞拉斯图景中，我们还是会很自然地认为，为了成为形象模式的材料，原始感觉层面上必须存在一种空间秩序。比如说，角锥体顶端的一个蓝点如何在角锥体顶端的形象模式中呈现，如果这种蓝色的感觉没有在纯粹

---

⑱ 参见《科学与形而上学》，第 28—30 页。
⑲ 《科学与形而上学》，第 8 页。德弗里斯写道（《威尔弗里德·塞拉斯》，第 231 页），"塞拉斯发现康德如此易受改变的其中一个原因是，康德也［即像塞拉斯一样］相信存在一种'内部时空'，其结构在很大程度上类似于物理时空。"但事实是，塞拉斯指责康德**没有**得出这样一种时空概念，他认为这个概念是后者应该相信的，而不是他已经相信的。

感觉空间中通过与"在角锥体上部"这一关系类似的关系和构成角锥体下部形象的颜色感觉联系起来？因此，塞拉斯所理解的康德式观点似乎要求一种纯粹感觉的空间性。并且塞拉斯仍然要指责康德没有认识到自身思想的要求。

6. 但另外的出路在哪里？（回应塞拉斯自己经常采取的步骤。）[20]

我们的感性应该是某些非理性动物也拥有的能力的人类版本。非理性动物通过感觉器官运作所产生的东西不能完全用如下方式加以描述：它只是关系到主体，作为主体状态的变形。感性为动物提供环境特征的表征，在某种意义上使它们意识到这些特征。描述这种感性产物的方式不只是将它关联到主体，作为主体状态的变形，还要关联到它所表征的对象。的确，康德认为非理性动物不具有自发的高级知识能力，它们的感觉表征只能以联结的形式实现，因此也就无法满足他为认知设定的高要求。[21] 多亏有高级能力把我们和非理性动物区分开来，我们的感觉表征才能获得后者所没有的认知性地位。但感性并不需要高级能力来产生表征。高级能力使我们通过感性获得的表征变成了认知，而非一般的表征。

这让我们产生了这样的疑问：在理解感性产物上，塞拉斯有多忠实于康德？

在塞拉斯看来（他认为这也是康德的观点），我们可以用如下方式描述感觉的全部特征：它只是关系到主体，作为主体状态的变形。但康德对感觉的解释又兼容于下面这个不同的可能性。

因为高级能力的运作，通过感性获得的表征有可能具有也有可能不具有认知性地位（知觉到事物是怎么样的），或者说通过将主体和对象直

---

[20] 比如可参见《经验主义与心灵哲学》，§36；《存在与被知》，第43页。
[21] 他在一封给马库斯·赫兹（Marcus Herz）的信（1789年5月26日）中以及其他地方提出了这一主张。

接相连而使认知成为可能（直观）。不管怎样，如果我们要将感性产物描述为表征，我们就不能只是将它关联到主体，作为主体状态的变形。

但是如果感性产物是一种认知或使认知成为可能的东西，我们就可以从它作为表征的存在——也就是它的意向性——中抽象出某种东西来重新描述它。我们把感性产物从它的表征性特征中抽象出来，将它描述为对象对表征能力的作用，也就是感觉，只要主体受到了对象的影响。（A19－20/B34）如果我们从感性产物是一种认知或使认知成为可能的东西这一点出发，使得我们将感性产物描述为感觉的那个抽象出来的东西就不是某种**伴随**思维的东西，或者说意向性的所有者。这个东西**就是**思维，但它也是感觉，如果我们把它从它的意向性中抽象出来，它就呈现为感觉。

在这幅图景中，让直观属于感觉意识的东西就是塞拉斯图景中让直观成为对对象的直观的东西。我们依然可以说感觉意识包含感觉，但我们需要考虑直观的意向性，因为高级能力在直观中为**感觉意识本身**提供形式。为知觉认知提供意向性的思维并不是由外部的感觉意识**引导**的，它们本身**就是**具有适当形式的感觉意识。

从我所描述的根本的康德式洞见——感性单独无法产生认知——到上面这一观点并不存在任何滑坡。[22] 离开高级能力，感性最多只能产生表征，表征只是康德认为非理性动物也可以拥有的联合，它并不等于认知。如果有人要我们想出动物感性（动物通过感性获得表征）的一个表现，但又没告诉我们这个动物是否是理性动物，我们甚至都无法说出我们所想的——动物通过这一表现模式获得表征——是否可以成为一种认识，或者一种可以像直观那样使认知成为可能的东西。如果它是一

---

[22] 这里我在为德弗里斯所说的"关于感觉的意向论"辩护（《威尔弗里德·塞拉斯》，第305页注20）。他把塞拉斯对这一立场的拒斥与后者在"感觉和概念间做出的康德式区分"联系起来。但我的观点是，意向性不能为感觉意识本身提供形式这种对康德式区分的解读并不强制性的。我所辩护的立场中并不存在任何非康德式的东西。

种认知或使认知成为可能的东西,那是因为它并不是由感性单独提供的,还有高级能力为它提供形式。因此根本的康德式洞见是得到尊重的。

表征(或认知)或许也是感觉,在这种描述中,我们从它作为表征的存在中抽象出它实际所是的东西。这种说法能够帮助我们理解——至少相较于塞拉斯的解读而言——感觉在"上梯式"演绎中扮演的表征角色。

7. 让我们思考一下对半透明粉色立方体的直观。我们如何将它从它的意向性中抽象出来,将它重新描述为感觉,并把它放到感觉意识当中?

存在这样一种可能性:对半透明粉色立方体的直观是一种特殊的感性表现。

这看起来像是在作弊。但间接界定感觉特征的做法并没有错,为了将感觉描述为只是主体状态的变形,我们需要对它进行抽象。

我们正是在这种对感觉特征的间接界定上和塞拉斯产生了分歧。塞拉斯并不拒斥这种界定的可能性,但他认为自己有责任想出直接描述感觉的方法,而不只是通过感觉所属的知觉去描述。㉓(为此,塞拉斯以可知觉的对象所具有的属性概念为模式对一般可感物概念作了类似的使用。)但是如果按照我提出的对康德感觉意识概念的解读,就不存在这样的责任。根据这一观点,通过自律的感觉属性引导知觉中的其他元素,使它们具有意向性内容的东西并不能保证知觉意识的感觉层面。这些东西**就是**从它们的意向性当中抽象出来的意向性内容的所有者。因此,这种间接界定感觉特征的做法是完全合法的。

但我们还可以以一种不同的方式探索这种抽象。让我们像之前一样从对半透明粉色立方体的直观出发。但我们的目标是将这种直观重

㉓ 比如可参见《经验主义与心灵哲学》,§22(最后一段);§45(第 3 段);§61(第 2 条)。

新描述为感觉，为此，我们要忽略那些反映被抽象对象的界定，将此描述为只是主体状态的变形。

很明显，这样我们或许就不再能够将它描述为是一种直观。更有趣的是，因为康德（在塞拉斯指责的理论中）认为空间性为外部直观的意向性提供形式，我们必须在界定中忽略"一个……立方体"这个表达（冠词加可数名词）。但我们不清楚是否也要忽略"半透明粉色"这个表达，如果回答是否定的，那么我们就剩下"半透明粉色的感觉"。

从表面上看，这符合塞拉斯通常描述颜色感觉的形式。但塞拉斯认为"对一个半透明粉色立方体的直观"中的"的"表达了意向性，而"半透明粉色的感觉"中的"的"则没有。如果我们从"对一个半透明粉色立方体的直观"这个对直观的意向性内容的界定中忽略"一个……立方体"，从而得到"半透明粉色的感觉"，为什么这里的"的"会改变特征？我们为什么不能认为描述颜色感觉的残余形式——"半透明粉色的感觉"——也用到了意向性？

"半透明粉色的感觉"是否能只描述主体状态的变形，即使残余形式中的"的"暗示了意向性？我的观点恰恰是，意向性是残余性的。如果空间性对外部实在的意向性指向来说是根本性的，那么在上面这个直观描述中忽略对形状的界定就是对外部指向性的一种抽象。我们为什么不能认为这一结果描述只是感性的一种表现？

在包含非残余性意向性的直观中，我们应该把颜色和形状不可避免的联系放到视觉意识当中。我们从对直观（我们认识到颜色和形状在直观内容中不可分解地联系在一起）的界定中抽象出对颜色感觉的界定。我们可以说我们考虑的是颜色感觉而非形状感觉，但这并不意味着我们完整地描述了和事物的形状性质分离的颜色性质。

康德很自然地认为颜色感觉只是感性的一种表现，因为他认为颜色——错误地呈现为可知觉对象的性质——的真正家园在于主体性结构。（比如可参见 B44）塞拉斯带有这种 18 世纪的思想特征。但即便我们认为(我认为也应该认为)我们所见的颜色在最好的情况下就是所见对象的性质,下面这个观念也仍然是有道理的:只包含残余性意向性的颜色感觉只是感性的一种表现。一旦我们做出这种抽象,颜色感觉就回过头来变成了对具有颜色性质的对象的假定认知或使这种认知成为可能的东西,而如果假定认知要是一种认知,对象就必须真的具有颜色性质。但这些通过抽象产生的描述忽略了某种语境,而如果这些描述提到的颜色要变成外部对象的明显性质,这种语境又是必需的。

在这幅图景中,视觉绝对需要空间性界定,但被描述为感觉的视觉则不然。我们不需要从康德那里抽象出受塞拉斯指责的那种纯粹感觉的空间性。并且,这幅图景中还有另一方面能让我们比塞拉斯更紧密地和康德站在一起。在这幅图景中,量(magnitude)只有伪装成具有强度的量(intensive magnitude)才能影响感觉(参见康德的"知觉预期")。在塞拉斯看来,康德的这一思想和他没能给出纯粹感觉的空间性一样说明了他没有把握到自身思想所必需的东西。

我一直在主张康德所解释的视觉并不是形状感觉,但这并不意味着我们不是通过感觉获得空间属性。这种解释上的限制符合我所坚持的如下观点:视觉经验的**全部**内容(包括它所揭示的空间属性)就高级能力**感觉意识**提供形式。对一个半透明粉色立方体的直观及其所有内容是主体感性的一种表现。我们只是为了让它只关系到主体,作为主体状态的变形,才忽略掉它是对某个立方体的直观,因为后一特征描述的是指向外部的意向性。

8. 正如我所说的,塞拉斯在《经验主义与心灵哲学》中提出了一种包含命题性断言的经验概念。我曾经将此视为康德思想的一个版本:经验是由高级能力提供形式的感觉意识。[24] 于是就有了下面这个紧迫的问题:为什么塞拉斯认为经验还除了包含断言**还**需要感觉作为另一

---

[24] 我在本书的前三篇文章中就是这样理解塞拉斯的。

个元素?

根据我这里主张的观点,这个问题有一个错误的预设。塞拉斯说经验包含断言,在这一点上他和康德是很接近的。但他所要表达的最多不过是:经验是复合性的——包含断言的部分解释它们的意向性,感觉解释它们的感觉特征。这说明塞拉斯并没有得出我所认为的真正的康德式观点。他无法设想包含断言的事件本身就是感觉意识的形态。

塞拉斯认为我们可以通过对经验——比如似乎看到某个对象将红色三角形的一面朝向我们——作现象学上的敏锐思考从下面这一事实中揭示出一个"描述性内核"(descriptive core),即"**某种红色三角形的东西以某种非思维的方式**呈现给知觉者"㉕。

这其中隐含的意思是:有两种呈现——呈现给思维和呈现给感觉。塞拉斯认为除了呈现给思维之外还有另一种呈现,这种谈论将经验的感觉层面和思维层面区分开来。他写道:"经院哲学家或许会说,在知觉(和表面的知觉)中,相关的一般可感物既是**为感觉的存在**也是**为思维的存在**。因此,当我看到或表面地看到一个粉色的冰立方体,这个粉色立方体不但为思维存在还为感觉存在。因此,**在某种意义上**,粉色立方体的呈现是被感觉到的。"㉖

在这一表述中,为感觉的存在和为思维的存在的是**同一个东西**。这并不是把为感觉的存在等同于为思维的存在。在塞拉斯看来,为思维的存在关乎意向性,而为感觉的存在则不然。但他又非常严肃地认为,如果我们表面地看到一个粉色立方体,其意向性成分中的为思维的存在又是**某种粉色的、立方体形状的东西**,这种东西并不是通过思维,而是作为经验的"描述性内核"呈现给知觉者。㉗ 这一观点认为知觉中的概念元

㉕《知识的结构》,第310页。他在好几处地方使用了这类表达。
㉖ 同上。
㉗ 参见《对知觉意识的一些反思》的最后几页,以及《为一种纯粹过程的形而上学奠基》("Foundations for a Metaphysics of Pure Process")。

素将感觉到的色块错误地建构为具有可感属性的共同空间占用者。根据经院哲学的表述,经验为思维的存在就是为感觉的存在。

下面这一点应该是不可置疑的:只要我们表面地看到一个粉色立方体(即便这一经验只是表面的看),就有一个实际感觉呈现给我们,认识到我们正在**思维**(不管以何种方式)一个粉色立方体并不能容纳这种感觉。这是塞拉斯的观点,他认为下面这一点是很清楚的:除了意向性,对粉色立方体的表面所见中还有以粉色立方体的方式进行感觉的过程——**某种粉色的、立方体形状的东西不通过任何模式的思维**呈现给我们。但是,如果对粉色立方体的思维可以包括由高级能力提供形式的感觉意识,这个观念就失去了它的强制性。

基于这个关于思维活动之可能性的不同概念,我们可以说,当我们看到一个粉色立方体,这个粉色立方体为思维的存在**就是**为感觉的存在。如果我们只是表面地看到一个粉色立方体,这种情况只是上面这种为思维的存在的一个个例,同时也就是上面这种为感觉的存在的一个个例。

我并不是说单纯表面所见中只存在视觉感觉,而是说,通过把表面所见从意向性中抽象出来,我们可以像描述实际所见一样将它重新描述为主体感性的单纯表现。作为感性单纯表现的表面所见无法和作为感性单纯表现的实际所见区分开来。这样,下面这一点就不再神秘:单纯表面所见是为思维的存在同时也是为感觉的存在的一个个例。这是我们唯一需要赞同的一种呈现。单纯表面所见是这种呈现的一个个例。这足以使我们对它们做出现象学的解释。这里不需要实际所见的那种呈现。

在这幅图景中,创造性想象力的两个任务(根据塞拉斯的解读)实际只是一个任务。创造性想象力产生具有概念内容的表征,这种表征可以部分地通过"如此这般"的形式来表达。这一点符合塞拉斯的解读。但我们不需要创造性想象力来产生感性建构,也就是塞拉斯的形象模式。比如说,部分地通过"这个粉色立方体"表达的概念表征既属于感性也属于知性。如果一个片段或状态具有可以被这样表达的内容,那么它本身就具有感觉意识的形态。创造性想象力产生的是包含感性和知性的统一性，而非混合体，不论我们将分属于感性和知性的成分如何紧密地绑在一起。

9. 塞拉斯为什么确信一定要以他的方式来理解康德式思想？在本文的最后，我想对此提出一些解释，每一种解释都需要大量的讨论。

第一，下面这个观念（这个观念本身看似合理）是有争议的，其中一种解释影响了塞拉斯：为了获得客观意义，概念活动必须受到外部限制。下面这段话概述了他的这部分思想："只有区分了感觉的完全非概念性特征和直观中统觉综合的概念性特征，……并相应地区分了感觉的**感受性**和直观的**引导性**，康德才能避免从黑格尔《精神现象学》延伸至19世纪观念论的辩证法。"㉘

第二，我们必须在下面这个语境中理解塞拉斯的知觉观：他用一个立体的视角将科学图像和常人的显像图像结合起来。他认为对科学图像的尊重要求我们用外部对象的真实性质代替颜色的显像图像状态。从某种程度上来说，他提出的经验的感觉层面概念是在以补偿的形式对颜色之显像图像的现象学基础做出让步。（他设想将感觉最终整合进充满概念的科学图像当中。）㉙

这是我们按照塞拉斯给出的形态理解知觉哲学，并按照这一思路所勾勒的观点解读康德的基础，而这一点又和塞拉斯提出的立体视角休戚与共。这是一个很大的问题。但正如我已经指出的，我找不出任何好的理由来说外部对象没有颜色。我还要加一句：不但在描述显像图像时是如此，在说明事物真正所是时也是如此。这样说并没有否认科学应得的尊重。㉚

正如我所指出的，塞拉斯对待颜色之显像图像的态度符合康德的某

㉘《科学与形而上学》，第 16 页。我在本书的第二、三篇文章中讨论了塞拉斯的这一思想。
㉙ 参见《哲学与人的科学图像》和《为一种纯粹过程的形而上学奠基》。
㉚ 参见我的文章《价值与第二性的质》（"Values and Sceondary Qualities"）和《审美价值、客观性与世界的构造》（"Aesthetic Value, Objectivity, and the Fabric of the World"）。

些思想,但这并不能证明塞拉斯对康德的解读是合法的。即便忽视了关于第二性的质的问题,我们仍能看到将经验理解为由高级能力提供形式的感觉意识这一做法中的合理之处。为了更好地解读康德,我们并不需要否认上面这个观念(理由是这个观念必然导致他关于第二性的质的看法),而是要基于下面的理由把他从这个观念中解放出来,即后者只是错误地解释了科学所能教给我们的东西。

第三,理性与动物本性的二元论塑造了塞拉斯的思想。这也解释了塞拉斯为什么没有考虑到下面这种可能性:将我们同其他动物区分开来的高级能力或许可以为我们的感性——我们拥有这种能力的原因只是因为我们是动物——提供形式。但我提出的真正康德式的立场有一个完美之处,那就是它不受这种二元论的影响。对于这一立场所体现的思维模式来说,这种二元论只不过是偏见。

第四,塞拉斯持有这样一种关于思维与对象之关系的概念(至于这一概念是什么,我们可以不作结论),这一概念让他得出这样的结论:任何为**思维**的存在都无法解释知觉经验现象(实际所见和表面所见)特有的那种**呈现**。我们可以挑出表面所见特有的那种思维,但这一结论并不会改变。在塞拉斯看来,思维通过**表明**(signifying)的模式获得它的内容,而表明的模式必须用关系性概念来理解。㉛ 但对象对主体的真正**呈现**一定要是对象与主体之间的关系。因此在塞拉斯看来,任何为**思维**的存在都不能把捉这种呈现。我相信这反映了塞拉斯的一个错误。但这将是另一篇文章的话题。㉜

㉛ 比如塞拉斯在《科学与形而上学》,第 ix 页说,认识到"'意义'和'关涉性'(aboutness)的非关系性特征"是"纠正心灵在自然中所处位置的关键"。又比如他在《存在与被知》中用到了"表明"概念。

㉜ 本书的第三篇文章对此进行了初步讨论,但语境和这里不尽相同。

七
知觉中的概念能力

1. 我们的知觉信念可以被理解为理性的表现。为此,我们要把知觉信念和知觉经验一起放到一个解释性的关系中。如果某人拥有一个基于知觉的信念,他这样相信的原因是因为经验将他相信所是的事物揭示给他,或者至少似乎揭示给他。以上表述中的"因为"引入了一个基于理性运作的解释。

我认为把这种理性意义赋予我们的知觉经验是经验论的根本洞见。我曾经指出,为了理解这一点,我们需要将我们的知觉经验理解为概念能力在感觉意识中的实现。①

这个知觉经验概念类似于康德的经验直观概念。康德在第一批判中(这在先验演绎部分尤为清晰)将经验直观理解为由范畴提供结构的感觉感受性。在康德看来,直观在这个意义上属于判断,直观具有客观意义的原因是因为它们有范畴统一性。我们可以用当代的习语来表达这个康德式思想:直观的内容和判断的内容是大致同类的。当然,判断内容是概念性的。

对康德的这一呼应引出了与创造性这一主题的联系。② 康德引入了与感觉感受性相对的知性,将它作为概念能力的场所。他将知性描述为"心灵自己产生表象的能力,或者说认识的自发性"(A51/B75)。他甚至更加直接地说,概念"建立在思维的自发性上"(A68/B93)。因此,康

---

① 参见《心灵与世界》,以及本书的前三篇文章。
② 本文是为以创造性为主题的会议所写。

德的经验直观概念将经验直观的客观意义和让对象直接呈现给我们的功能和他赋予我们的思维自发性自我决定的能力联系在一起。

我还会回到这一点。但首先我要对把这一角色赋予自发性知性的知觉经验概念做一番阐释。我的主要任务是解释与此相关的概念能力概念,而这又要求我首先讨论理性概念。

2. 我在上文中说,基于知觉的信念通过一个基于理性运作的解释性关联和经验联系在一起。我在这里提出的理性概念就是传统思想为了在动物王国中给理性动物留出特殊位置而探索的理性概念。它是对**严格意义上的理由**的回应。

根据这样的表述,处于理性划界另一边的非理性动物也可以对理由(虽然不是严格意义上的理由)做出回应。比如很多动物都能逃逸。逃逸就是对某种具有明显理由的东西做出回应:危险,或者至少在动物看来是危险的东西。如果我们把某个行为描述为逃逸,我们就是在用某个理由来表征这一行为。但逃逸一般并不是对严格意义上的理由的回应。

为了恰当地了解这一点,我们需要设想一个能从由明显的危险引发的逃逸倾向中抽身而出的主体,这个主体会问,自己是否**应该**有逃逸的倾向,此时此处的明显危险是否为逃逸提供了充足的理由?如果一个动物的行为直接产生于由自然驱动的倾向,并没有给这类反思留下空间,那么它的行为就是由它的本性决定的。这并不是在否认它的行为是自愿的;作为自愿行为的产生者,这个动物不能被简单等同于自然产生的驱动力。但是在这种情况下,做出行为的动物和行为驱动力之间的区分并没有特别的重要性。我们并不需要特别指出,动物本身决定它的行为。相反,让我们设想一个从自然产生的逃逸倾向中抽身而出的人,他得出结论:引发这种倾向的条件为逃逸提供了充足的理由。如果他根据这一理由行动,那么他在行动中就是自我决定的。

这只是一个例子,通过这个例子,我们可以一瞥我想诉诸的理性概念。很明显,激发自然倾向的条件并没有穷尽行动的理由,这些条件可以转化为严格意义上的理由，主体可以对此做出回应，并质疑这些理由是否充足。当然，除此之外还有产生信念的理由。

我要强调，重要的是抽身而出，并评估假定的理由是否为行为或信念提供根据的**能力**。如果某人实际抽身而出了，这当然表明他有这样做的能力。但是如果这种能力没有得到运用，我们也知道某人能够对特定的理由做出回应。即便抽身而出的能力没有得到运用，我所解释的理性也能展开实际的运作。因某个理由而行动（对此理由做出回应）并不需要我们去反思某个考量是否为它的建议提供了充足的理性根据。能够因某个理由而行动就已经足够了。

设想某人沿着一条有标记的小径前进，并在十字路口根据指示牌所指的方向转向了右边。我们不可能荒谬地说，为了让根据指示牌所指方向转向右边的做法成为一种理性回应，此人必须做出一个明确的决定：指示牌所指的方向给了他转向右边的理由。重要的是此人这样做了，因为指示牌指向了右边（这里的"因为"引入了理由）。（与此相对的另一种解释可以是，某人随机地转向了右边，因为他没有注意到指示牌，或注意到但不理解指示牌的意思。）表明他根据指示牌所指方向转向右边的做法是一种理性回应的或许只是下面这一点，即事后他在回答为什么转向右边的问题（也就是询问他这样做的理由）时这样说："有一个指示牌指向右边。"但他不需要提及这一理由，并在此基础上决定转向右边。

3. 我发现将概念能力和这种理性概念联系在一起是很有帮助的。我对概念能力的使用是由这种契约（stipulation）规定的：相关意义上的概念能力在本质上属于某人拥有的理性，也就是我所探讨的对严格意义上的理由的回应。

对严格意义上的理由做出回应的首要语境是**推理**（reasoning），也就是某人明确地考虑相信什么或做什么，并根据理由来决定他的信念或行为。能力能在理性的运作中运作；上面这一契约中的概念能力同样也能如此，只不过是对能在推理中运用这些能力的主体而言。我在引入对严格意义上的理由的回应时,探索了后退一步评估假定的理由是否为真理由的能力,这种能力是推理能力的一部分。因此,推理只不过是给"对严格意义上的理由的回应"这一观念所处的语境贴了一个标签。

如果一只动物的指令系统中有可以被理解为逃逸的行为,那么它就一定能够区分(也许并不十分精确)危险情境和无危险情境。但是基于我所说的契约,这种区分危险情境的能力并不能足以让这只动物拥有危险概念。拥有概念要求主体能对作为理由的危险性做出回应,而这又反过来需要在推理中考虑到危险性的能力。

既然我已经引入了推理,我就可以这样来表述之前提出过的观点:进行推理的情况并没有穷尽我们对严格意义上的理由的回应。让我们再次设想这样一个人,他并没有想怎么做,而是对指示牌所指的方向做出了理性的回应,并转向了右边。在某种意义上,此人未经反思的行为与受过训练的动物对某种形状的对象做出回应并转向右边的行为并无二致。这只动物要有能力区分这种形状的事物和非这种形状的事物。但是,就像区分危险情境和无危险情境的能力并不足以使动物拥有危险概念一样,上面这种能力同样也不足以使动物拥有指向右边的事物的概念。拥有概念要求主体能将包含在概念之下的东西带入推理当中。我们设想的理性主体拥有这种能力,虽然他在上述情况中并没有运用这种能力——他并没有通过推理做出转向右边的决定。我们把他拥有的这种能力称为概念能力,而概念能力连同它的内容——指向右边的事物的概念——也在我们所设想的未经反思的回应中运作,这种不包含推理的回应将指示牌所指的方向作为右转的理由。这种概念能力并不只是在推理中运作,还在对严格意义上的理由的一般回应中运作,不管它的形式是否是在信念的形成或行动过程中从理由中得出明确的结论。

4. 我已经将对严格意义上的理由的回应(因而也就是概念能力)和推理联系在一起。这就把相关的理性概念放到了推论(inference)的语境中,这里的推论既要包括根据实践推理的结果行动,又要包括根据理论推理的结果形成信念。如果某人因为某个理由相信某事或以某个方式行动，他不需要通过推论的步骤得出信念或做出行动。但是到目前为止，我只考虑了以理论推论或实践推论（从理由到信念或行为的推论）为结构特征的理性运作。

但我的目标是阐明如何用理性概念来解释经验性的知觉信念。这里推论概念并不起作用。如果我们是通过这种方式获得信念，我们相信事物就是（或者似乎是）经验所揭示的样子。解释赋予经验的内容就是解释赋予信念的内容，而不是主体通过推论性步骤得出信念的前提。③

这种说法并没有削弱下面这一思想：这些解释让我们将信念理解为主体理性运作的结果。这里的理性就是将理性动物和非理性动物区分开来的理性，我试图将它把握为对严格意义上的理由的回应。（关于这一点存在着广泛的争议，因为我们无法解释非理性动物是如何通过它们的感觉认识事物的。后面我们会清楚为什么这种观点是错误的。）

我们可以在不相信事物是如此这般的前提下拥有向我们揭示事物是如此这般的经验。为此我们不需要借助我们所拥有的每一个理性资格（entitlement）。让我们设想这样一种情况：我们由于误导而不信任自己的经验。我们不相信自己的经验揭示了事物之所是，而实际情况却恰恰相反。

在经验性信念的理性获取过程中一定有理性的运作，但正如我所主张的，即便是这样，我们也不能将推论作为这一理性运作模式的结构特征。我们要用经验提供的理性权力来理解经验性信念。拥有经验本身已经构成了信念的理性权力，不管我们是否获得这一信念；拥有经验的过程中一定包含了相同的理性运作，即便我们没有获得这一信念。因此，让我们把上面提到的契约应用于这个情况：如果我们要将知觉信念解释为理性的展现，我们就必须这样来理解经验概念扮演的角色——拥

---

③ 这一表述给下面这一认识留下了空间：除了与解释信念相关的内容，经验还有其他内容。

有理性权力的经验本身已经是概念能力的实现,而概念能力则是由明确接受知觉信念内容的人运用的。④

实现这种概念能力就是知觉到(或者至少是似乎知觉到)事物是如此这般的。如果我们用某人的经验似乎向他揭示了事物是如此这般的这个事实来解释某人相信事物是如此这般的,那么这种解释就把信念描述成了为理性引导我们误入歧途的结果,或者最多只是因为偶然的幸运才获得真信念。但是如果我们用某人知觉到事物是如此这般的来解释某人相信事物是如此这般的,那么信念就是理性以理想的形式进行运作的结果。

5. 概念能力和理性之间的联系是一种契约,这一点很重要。这并不是说存在一种普遍分享的、能够对产生分歧的属性内容加以确定的概念能力。我们可以以不同的方式,为了不同的目的使用概念能力的概念。

同样重要的是,对严格意义上的理由的回应为回应非理性动物一边的理由(虽然不是严格意义上的理由)留下了空间。并且,对理由做出回应也就意味着意识到了回应对象。⑤

如果有人想说,指令系统中存在逃逸行为的动物拥有危险概念,我不需要提出反驳。他是在我提出的契约之外使用"概念"。这并没有问

---

④ 很明显我并不在泰勒·伯吉(Tyler Burge)[参见《知觉权力》("Perceptual Entitlement")一文]的意义上使用"权力"这一概念。伯吉没有将权力放到理性的自我决定的语境中。诚然,Burge 并不鼓励理性动物和非理性动物的传统区分,他指责这种区分会引向"超理智化"(hyper-intellectualization)(第 503—504 页)。但令人吃惊的是,伯吉似乎认为(第 504 页注 1),他在 1993 年和 1995 年的文章中对他所使用的"权力"概念所作的"引入"给了这一概念某种专利权,这样他就可以指责其他的用法"过于任意"。我的用法并不任意,并且任何人都可以在普通英语中使用这个词。我们也可以在任何"规范性"认识论中完全自然地使用这个词。我将在后面的注⑪中讨论伯吉对"超理智化"的指责。

⑤ 这里的大致观点是,强调理性动物和非理性动物的区分与坚持两者之间的实质连续性并不矛盾。Burge 在《知觉权力》中似乎忽视了这种可能性。这样做后果之一是误解了塞拉斯和其他受其影响的哲学家(第 526—530 页)。

题,只要我们注意到这一分歧,并且不要认为它是关于一个普通主题的实质性争论。

根据这种谈论方式,任何对危险的意识或表面意识(为了解释犯错的可能性)中都存在危险概念。这样使用"概念"的方式能帮助我们坚持下面这个不错的观点:为了能意识到危险,动物不一定要是理性的(根据理性动物和非理性动物的传统区分)。很明显,这同样适用于其他动物意识。

在我看来这并没有问题。正如我所说的,这是一个不错的观点。但它明确和下面这个观点矛盾:如果逃逸不是对严格意义上的理由的回应,那么动物对危险的特殊回应不过是一种回应性倾向,且这种倾向并不是有感知能力的动物所独有的。根据这一观点,铁制品对环境中潮湿的特殊回应(铁制品在潮湿的环境中易腐蚀,反之则不然)并不赋予铁制品意识到潮湿的能力,同样,展现在逃逸能力中的特殊回应性并不赋予动物意识到危险的能力。⑥ 我认为我们应该立即拒斥这一点。它违反了我们对动物行为的常识性理解。

但是为了保存对动物意识的常识性理解,我们不需要把概念能力从对严格意义上的理由的回应中隔离出来。我提出的契约不需要我们暴露非概念性的意识。这一契约只限制理性运作中的意识。我们不需要将理性运作中的能力视为存在于所有意识中的一个元素。⑦

---

⑥ 我们可以考虑布兰顿对观察性知识的看法(参见《使之清晰》,第 4 章)。布兰顿的观点暗示,如果我们从获得观察性知识的能力出发,并从中扣除与理性相连的概念能力,剩下的不过是可靠而特殊的回应性倾向——拥有这种倾向的不但有动物,还有无生命的对象,比如温度计,或者更为简单的铁屑集合。

⑦ 麦克·艾尔斯(Michael Ayers)在《感觉经验、概念与内容》("Sense Experience, Concepts, and Content: Objections to Davidson and McDowell")一文中指出(第 239 页),我在非理性动物的知觉意识上是模棱两可的。(他在第 261 页阐明了这一点。他说我的思维方向是笛卡尔式的"动物"观,虽然我在阐述中"文饰了对此的否认",这也是我另一处模棱两可的地方。)这反映出艾尔斯认为下面这一点是很明显的,即理性动物和非理性动物的知觉经验不可能是异类的。由此造成的结果是,他无法听取我的观点,即否认非理性动物拥 (转下页)

6. 对于我提出的知觉经验概念,还有一个实质性的反驳,这一反驳不只是我刚刚讨论过的术语上的分歧。这一反驳虽然根据概念能力在推理中扮演的潜在角色接受它们和理性之间的契约关系,但不同意我提出的如下观点,即如此理解之下的概念能力也在我们的知觉经验中运作。

有很多人采取了这一思路。人们通常会有这样的怀疑:如果像我一样假定我们的经验内容是概念性的,就不能公正地对待知觉经验向我们揭示实在的**感觉性**方式。

比如艾尔斯(Michael Ayers)主张感觉经验的内容(包括人类的)是非概念性的,这些内容强调的是"事物在经验中呈现的方式,以及呈现的感觉性模式……"他将这一断言等同于下面这个单纯的常识性断言:"世界在经验中的呈现方式并不是准语言性的。"⑧因此他的想法是,如果我们的经验是概念性的,它就会以准语言性的方式呈现世界,而这不符合经验以感觉性方式呈现世界这个明显事实。

但我的建议是将我们的经验概念视为概念能力**在感觉意识中**的实现。接受这一概念就是接受——更确切地说是坚持——我们的经验以感觉性方式呈现世界。艾尔斯不允许我所假设的那种可能性,即呈现的概念性模式本身或许就是呈现的感觉性模式。

艾尔斯将我们的经验具有概念内容等同于它以准语言性的方式呈现世界。这样做似乎合法地排除了呈现的概念性模式或许就是呈现的感觉性模式这种可能性。但即便如此,这个结论也是带有偏见的。艾尔斯的这种等同有一个正确之处:从考量中抽身而出并质疑这些考量是

(接上页)有和我们同类的知觉意识,除了认为我是在说非理性动物根本没有知觉意识。这个例子体现了用自认为明显的观点去解读他人所造成的坏影响。这使他无法听取他人的意见。如果解读的对象恰恰是反过来质疑控制这一解读的明显预设(比如这里的情况),这种做法就尤为恶劣。艾尔斯提出的建议是:我对非理性动物意识的笛卡尔式否认是毫无根基的。

⑧《感觉经验、概念与内容》,第 249 页。

否构成行为或信念之理由的能力(这是处于契约中的概念能力的必要语境)是和语言的把握同源的。因此,在我所提出的契约的意义上,只有说话者才拥有概念能力。但这并不证明我眼中的经验概念将可经验世界表征为一个文本,或者用柯林斯(Arthur Collins)的意象来说,我所接受的经验图景是有字幕的——就好像在我看来,经验向我们揭示世界的概念性方式是经验除感觉特征以外的一个额外特征。⑨

柯林斯的意象让常以下面这种特殊形式出现的断言生动起来:概念内容不能容纳经验呈现事物的感觉性方式。我们无法合理地阐明字幕是如何——打个比方说——捕捉正常颜色经验在可见世界中找到的所有不同色调的。但对我的提议来说,这并不是问题,因为字幕的意象并不符合我的提议。我们的视觉经验可以像我们区分色调的能力一样明确地呈现某个色调。这个明确的色调以感觉性方式呈现给主体的经验。但运作于这种感觉性呈现中的能力属于对严格意义上的理由的回应,因此在我所提出的契约的意义上是概念性的。下面这个事实反映了这一点:拥有经验就是拥有理性权利去相信事物就是具有那个色调。在理想的情况下,这种权利就等于主体处于这样一个位置,他可以通过理性运作认识到事物就是具有那个色调。⑩

---

⑨ 参见亚瑟·W. 柯林斯(Arthur W. Collins),《野蛮的经验》("Beastly Experience"),第 379 页;关于可经验实在作为一个文本的观念,可参见麦克·艾尔斯:《感觉经验、概念与内容》,第 251 页注 23。

⑩ 我在《心灵与世界》中(第 56—60 页)把这些经过精细界定的概念能力和用说明性表达(表达的意义取决于看到具有该色调东西的经验)把捉色调的能力联系在一起。我用的表达是"那个色调"。("如此着色"的表达会更好,原因可参见我在《回应评论者》("Reply to Commentators"),第 414—417 页中对克里斯托弗·皮考克(Christopher Peacocke)的回应。)麦克·艾尔斯在《感觉经验、概念与内容》第 260 页中指出,根据这一观点,色调在经验中的呈现必须独立于以上面这种语言形式表达其内容的概念能力,也就是说,它必须非概念性地在经验中呈现。但这种说法是没有基础的。色调当然必须要在经验中呈现,因为它的呈现能帮助确定说明性表达的意义。但这与这种呈现是概念能力的运作并不矛盾——多亏色调在经验中的呈现(也就是说,多亏这种呈现是概念能力的运作),说明性表达才能把捉该色调。艾尔斯得出相反印象的原因是因为他错误地处理了概念能力和语言的联系。(实际上,那幅字幕的图景给他造成了困惑。)在他看来,我不得不假定 (转下页)

艾尔斯不赞同我的提议,即概念能力的实现可以以感觉性方式呈现事物;为了避免上面提到过的带有偏见的结论,艾尔斯将感觉性模式和理智性模式明确地分离开来。

但这种分离并非绝对正确。如果艾尔斯只是假定感觉和理智的二分,他就不能用它来反驳我。这种二分的合法性根据在哪里?传统经验论者理所当然地接受这种二分,但是在现在这个辩证的语境中,传统经验论者提供的辩护基础并不有力。我们或许可以说,情况在传统经验论的语境中更糟。用感觉和理智的二分来解释经验内容是想象力的一种失败,因为它没有看到人的生活现象可以有机整合理智的可能性。⑪ 我们应该从另一个方向展开论证:属于主体理性的概念能力的实现可以以感觉性方式呈现事物,这揭穿了将感觉和理智二分的虚假性。

7. 戴维森有一个众所周知的论断:"能作为某一信念之理由的只能是另一个信念。"⑫我对此的反驳是:这无法解释经验在形成理性信念的过程所扮演的角色。经验不是信念。但是我又建议,我们可以保留戴维森口号中的一个洞见:能作为某一信念之理由的只能是具有概念形式的东西。⑬

艾尔斯则认为戴维森的口号中没有任何值得保留的东西。信念的

(接上页)经验内容只有在实际使用语言(说明性表达)的情况下才能获得概念形式。为了理解这种说明性表达,经验内容必须已经存在,也就是在经验内容获得概念形式之前。但是,只要经验内容**能**用语言表达,它就是概念性的,它不需要等到实际的语言表达才变成是概念性的。

⑪ 伯吉认为强调理性动物的理性的自我决定会引向认识论中的"超理智化"(前引,第503—504页)。他正确地指出,对理性动物的坚持会导致无节制的理智主义,但他的谴责还是同感觉(或者更一般地说是出于我们动物本性的认知天赋)和理智的二分联系在一起。他的谴责不符合我的主张。如果抛弃了二元论,我们就不需要削减伯吉所讨论的生物性的认知"规范",这些规范当然和我们理解那些控制理性动物之认知行为的规范息息相关。但我们不会因为坚持下面的观点而陷入"超理智主义",即以服从后一种规范为特征的认知具有不同的范畴性本质。

⑫ 唐纳德·戴维森(Donald Davidson),《关于真与知识的融贯论》("A Coherence Theory of Truth and Knowledge"),第14页。

⑬ 参见《心灵与世界》,第141、143—144页。

理由可以是任何东西。一张照片可以作为理由让我们相信肯尼迪是如何被刺杀的;一头斑马可以作为理由让我们相信动物园是怎么样的;如此等等。⑭

这当然是对的,这是我们通常使用理由的方式。但这又是一场廉价的胜利,因为它没有触及戴维森口号的精神。

在那些符合口号的情况中(不包括知觉信念),戴维森显然不是在说我们的信念是基于**我们相信**其他事物——用艾尔斯的例子来说,**我们相信**某张照片显示有人在向肯尼迪开枪,从而得出结论:肯尼迪被某人射杀了。戴维森考虑的理由是我们相信的**内容**,而不是我们相信本身。我们可以很容易地延伸这一点,为艾尔斯的表述留下空间。我们可以说,艾尔斯所表述的理由属于戴维森意义上的理由,即信念的内容。也就是说,照片是我们相信肯尼迪是如何被刺杀的理由。

如果将戴维森的口号抽离他的盲点(没有看到将理性意义赋予经验的可能性),我们可以这样来理解它的要点:理性运作时起作用的能力必须属于理性本身。这一点是不可能错的。我们当然可以把照片作为相信肯尼迪是如何被刺杀的证据,我们不仅可以以此去说服别人,还可以以此来决定该思考什么。戴维森口号的要点并不是要否认这一点,而是要指出,只有处在理性能力(也就是我所提出的契约的意义上的概念能力)的实现过程当中,照片才能在理性运作中扮演它的角色。我在前面(§4)解释了如何将戴维森思想的这一抽象内核带入对经验的理性意义的认识中(戴维森并没有做到这一点)。艾尔斯提醒我们注意他所谓的"一种基本的理由给出方式"(第243页),这本身并没有错,但他没有提到以上这些考量。他完全没有触及这些考量。

8. 现在让我们回到与创造性这一主题的联系。

为了引入我想提出的理性概念,我把下面两种逃逸对立起来:一种

---

⑭ 麦克·艾尔斯:《感觉经验、概念与内容》,第243—244、248—249页。

是自然冲动的直接结果；另一种则是理性决定的结果，即认为条件所引发的逃逸冲动构成了逃逸的充足理由。在第二种情况下，逃逸不仅是自愿的，还是由行动者自己决定的。大致而言，我们可以通过这一对立得出下面的结论：理性动物的特殊之处在于它们能在思维和行动中**自我决定**。理性动物有能力控制自己的生命，它们的生活方式能让它们塑造自己的生命。如果生命中充满了因理性而成为可能的自由，那么在某种意义上我们就可以视之为主体创造的艺术作品。

当然理性授予我们的只是塑造自我生命的**能力**。在何种程度上以及在生命的哪些区域运用这些能力则取决于各种各样的因素。潜在的自由在何种条件下能够实现是哲学的一个重要议题。

我提出的观点是，属于理性动物的这种特殊潜能的能力，也就是在思维中自我决定的能力，本质地包含在理性动物获得知觉信念的过程当中。

我们需要留心下面这一点，即控制自我生命的能力这一观念是如何契合这个语境的。一旦我们决定将视线投向哪个方向，我们就不再能够控制我们的经验是如何揭示事物之所是的。并且，人们一般不会乐意将基于经验的信念理解为决定该思考什么。在某些情况下，我们确实能通过或多或少的努力拒绝接受事物看起来的样子。如果我们熟悉缪勒-莱尔错觉（Müller-Lyer illusion），就会抑制将两根线段判断为一根长一根短的倾向，虽然不管我们如何熟悉这一错觉，其中一根线段还是会看起来长一些。而知觉经验却可以让事实一览无遗。如果这种说法是恰当的，那么谈论决定该思考什么（就好像我们在做出一种选择）就变得很荒谬了。我们不需要去选择接受事物就是我们的经验清楚揭示的样子。

我们或许可以这样说：知觉经验在某种意义上可以强制信念。但是在服从这种强制的同时，理性的自我决定能力也在运作，所以我们还是能够理性地控制自己的生命。这就好比我们被迫接受某个有力论证的结论，因为我们坚定不移地接受此论证的前提。我们并不会因为默许强制性理由的权威而牺牲掉我们的自由。认识到强制性理由本身就是运用理性的自我决定能力。不抵制自己的信念接受理由要求它们接受的形式并不是将生命中的那个区域交给某个异己的力量。我们并没有由此放弃对自己的思维加以理性控制的责任。⑮

9. 艾尔斯反对下面这个观点：经验论不能赋予知觉概念超出感觉的内容。他提出了"一个令人尊敬的经验论先辈"（霍布斯）所持的立场："绿色闪光感觉中的'所予'……就是绿色闪光。"知觉者自身拥有的感觉状态已经具有意象性内容；知觉信念以感觉为基础的意思是，前者的意象性内容是从作为其基础的感觉状态的意象性内容中得来的。"根据这一观点，这就是相信我们的感觉。这其中不包含任何推论，也不存在任何中介。我们只是接受感觉联合给予我们的东西。"⑯

我认为一种可接受的经验论必须具有这种形态。这种形态正是要给我主张而艾尔斯拒斥的经验概念留下空间。它正是要指出，要使世界在知觉经验中直接向我们敞开，我们就必须将经验视为属于理性动物特征的概念能力的实现。

正如我已经解释过的，这并不是否认非理性动物的感觉也会正确或错误地提供与之相关的实在特征信息。它只是要坚持非理性动物和我们之间的区别：我们通过知觉认识事物，并在强意义上的理性运作中对严格意义上的理由做出回应。

---

⑮ 罗蒂建议，思维对思维内容是可答复的，思维将世界表征为神性权威的世俗对应物。比如可参见《协同性还是客观性》（"Solidarity or Objectivity?"）和《人对世界的可答复性：麦克道威尔的经验主义版本》（"The Very Idea of Human Answerability to the World: John McDowell's Version of Empiricism"）。罗蒂想要指出，将客观性视为思维构成物的观点轻视了自主思维的责任，而后者是塑造自我生命这一责任中的一部分内容。我认为我在这里勾勒的思考已经指明，罗蒂的立场错误地解读了自主思维的责任。自主思维的责任不需要我们将思维从好理由的控制中解放出来。一旦经验向我们揭示了事物之所是，我们就有很好的理由去如此这般地思维事物。罗蒂正确地从极端的实在论形式中撤退，但这又导致他错误地对各种形式的客观性概念（思维的目标）进行了不加区分的攻击。

⑯ 此段中的引文都来自麦克·艾尔斯：《感觉经验、概念与内容》，第241页。

非理性动物通过感觉的无中介运作获得信息。将此描述为非理性动物**相信它们的感觉**或**接受感觉给予它们的东西**是绝对不合适的。因为这种谈论只适合能**拒绝**相信感觉的主体,这种主体的信念信息就是运作中的理性,也就是对严格意义上的理由的回应。

正如我所主张的,将知觉信念的获得视为理性运作的观点并不意味着我们总是通过决定该思考什么来获得信念。通常我们都是未经反思地获得知觉信念。但是,我们未经反思的行为可以被描述为相信感觉或接受感觉之给予的唯一原因是,这种行为展现了我们的理性,因此也展现了我解释过的、非理解动物所不具备的理性理解能力的实现。

10. 艾尔斯拒斥概念能力在知觉经验中运作的观念,其背后有一个主要驱动力:他认为这一观念会引向观念论,对此他是怀有敌意的。

观念只能在观念论的语境中运作,这样的想法当然是有一些道理的。有些人(并不是艾尔斯所特有的)不相信本质上属于自我决定的能力可以运作于对实在的感性接受当中,我认为上面这种想法是得出这一观点的核心理由。但我们还是要在这里做出被艾尔斯轻视的区分。

任何可接受的观念论版本都必须追求这种形态;只要我们想清楚这种形态,观念论和常识实在论是完全一致的。⑰ 比如康德就是在追求一种先验观念论。他说他的观念论是和经验实在论一致的。然而,基于他处理我们的感性形式的方式,他没有资格做出这一断言。在他的图景中,我们所经验到的、处于明显时空秩序当中的世界只是独立的主体性特征的反映。因此,和实在论一致的目标并没有实现。

当然,某些特殊的失败并不能破坏和实在论一致的观念论这样一种观念。但艾尔斯没能看到,任何观念论除了表征(所谓的)实在的结构特

---

⑰ 维特根斯坦在《1914—1916 笔记本》(*Notebooks 1914 - 1916*),第 85 页写道,"在经过严格的慎重思考之后,观念论引向的是实在论。"(在《逻辑哲学论》§ 5.64 中,维特根斯坦把观念论与实在论之间的一致归因于唯我论;在《笔记本》中,唯我论是从观念论到实在论的中间步骤。)

征之外,都还是独立的主体性特征的投射。康德的观念论就是这样,尽管他想追求和实在论一致的观念论。

我在《心灵与世界》中指出,在最好的情况下,知觉经验的概念内容可以是世界中的一个元素。我们可以直接把经验视为世界的一部分,因为世界作为所有符合事实的描述并不外在于概念性领域。我指出,这一立场似乎是"一种观念论,这种观点认为称某个立场为'观念论'就是在反对它没有真正认识到实在是如何独立于我们的思维的"(第26页)。我的工作就是要祛除这样的表象。

艾尔斯引用了我在上一段所引的这句话。(第252页)但他没有引用我对我所拒斥的那种观念论的界定。最终他认为这种界定是多余的;在他看来,观念论**就是**没有充分认识到实在之独立性的立场。

这造成了一系列的后果。我不接受认为我将世界表征为主体性投射的指责,艾尔斯认为我一定是在否认"作为被经验和被认识世界之结构的判断形式"(第254—255页)。他认为我一定是将世界和思维及言说的关系大规模地对应于——打个比方说——斑马和我们关于它的思维及言说的关系。我们可以描述一头斑马,但没有理由认为斑马本身具有该描述的形式,该描述所表达的思维的形式。在艾尔斯看来,我眼中的世界就是这个样子的。(其他任何立场都属于观念论,而我已经宣称我是反对它们的。)因此,如果我所谈论的世界"不过是一种老生常谈,即世界和世界中的事物是可描述的"(第253页),艾尔斯就无法看到我可以拒斥一种与之平行的经验观。毫无疑问,经验内容可以用命题形式或概念形式来表达,但这并不能作为经验本身(斑马、世界)具有概念形式的理由,同样。艾尔斯认为这就是我所持的观念。

这里艾尔斯有一个误读:他预设任何具有概念性结构的世界概念都暗含我明确拒斥的观点:世界只是独立主体性的反映。他对我的一段话进行了思考,我在这段话中讨论了维特根斯坦《逻辑哲学论》的第一句话:"世界是所有符合事实的描述。"我主张我们不应该认为这句话表达了——借用艾尔斯的话来说（第 252 页）——"一个宏大的本体论或形而上学视界"。我的观点是，维特根斯坦的这句话正确地阐明了一种使用世界概念的可靠方法。我不像艾尔斯所说的那样认为当我们说世界是所有符合事实的描述时，我们在某种意义上是言不由衷的。如果我们是这样说也是这样想的，我们就不需要像艾尔斯认为的那样，一定要将世界理解为可描述事物（斑马等）的总和，而是将它理解为所有可以被真正思维或言说的东西：不是所有可**被思及**的东西，而是所有可能的**思维**。

很明显，这是一种观念论。根据这一观点，世界本身以判断形式为结构的。我并没有在我的著作中将此观点描述为观念论，因为我只考虑被艾尔斯忽略的那种观念论界定，即没有充分认识到实在之独立性的立场。但观念论这个标签用在这里是合适的。

正如我所说的，艾尔斯认为这种界定是多余的。他认为我们不能在不把实在表征为独立主体性之阴影的前提下将世界的形式等同于思维的形式。而这一观点又是基于下面的观点：在考虑思维和世界的关系之前，思维的形式必须是可以得到明确说明的，之后我们才可以说思维的形式和世界的形式一致。根据这一观点，在作用于实在之前，形式必须首先作用于主观的思维。因此，形式对实在的作用看起来确实像某种预先存在的主观性东西对客观性东西的投射。但是如果我们说世界是所有可被思维的东西，这样的暗示就不会产生。如果我们坚持（也应该坚持）思维和世界必须放在一起理解，由独立主体性产生投射的意象就没有了市场。思维的形式已经是世界的形式。这种形式既是主观的又是客观的，在首要的意义上它不是主观的，因而在推测的意义上它也不是客观的——这一先后秩序揭示出艾尔斯设想的客观性是虚假的。

这样我们就有了一种并不和常识实在论产生分歧的观念论（至少是观念论方案）。因为这种观念论符合常识，表述这一立场的术语"世界是所有符合事实的描述"应该是一个我所说的自明之理，而不是在表达某种有争议的形而上学。⑱

有人也许会提出抗议：如果我所设想的观念论和常识一致，我们可能就只能停留在这一常识上。但是一旦我们注意到理性动物特有的自我决定的潜能，我们就需要认识到我们的理性可能帮助我们接受感觉给予我们的东西。正如我所说的，这一表达并不适用任何通过感觉获得事物信息的生物。在这个意义上，观念论就是要解释这一表达是如何运作的——我们的感觉如何提供让我们接受的东西，并在理想的情况下被我们直接视为世界的一部分。

而这又反过来让下面这一点变得不再神秘：本质地运用于自我决定中的能力可以是隐含客观意义的思维能力。但这并不是本文的话题，这里就不再展开了。

---

⑱ 艾尔斯误解了他所谓的"麦克道威尔的寂静主义模式"（第253页）。他认为"寂静主义模式"的要点在于使我在说世界具有概念化结构时可以言不由衷。（第254页："我们并不认为对'事实'的谈论意味着世界……真的具有命题形式……"）但我真的是这样想的。"寂静主义模式"的要点不在于收回世界具有概念化结构的断言，而在于坚持着一断言并不是在表达某种有争议的形而上学。艾尔斯没有看到另一种观念论的可能性，在适当的理解下，这种观念论可以是毫无争议的。他确信任何观念论都会贬低实在的独立性，这确信让他在第255页声称将经验世界分成事实的观念是"坏的形而上学"。他认为这种观念是滑坡的顶端，滑坡的底端则是实在是思维投射的观念。（还可参见第248—249页）他坚持相反的观念："我们所经验到的世界在某种程度上分成单一的物质性对象，而这就是我们经验世界的**方式**。"值得一提的是，这并不十分符合他在第241页中表示赞同的观点："我们只是接受感觉联合给予我们的东西。"我们接受的当然是感觉揭示给我们的东西。我们并不接受单一的物质性对象；我们接受我们和这些对象的遭遇。

第三部分
读黑格尔

八

统觉性我与经验性我：对黑格尔《精神现象学》中"主奴关系"的非正统解读

1. 黑格尔的《精神现象学》追溯了意识的教养过程，其最终结果是获得绝对的知。意识的对象是它物而非自身。教养的目标是要扬弃这种他性——取消最初显现的简单他性，并在更高的层面上将其把握为更为综合的概念中的一个"环节"。这样，我们的探究就能在原则上避免某种哲学上的焦虑。作为先验怀疑论之假象的主客体之间的断裂不再是困扰我们的幽灵。

2. 站在绝对知识的角度，知识的进程变成了"总念"自由的自我展开。① 黑格尔认为这一概念乃是受惠于康德，他在《逻辑学》中明确指出（第584页）："《纯粹理性批判》最深刻、最正确的洞见在于认识到构成**观念**的**统一性**就是统觉的**原初综合**的统一性，也就是**我思**的统一性，或者说自我意识。"② 黑格尔明显是在暗示先验演绎。康德在先验演绎中——特别是第二版——提出的观点非常接近黑格尔的绝对知识概念。

首先我要对这个康德式背景稍作讨论，从而将统觉性我——其统一性也就是我思的统一性——引入图景。

直观是直接关于对象的。康德在所谓的形而上学演绎中说："赋予**一个判断中**的各种不同表象以统一性的那同一个机能，也赋予**一个直观**

---

① 这一节和接下来两节用到了本书第四篇文章中的材料。从康德式的材料得出黑格尔的结论是受皮平的启发皮平：《黑格尔的观念论》。通过皮平对康德所做的解读是同詹姆士·柯南特与约翰·霍格兰德一起合作的结果。

② 皮平：《黑格尔的观念论》，第18页。这段引文是皮平解读黑格尔观念论的核心。

中各种不同表象的单纯综合以统一性。"(A79/B104－5)因此,直观的客观意义就在于它们体现了判断所特有的逻辑统一性。康德在先验演绎中说,判断是使给予的知识获得统觉的客观统一性的方式。(B141)这一判断概念——将判断的统一性等同于直观的统一性——也就解释了康德为什么会说"统觉的先验统一性是使一切在直观中给予的杂多都结合在[进]一个客体概念中的统一性。因此它叫作客观的……"③这里,"客体概念"的意思应该是"经过概念塑造的对对象的意识"。康德主张我们应该这样来理解关于对象的直观:直观具有某种统一性,这种统一性在判断中使认知获得统觉的统一性。

因此康德认为,感觉意识要具有客观意义,自发性的统觉活动必须是它的核心。康德那里使认知获得统觉统一性的自由活动是黑格尔自由的自我展开的"总念"的先导,在"总念"的语境下,思维对对象的指向不再包含任何会表现为主客断裂的东西。④

3. 康德想用范畴统一性(对知性要求的符合)来解释主体状态作为对对象的意识的可能性。先验演绎意图证明范畴的客观有效性。但先验演绎的结构对这一目标构成了威胁,康德在先验演绎第二版(后面我将称之为"B版演绎")中特别意识到了这一威胁。因此,(有人会说,)使对象成为可思维的条件并不是使它们给予感觉的条件。当然,(有人还会接着说,)使对象给予感觉的条件在康德那里是一个独立于先验感性论的话题。任何先验演绎只能阐明对象可以在符合先验感性论要求,但不满足知性要求的情况下呈现给我们的感觉。⑤ 因此,知性要求看起来

---

③ B139. 我想用结合"进"(into)来代替肯普·史密斯翻译的结合"在"(in)。康德用的德语是宾格的"in einen Begriff",而不是与格的"in einem Begriff"。参见阿奎拉:《心灵中的物质》,第 136 页。
④ 康德用自发性来描述作为"统觉功能"(B134n.)的知性,比如可参见 A50/B74;而自发性正是 B 版演绎第一节的主题。
⑤ 参见 A89－91/B122－3(先验演绎序言,两版同)。康德在这里解释了为什么先验演绎的任务(阐明**思维的主观条件**如何具有**客观有效性**")如此困难。

只是让对象进入思维而作的主观强加,而与对象本身无关。

康德试图在 B 版演绎中回避这一威胁,他指出,使对象给予感觉的条件和自发性统觉的条件并不是分离的。他在 B 版演绎的后半部分得出的结论是:作为"形式直观"(B160n.)的空间和时间本身就是将杂多联结成单一的直观。根据统领先验演绎的基本原则,由此得出的结论是:感性要求的时空形式不能在独立于自发性统觉的情况下得到理解。⑥黑格尔在《信仰与知识》中赞赏地描述了康德的这一步骤:"这里[先验演绎],原始的统觉的综合统一又被认为是图像综合(figurative synthesis)的原则,即直观的形式;时空本身被认为是综合的统一体,而自发性——创造性想象力绝对的综合活动——则被认为是以感受性为唯一特征的感性原则。"⑦先验感性论无法提供使对象给予感觉的独立条件,它无法决定对象是否符合自发性统觉的活动。因此,康德有权说范畴可以认识"**对我们的感觉出现**的任何对象"。(B159)这样也就不存在呈现给感觉的对象无法满足知性要求的威胁了。

将范畴要求描述为知性要求的做法就是将前者视为认知主体的一种功能,从而将它们描述为主观条件。但康德的目标是希望通过将统觉统一性活动的范围延伸进先验感性论的领域来破坏下面这幅图景,即对象的感觉呈现只需满足独立于知性的条件,之后我们再将知性要求强加在它们之上。因此,康德的目标是想阐明,虽然知性要求必须算作主观条件,但在同等的意义上它们同时也是对象本身的条件。⑧这一观念在

---

⑥ 康德这样来表述这个基本原则(在用来阐明这一观念的 B 版演绎的第一节):"然而,一般杂多的联结决不能通过感官进到我们里面来,因而也不能同时一起被包含在感性直观的纯形式里;因为它是表象力[表征能力]的一种自发性行动……"(B129-30)

⑦ 《信仰与知识》(*Faith and Knowledge*),第 69—70 页。

⑧ 参见 B138 指出:"所以意识的综合统一是……一切知识的一个客观条件,不仅是我自己为了认识一个客体而需要这个条件,而且任何直观为了**对我成为客体**都必须服从这一条件。"("对我"这一表达损坏了这个表述,它告诉我们为什么康德的思想在黑格尔看来仍然只是一种主观观念论,参见下一节。)关于既是主观的又是客观的条件(在首要的意义上不是主观的,因而在推测的意义上也不是客观的),可参见 A158/B197:"……**一般经验可**(转下页)

主体和客体、思维和思维内容之间保持平衡,从中我们可以看到它对黑格尔绝对知识概念的启发。

4. 康德试图阐明知性的要求同样也是对象本身的条件,然而他阐明这一点的方式在本质上依赖于我们是否接受将"对象本身"解释为"给予我们感觉的对象"。在康德看来,这种解释包含了其自身特有的主观强加,这会从另一个不同的角度造成威胁。

康德试图在 B 版演绎的后半部分中将杂多联结成时空之"形式直观"的过程表征为自发性统觉的运作。但他又将下面这一事实分离出来,作为对感性特征的反思,即被我们统一的材料是空间性和时间性的杂多。先验感性论鼓励我们去设想不同形式的、可以和不同的"形式直观"相联结的感性。这就让人禁不住去思考一种对"对象本身"的不同解释:先验感性论中的物自体——超出我们认知范围的事物,不管这些事物本身是否处在空间或时间的秩序当中。⑨

康德试图论证范畴可以应用于给予**我们的**感性的事物,从而来证明前者的客观有效性。他明确地指出,根据他的论证,"只有**我们的**感性和经验直观"才能给纯粹知性概念带来意义和表象。(B149)但是根据他的理论,我们的感性独立于事物本身的特征,并独立于我们的统觉统一能力,且为后者提供材料;也就是说,存在一种未被同化的,无法和客观性(原黑格尔式平衡中客观的一面)保持平衡的主体性。康德最多只能说:先验演绎阐明,除了世界必须处在时空秩序当中,不再需要额外的主观强加来使经验对象符合知性要求。但康德认为,世界必须处在时空秩序当中也是一种主观强加。这种强加只是反映了康德建构的基础。对应于这种未被同化的主体性,假定的平衡的另一端也存在未被同化

(接上页)**能性**的诸条件同时就是**经验对象之可能性**的诸条件……"
⑨ 关于先验感性论的局限,可参见让·伊波利特(Jean Hyppolite),《黑格尔〈精神现象学〉结构的起源》(*Genesis of Structure of Hegel's Phenomenology of Spirit*),第 144 页。先验分析论中的"本体"(noumenon)和先验辩证论中的相关概念都不同于先验感性论中的物自体。

客观性,这种客观性也许就是非空间性和非时间性的物自体,物自体完全摒除主客平衡,就好像是真正的物品。⑩

真正的主客平衡要求我们抛弃康德在给予感觉的事物和物自体之间做出的区分。⑪ 它要求我们将感性的时空特征放在理智自由的范围之内。由此我们开始明白为什么黑格尔要坚持"总念"的自由展开之外并无他物。绝对知识是先验演绎中自发性统觉活动的完成体。在先验演绎中,由于感性特征被放到了理智自由的范围之外,主客平衡的意图并没有真正实现。

黑格尔式的完成体将所有东西都放在主体自由活动的范围之内。如果将这一描述抽离它的语境,我们可以说,这一步骤抛弃了常识实在论(它消去了任何真正客观实在的东西),而代之以心灵无限制运动的投射。⑫ 但这并不符合这一描述所处的语境。康德的不彻底性破坏了他在主客之间寻找平衡的尝试。⑬ 拓展理智自由范围的做法并没有使天平倾向主体性,从而使(所谓的)客体性变成独立主体活动的单纯投射。这种情况发生在康德不成功的尝试中。因为康德的建构以未被同化的主体性为基础,所以它只能是一种主观观念论。黑格尔式的指责通常被认为过于粗暴,但现在我们能够从中发现公正之处。拓展理智自由范围

---

⑩ 《精神现象学》,第238页。(我将在本文中修改Miller的翻译,或用我自己的翻译代替,在后一种情况下,我允许自己将那些无法翻译的词——比如"aufheben"——算作英语。)[英译见Hegel, *Phenomenology of Spirit*, trans. A. V. Miller (Oxford: Oxford University Press, 1977);中译引贺麟译本,在极为必要的地方略有调整,下同。——译注]

⑪ 攻击"两个世界"的解读并不能解决我提出的问题。我们务必要认识到,康德将"作为经验对象的物"等同于"作为自在之物本身的同一些物"。(Bxxvii)但这并没有改变下面这个事实,即康德认为经验对象所处的时空秩序反映的是主体的特征,而非物本身的特征。他自己也强调,他对范畴之客观有效性的证明本质上考虑的是经验对象的特征。

⑫ 为了理解这一思路下的"后康德绝对观念论",可参见麦克·弗里德曼《为哲学传统驱魔》(Michael Friedman, "Exorcising the Philosophical Tradition: Comments on John McDowell's *Mind and World*"),特别是第439—444页。

⑬ 因此也就有了上面提到过的那个令人不愉快的附加表述——"对我"(B138);同时这也说明为什么康德愿意接受明显主张主观对客观之优先地位的哥白尼式意象(Bxvi-xviii)。

的意义在于实现主客之间的平衡,不让其中任何一方处于优先地位。真正的平衡能让主体性接触真正的客观性。客观性只有作为此结构的一部分才能得到理解,坚持这样的观念恰恰要求我们不要用主体性的投射取代独立的实在。⑭

5. 以上的讨论明显需要进一步展开。⑮ 不过上面这些讨论或许足以让我们开始理解为什么黑格尔会在上面那段引文中赞赏康德将"总念"的统一性等同于统觉的统一性。黑格尔说,"到了自我意识于是我们现在就进入真理自家的王国了"(§167),我们可以用康德式的概念来表述这一观点:我们开始明白如何用自发性统觉的统一能力来理解知识。⑯

但这样的表达会使黑格尔在《精神现象学》"意识"一章中所做的工作变得神秘起来。畏惧死亡斗争并受他人奴役的人如何扬弃意识和对象之间的他性?他是否无法实现主客平衡这个康德想要实现的目标?⑰

---

⑭ 与此相关的,亨利·阿里森将先验观念论的特征描述为在"可能认识事物的条件"与"可能认识物自体"的条件之间做出了区分。《康德的先验观念论》第 13 页先验实在论拒斥这一区分,这一立场认为可能认识事物的条件只是来自事物本身得以可能的自律条件。阿里森认为,另一种拒斥这一区分的立场只能是主观主义现象论——人们或许可以像我一样将此立场描述为用主体性的投射取代独立的实在。这一立场是先验实在论的对称立场,它认为主观条件是自律的,而先验实在论则认为客观条件是自律的。这里缺少的是一个黑格尔式的选项,这一选项受康德知性要求的启发。黑格尔会基于以下的理由拒斥阿里森的区分:这些条件既是思维的条件又是对象的条件,两者不可分割,且谁也没有占据首要地位。

⑮ 为了正确处理黑格尔和康德的关系,我们一方面要考虑费希特在他们中间所作的贡献,另一方面则要阐明康德的知性如何变成了黑格尔的理性的自我实现,尽管康德明确区分了知性和理性。除此之外,我们还要阐明黑格尔如何看待他的观念论和康德实践哲学的关系,而这一点我完全没有提及。(毫无疑问,这些都是联系在一起的。)

⑯ 我们需要通过单纯意识经验来认识统觉的意义,而不是(像康德和费希特那样)只将统觉作为出发点,因为后者这种做法只能将我们引向主观观念论(§238)。参见汉斯-格奥尔格·伽达默尔(Hans-Georg Gadamer),《黑格尔:自我总结辩证法》("Hegel's Dialectic of Self-Consciousness"),第 54—55 页。

⑰ 比如可参见皮平《黑格尔的观念论》,第 143 页:"突然我们开始谈论欲望、生命、死亡斗争、主人和奴隶。"皮平试图对这章的前两节(他指出,第三节较前两节更容易解释)进行解读,使它们符合他对《精神现象学》的总体看法,但是我发现他的一些解读细节(比如,欲望产生于驱动我们追求知识的缺乏感)和黑格尔的实际本文相去甚远。

许多评论者似乎都不考虑这样的问题。比如，评论者经常认为黑格尔在"主人与奴隶"一节中表达的是这样的观点：只有在相互承认的共同体中才存在具有自我意识的个体。在我看来，此文本表达的并不是这些评论者所说的意思，即被不受尊敬的低等者承认并不能证实高等者的自身确定性，自我意识只有在平等者的共同体当中才能获得自身确定性。黑格尔认为主人的自我确定性和作为此种确定性之真相的奴隶意识之间是不对等的（§192），我发现无论如何都很难在黑格尔的这一表述中解读出上面这样的思想。但不管怎样，即便这就是黑格尔的观点，它如何将我们引向作为所有实在的理性确定性，也就是作为本章之高潮的主客间他性的扬弃？（§230）

下面我将对这章的前两节进行讨论，我的解读也会面临这一困惑。我至少要在解读的开始部分紧贴文本，并避免简单重复原文本的晦涩之处。我希望事情会随着讨论的展开而变得越来越清楚。

我并不是想说，《精神现象学》的这一节（或任何一节）追溯了从康德式出发点进展到黑格尔式思想的历程。我并不想在"主人与奴隶"中找到黑格尔对康德感性形式的改进。以康德式材料为出发点只是想为黑格尔在"自我意识"一章开头赋予自我意识的意义提供一个框架。

6. 自我意识最初是作为（单纯）意识经验最后一步运动的结果登场的，其对象是单纯的他物。对象——经验上可知的实在——并非只是随着自我意识的出现而消失。如果是这样，我们就只有"静止的同语反复：我就是我"。如果没有他性，也就不会有自我意识。意识对象的他性必须被扬弃，而不是被简单消除。因此，自我意识的对象是"双重的"，或者说具有两个环节。第一环节是作为意识之独立对象存在的"感性世界的整个范围"。第二环节是自我意识本身。这两个环节是相互对立的：第一环节"从自我意识来看，带有**否定的特性的标志**"[18]，而第二环节"首先

---

[18] 自我意识是意识的当下形态；对意识来说，本质的东西就是其异己的对象。

就只在于有第一个对象和它相对立"。黑格尔说:"自我意识在这里被表明为一种运动,在这个运动中它和它的对象的对立被扬弃了,而它和它自身的等同性或统一性建立起来了。"(本段引文均出自§167)

如果我们是要在黑格尔的文本中找到向绝对知识的发展,那么可以说到目前为止一切顺利。假如我们能理解克服自我意识对象中两个环节间的对立这个图示性观念,就能得出这样一幅图景:经验世界的他性被包括进具有内部复杂性的,且不异在于自我的自我意识的对象当中,从而不再有构成断裂的威胁。一方面,统觉只能是为对象的统觉。但另一方面,我们又要阐明统觉如何将"感性世界的整个范围"作为它的对象,只有将这一方面和前一方面整合起来,才不会有断裂的威胁。

我们或许想从黑格尔对欲望的讨论中得出一种对自我意识之运动的非图示性理解。但我认为黑格尔的文本应该会打消这种希望。黑格尔用"自我意义就是欲望一般"(§167)来解释他对自我意识之运动的图示性描述,不过他并没有对此进行进一步的阐述。然而这一解释性关系似乎和黑格尔希望实现的目标背道而驰。只有理解了对自我意识之运动的图示性描述,我们才能理解黑格尔引入欲望的意图。"欲望一般"就是通过消化、整合单纯的异己,将它们据为己有来否定他性的一般概念。也就是说,自我意识必须在图示上包含双重对象的第一环节。不过,这里并不是在阐述一种特殊的、因为对象会促进或阻碍其目的才将它们包括进来的意识模式。⑲

7. 黑格尔说,自我意识对象的第一环节对我们而言或在它本身返回到它自身并成为生命。(§168)这里他又回到了意识经验的最后一个环节(参见§162),意识的独立对象在那里变成了"绝对总念"的自我展

---

⑲ 比如可参见皮平:《黑格尔的观念论》,第143页。皮平说:"这章……并不是要给实践理性的首要性立案。"(第288页注11)对此我并不确定,因为黑格尔还谈到奴隶通过工作得到解放。但皮平谈的是欲望在本章中所扮演的角色,他认为欲望的特征并不指向实践理性,我认为他是对的。然而,皮平对"欲望一般"的谈论过于按照字面,从而削弱了他的这一否认。

开运动。[20] 自我意识由此登场。就像黑格尔通常所做的一样,生命变成了"总念"概念的图形或模型,它在自身之内产生区分,而不是和某个异己的内容外在地联系在一起。但是在"自我意识"这章的第一节,生命不只是图形。生命可以说是变成了它自身。

黑格尔将生命阐述为消解区分的类,它从把自己和否定性的普遍性分离开来的活的个体那里获得现实性。(§§ 169—172)这是"自我意识与生命之对立"的第二个端点,它是由"总念分裂自身而形成的"。(§168)在这一阶段,生命并不是**为它自身**的(§§ 168,172),而是**为意识**的(也就是现在的自我意识),这是自我意识与生命之对立的第一个端点。

现阶段我只需要这些晦涩材料的结构。生命作为消解区分的类以活的个体的形态获得现实性,自我意识之双重对象的第一环节现在就表现为这样的生命;在这个环节中,自我意识仍然作为意识出现,而"感性世界的整个范围都被保持着作为它的对象"。(§167)在这一阶段,对象(或者说双重对象的环节)并不是为它自身的,它并不是一个主体,而是一个为主体(也就是作为意识的自我意识)的对象。

这也反映了下面这个事实:黑格尔所阐述的生命的展开是"为我们"的,而不是为我们将要见证的意识经验的。他的阐述(像通常一样紧接着意识的变异)总结了这种新意识是如何登场的,虽然这种新意识认为自己只是简单地呈现,它忘记是什么限制自己,让自己变成当下形态的。之前的运动("力和知性")已经达到了这样一种状态:意识对象的他性已经在原则上被扬弃了。意识对象变成了"总念"自由的自我展开,在这种展开中,意识在原则上只能看到它自身。但是这个新的对象——作为生命的"总念"——"分裂自身";并且,在"自我意识"这章的开头,意识发现自己直接呈现为自我意识,但又因为缺少中介,仍然面临未被同

---

[20] 幸运的是,我不需要在本文中解释这是如何发生的。

化的他性。这是《精神现象学》中的典型转换。这里我们只须指出：生命的形式中存在未被同化的他性。

8. 现在我们开始将意识经验视为自我意识，也就是生命对此呈现为对象的主体。黑格尔将经验的主体描述为"这另一个生命，它本身也是类"（§173）。它是另一个生命，因为它将自身分裂成自我意识（"这另一个生命"）和黑格尔已经阐述过的生命（作为意识的自我意识的对象）之间的对立。

黑格尔说主体生命是"为它自身的类"。这符合它作为生命的存在，且体现了消解区分的类的概念。这种生命就是自我意识，自我意识"以纯粹的我作为对象"（§173），且"只有通过扬弃它的对方（这对方对它呈现为独立的生命）才能确信它自己的存在"（§174）。自我意识自己意识到需要消解自身和"他性"（双重对象的第一环节）的区分。黑格尔已经将此描述为自我意识克服对象中两个环节之对立的运动（§167）。我们也已经加上了特殊的界定：生命运动首先作为自我意识的对立面出现，它和自我意识的对立需要被克服。

克服他性的最简单的方式是将独立的他性削减至无（vernichten）。我们已经知道，自我意识就是欲望一般。（§167）但特殊的欲望（如果可以这样说）并不能通过据为己有和消化的活动将他性削减至无。这些活动需要有独立的对象。在特殊的欲望经验中（和欲望一般对立），自我意识认识到它并不需要将他性削减至无。这样，正如黑格尔在§168中保证的，自我意识"就会经验到它的对象的独立性（Selbstandigkeit）"，也就是双重对象的第一环节。

但是为了找到符合其自我确定性的真相，自我意识仍然需要扬弃对象的他性。它认识到单方面地消灭他性是不好的，他性必须保留它的独立性。对象必须自己作为自己的否定，而不是让异己的东西——也就是试图克服对象（其中一个环节）之他性的自我意识——来赋予它否定的特征。独立否定性的要求揭示出对象——双重对象的另一个环节——

本身就是意识，而不是像它迄今为止所表现的那样，只是意识的对象。意识的本性就是维持它的独立性，即便是在把自己和对象区分开来的时候，它也将自己呈现为一种否定。

事实上，这种对象不只是意识，还是自我意识。不管怎样，"意识"部分的最后已经告诉我们，是意识的东西也是自我意识。（§164："一般讲来，这样的对于一个他物、一个对象的意识无疑地本身必然地是**自我意识**。"）但黑格尔又讲这种对象揭示为自我意识，他指出，在生命的领域中，独立否认性的形式是"普遍的独立的本性，在它那里否定是绝对的，就是类的本身活作为自我意识的类"（§175）。自我意识在黑格尔之前描述的经验（§§173—4）的一开始就是这样来把握自身的。它现在发现它的对象（或者说双重对象的第一环节）也必须被这样把握。经过初步的阐述，作为自我意识对象其中一个环节的生命并不是为它自身的，而是只为意识的。（§172）但是现在我们发现双重对象的这个环节"自己本身就是类，就是它自己独立存在的独特性中之普遍的流动性或连续性；它是一个有生命的自我意识"（§176）。

9. 黑格尔这样总结道，"**自我意识只有在一个别的自我意识里才获得它的满足**。"（§175）[21] 我认为人们通常会认为黑格尔是在说，至少要有两个相互承认的个体，一个有自我意识的个体（比如说一个有自我意识的人）才能存在。我并不是太反对这样的看法，因为以下的阐述可以符合不同个体相互承认的概念。但这也引发了急需解决的困惑，我从一开始就提出了这种困惑：黑格尔的这一步骤在向绝对知识的进程中扮演了何种角色？换言之，如何让黑格尔的这一论断符合我前面一直在梳理的文本？

---

[21] 我们不如更为平实地将"获得它的满足"表述为"找到它的真相"，因为我们仍然在讨论作为欲望一般的自我意识概念，虽然在§175描述的经验中，自我意识认为到不应该在任何字面意义上将它的对象据为己有。参见本文第6节。

需要被自我意识运动扬弃的他性首先表现为"感性世界的整个范围"的他性(§167),这是自我意识对象的一个环节,其运动是克服这一环节和另一环节(即自我意识自身)间的对立。双重对象的这一环节——"感性世界的整个范围"——返回到它自身并变成生命(§168),进而将自身揭示为意识,并最终揭示为自我意识。这就是上面引文中的"别的自我意识"。在某种意义上,同一个对象(双重对象的同一个环节)现在只是得到了更为健康——较不直接——的理解。但是如果"别的自我意识"指的是别的心灵,比如说别的人,"感性世界的整个范围"会变成什么样子?用他人的自我意识代替自我意识对象第一环节的做法如何和黑格尔迄今所描述的第一环节的展开联系起来?这种做法如何帮助我们解除意识对象的他性所构成的威胁?

这些问题预先就存在。如果我们将黑格尔所说的"别的自我意识"理解为事物不是为我们或为它自身的,而是为仍处于自我意识运动过程(也就是对两个环节间对立的克服)中的意识的,之前的讨论就开始变得有头绪了。对这种意识来说,他性的扬弃仍是一个未完成的任务(它确实也未达到绝对知识的阶段)。因此,"别的自我意识"中的"别的"反映出在意识教养的这一阶段,事物在意识看来是怎样的,而不是事物实际是怎样的。㉒

在"自我意识"这章的开头,自我意识遭遇的他性是作为意识生命(事实上也就是我的生命,虽然我们还需一番讨论才能得出这一界定)之场所的世界的他性。当"感性世界的整个范围"返回到它自身并变成生命时,另一种指向他性的方式产生了,这种方式就是谈论我的自我意识和个体意识生命(其场所是我的世界)间的对立。实际所是的是我的自

㉒ 毫无疑问,如果离开大的框架直接理解这些话,它们也同样成立。我认为这种情况在《精神现象学》中很常见。我反对的只是下面这种看法,即这种直接解读把握了黑格尔的论证方法。

我意识,而非他人的意识。㉓ 在澄清了这一点之后,经验性意识会和统觉性意识整合在一起,而经验性意识所遭遇的世界的他性也就不会造成主客分裂的威胁。但是就我们目前所达到的阶段而言("自我意识"第一节的最后部分),这一点尚未得到澄清。正如黑格尔在下一节开头所说的,自我意识必须要"扬弃它的这个对方"(§180)。

黑格尔并不是在谈论人类共同体,这种看法似乎忽视了黑格尔在第一节最后所说的话:在最后的发展阶段,"精神这一概念已经出现在我们面前了"(§177)。但这句话并非像人们通常认为的那样是在向公共性存在的概念致意。黑格尔清楚地指出,这里的"精神"作为一个对象"既是一个自我,也是一个对象"㉔。而这正是将自身揭示为自我意识("我")的自我意识双重对象的问题环节呈现给我们的。这个被作为对象揭示出来的"我"不一定要是某个人,它只需要是经验的观察主体。

我并不否认,只有将公共性存在引入图景,精神概念才能得到完整的理解。但黑格尔又将"我就是我们,而我们就是我"这一表述放到了"意识所须进一步掌握的,关于精神究竟是什么的经验"当中。(§177)这好像就等于在说,单一和多元的互动只有到了后面才会进入视野。目前我们已经见证的经验历程无法得出这样的结果。

10. 很明显,对本章第一节的解读可以延伸至"主人与奴隶"一节,对此稍作阐述或许会使我之前提出的观点变得更加清晰。我的阐述将更为概要,这一方面是因为时间的限制,另一方面则是因为我希望我们已经有足够的理由接受它的合理性,而那些细节在原则上已经水到渠

㉓ 自我意识在"以纯粹的我作为对象"(§173)的经验中展开这一运动。黑格尔声称,在接下来的经验中,"这个抽象的对象将会丰富它自身,并且将要得到一种展开,像我们在生命那里所看见的那样"。它将**成为**它展开后的结果。

㉔ 比较他在序言中说的:"不仅把真实的东西或真理理解和表述为**实体**,而且同样理解和表述为**主体**。"(§17)还可比较§790,他(嘲讽地)说,观察的理性最后灵魂等同于事物,"按照它的概念来说,这个判断实际上是最富于精神的东西"。这里的精神就是某种既是对象又是主体的东西。

成了。

　　黑格尔这样引入死亡斗争（§187）："但是要表明自身为自我意识的纯粹抽象，这在于指出它自身是其客观形式的纯粹否定，或者在于指出它是不束缚于任何特定的存在的，不束缚于一般存在的任何个别性的，并且不束缚于生命的。"这符合我提出的观点：实际起作用的只是单一生物个体。对死亡斗争的描述隐喻性地表达了单一自我意识确证自我独立性的尝试，自我意识不承认对任何"客观形式"（也就是代替作为生命场所的世界之他性的生命）的依赖。在此为止，作为"客观形式"的生命将自身揭示为意识的生命，实际上也就是自我意识的生命。事实上，试图不承认生命的也是相同的自我意识。这种自我意识并不想确证自身的独立性，而是想在"感性世界的整个范围"中生活。但经历这一经验的主体还没有意识到其自身实际上有两个不同的界定。未被同化的他性现在表现为在世界中生活的自身意识的异化，也就是自身的经验性意识。黑格尔用一个生命个体遭遇另一个生命个体的图景生动描绘了这种异化。㉕黑格尔还试图用结束他人的生命这一意象来生动地描绘自我意识如何拒斥对自身生命的依赖。

　　这里有一个文本上的奇怪之处。在引入死亡斗争后，黑格尔紧接着又说（§187）："这种表明过程是一个双重的［比较§182］行动：双方的行动和通过自身的行动。就它是对方的行动而言，每一方都想要消灭对方，致对方于死命。"两个个体试图杀死对方的意象非常神秘。㉖致对方于死命如何是对方的行动？但是如果对方自身真的是主体，是"沉陷在生命的一般存在之中"的（§186），这一观念就肯定能得到理解。一个想通过展现自己对生活的无动于衷来确证其作为自我意识的独立性的人

㉕ 在这幅图景中，一个意识和另一个意识以相同的方式经历某个经验。但我们不需要将这种对称性带入这幅图景所描绘的异化当中。

㉖ 我没有发现有评论者指出这个明显之处。

实际还是一个活着的人（也就是这里的对方），他必须面临死亡的危险。黑格尔接着又说（§187），"但这里面又包含第二种行动［双重行动的一方面］，即通过自身的行动；因为前一种行动即包含着自己冒生命的危险"。这既符合上面的意象（一个人不可能不冒生命危险而致对方于死命），又预见到了希望确证自身独立性的自我意识在这一经验中学到的东西：为了延续它的独立性，延续它想拒斥的生命是必要的，因此，在致对方于死命的过程中，它自己也冒着生命的危险。实际上，对方的生命也就是它自己的生命，但这并不是意识在这一经验中直接学到这一点的原因。

这样来看，死亡斗争隐喻性地表达了这样一种认识上的需要，即虽然自我意识想把生命从自身经验中驱逐出去，但它还是不能独立于和它非本质相关的生命。"在这种经验里自我意识就认识到，生命与纯粹的自我意识对它都有同等的重要性。"（§189）

这一点将我们自然地引向了主人和奴隶。如果我们将黑格尔对主奴的阐述视为死亡斗争的延续，我们就能很好地理解他的意思。奴役另一个在死亡斗争中失利的个体代替了自我意识（统觉性我）对生命的态度——认识到生命主体不可或缺，但又拒绝将自己等同于后者。事实上，作为经验性主体的自我意识自身就是处于"感性世界的整个范围"中的生命主体，虽然它在这一阶段还不知道如何将认识到这一点和确证自身独立性结合起来。自我意识将它的"客观形式"把握为不同的意识，后者和外部对象联系在一起并依赖外部对象。自我意识让不同的意识代表外部对象，试图以此来保留后者的独立性；它试图在某种意义上将这种不同的意识据为己有或视为己出，同时又拒绝将自己等同于这种不同的意识。

这里也许应该提一下康德是如何将统觉性自我意识视作是没有内容的。在他看来，自我认识的内容只能由不同于统觉的（内）直观提供。（参见 B157-9）这样我们就很难将统觉性我等同于在经验性生命过程中获得实质性知识的自我。

康德试图让真正的自我独立于经验性自我，虽然后者在某种意义上也是主体自身的。主人在自身和意识对象之间插入奴隶，并通过后者推定自己获得独立性的意象生动地把捉到了上面这种尝试。（参见§190）因此，这一方案失败的原因是认为"客观形式"只是单纯的依赖性；作为主人的自我意识试图确证自身的独立性，并认定没有任何客观真理能够答复它的自身确定性。（参见§192）

在"自我意识"最后一节的开头，一种新形态的意识开始登场："一个**能思维的**或自由的自我意识。"（§197）这种新形态的意识并非产生于无法确证自身确定性的主人意识，而是奴隶意识的成就。奴隶意识产生于主人意识归给它的依赖性，它在以死亡为前景的活动中"将自己设定为一种忍受中的否定"（§196）。这一发展过程的细节太过复杂，我们很难在此展开。但即便不深入细节，我们也能清楚地看到它并没有给我提出的解读增加额外的困难，只要我们认为主人意识和奴隶意识只有在隐喻的情况下才会体现在两个不同的个体当中。黑格尔真正的主题是单一个体意识的两个方面，虽然这个个体现阶段还不清楚这一点。思维着的意识的出现暂时将这两方面整合起来，在这种整合中，与其生活的世界联系在一起并依赖这个世界的意识在它的形式化活动中实现了某种独立性，这种独立性又进而变成思维的自由。（"概念运动"，§197）我们或许可以这样来表达这一过程：经验性意识**变成了**统觉性意识。

思维着的意识所实现的整合是直接呈现的，且是短暂的。自我意识只有作为活的、沉浸在世界中的个体才具有个体性。在"主人与奴隶"中，思维着的意识是奴隶意识的产物，而非主人意识的产物。但思考自身的转向使它更难把握沉浸在生命中的重要性，因为随着"概念运动"的引入，一种新的诱惑产生了，即把主体和实在关系中那些理想的概念性方面和物质性残余（这些残余被自然地理解为主体参与生活世界时的单纯动物性方面）分离开来。斯多葛主义试图将自己完全放在分裂的理想世界中，它不再沉浸于生活当中，因而也就失去了思维的明确内容。怀疑主义在理想世界与剔除理想之后的生活残余（"动物性生命"，§205）之间摇摆。苦恼的意识认识到自己必须具有这两个方面，但不知道如何将它们统一起来。它能看到自己必须具有这两个方面，这和"主人与奴隶"中所叙述的意识相比是一种进步。黑格尔在引入苦恼的意识时这样表述这种进步："那过去划分为两个个人——主人与奴隶——的两面性，现在就集中在一个人身上了。"（§206）对此我有点难以理解。但是我可以像之前一样说，划分为两个个体是意识所见的事物，而非事物实际之所是。

11. 我主张，"主人与奴隶"先是描述了一个失败的方案，接着又描述了一个暂时的成功——试图将自身确证为自发性统觉的意识和沉浸在生命中的意识在一个单一个体中成功地整合起来。和单纯意识的经验一样，沉浸在生命中被首要地把握为一种理论认知。但是随着这个暂时的成功，意识在它的形式化活动中找到了自身，沉浸在生命中也就主要地变成了一种实践事务。

当然，为了完善这一解读，我们不仅需要远远更多的文本阐释，还需要评估这些本文是如何契合整本《精神现象学》的发展运动的。但我希望我所说的已经足以说明这一提议是值得考量的。㉗

㉗ 关于这一提议，我已经看到了一些先行者。约瑟夫·C. 弗雷（Joseph C. Flay）在《黑格尔对确定性的寻求》（*Hegel's Quest for Certainty*），第86页中说，"主人"和"奴隶"并不是指不同的个体，而是指意识的不同方面。乔治·阿姆斯壮·凯利（George Armstrong Kelly）在《对黑格尔"主妇关系"的评注》（"Notes on Hegel's 'Lordship and Bondage'"）一文中提出了一种个体内部的解读，以此来补充更为典型的个体间解读。罗伯特·M. 华莱士（Robert M. Wallace）在一本未发表的手稿中说，"自我意识……在原则上可以成为它自身的'另一个'"。但他们都没有看到我在主奴辩证法与克服他性的方案之间看到的那种本质联系。

九
解读黑格尔《精神现象学》"理性"一章中的行动

1. 人类个体性并不只是生物性的,它不能被某个特殊人类动物的单一性所穷尽。完全成熟的人类个体是一个自由行动者。自由行动者不只是以明确方式运动的人,即使我们再加上这种运动是由身体控制的也不够,因为普通动物也能这样做。自由就是能够回应理由。它不是自然天赋,不是天生拥有的,也不是在生物的成熟过程中获得(普通动物由此能控制自己的身体运动,从而改变它的环境)。理性行动者是一种规范性状态,对它的了解需要社会语境。

上面这种模糊的表述足以让所有人都同意这是黑格尔式的。(当然并不是所有人都会同意它的正确性。)但皮平对黑格尔的解读却与众不同地扭曲了这样一个立场。根据皮平的解读,"成为一个自由行动者——一个实际的或成功的行动者——取决于他是否被别人承认,而这种承认的自由给予反过来又取决于别人是否被承认为自由的给予者"①。皮平又说,"神甫、骑士、政治家、公民并不是……自然的类。[某些]共同体的法则决定了某人是否被当作某一类[中的一个成员]。黑格尔的彻底性在于指出我们以同样的方式对待某个具体的生命主体,某个自由存在"②。

皮平强调这一观点是多么一反传统:"一个人只有被认为是在实践

---

① 罗伯特·皮平:《承认与和解:黑格尔耶拿〈现象学〉中的实现了的行动者》("Recognition and Reconciliation: Actualized Agency in Hegel's Jena *Phenomenology*"),第 128 页。
② 同上书,第 133 页。

上负责的人,才能算是在实践上负责的主体,这听起来非常违反直觉(很明显这是一个倒果为因的问题),但这就是黑格尔的立场。"③他提到了怀疑主义的一个自然回应:"难道如果没有其他人注意我、认识我、帮助我、表达和我的团结一致,等等,我就不能是自由的吗?"④

我认为这种怀疑主义的追问是很到位的。并且我相信这并不是在驳斥黑格尔。当然黑格尔并不排斥违反直觉,但我们应该在必要的时候才这样说。我认为皮平把自由个体性和承认之间不可否认的黑格尔式联系放错了位置。

2. 皮平给出了一个自由行动者状态的模式,那就是作为自然语言的使用者。⑤ 我认为这是一个极好的模式(而且不只是一个模式,我后面还会回到这一点)。

皮平对黑格尔的大部分解读——关于自由的解读,以及在一定假设下关于语言(比如说英语)使用者的解读——都是对的。这种自由行动者状态的存在是历史性的结果,它具有规范性形态,且是通过共同体的连续实践来维持和整饬(用布兰顿的隐喻来说)的。这种状态无法和参与公共实践分离开来。在这个意义上,这种状态本质上是社会性的。

这种说法并非毫无争议,这也是我为什么说"在一定假设下"的原因。比如戴维森就主张,通过"说英语"来使别人理解自己的能力中并不存在任何本质上是公共性的东西。在他看来,我们能够以这种特殊方式表达自己的原因不过是基于个体之间能够相互理解的可能性,基于这种可能性,个体对某个思想的表达听起来几乎是一样的(基于个体的历史,这一点不足为奇)。我们所谓的"英语语言"并不是本质上以"我们"为属

---

③ 罗伯特·皮平:《黑格尔的实践实在论:作为道德的理性活动》("Hegels praktischer Realismus: rationales Handeln als Sittlichkeit"),第302页。我对该文的引用均是翻译之后的引用。

④ 罗伯特·皮平:《黑格尔的承认理论要回答什么问题?》("What is the Question for which Hegel's Theory of Recognition is the Answer?"),第156页。

⑤ 同上书,第162页。

性的实践,而是"我"与"你"之间的一系列相互关系。⑥

如果英语使用者是黑格尔式自由人类个体概念的模式,那么戴维森对自然语言的看法就一定是错的。但这里我不需要对此展开讨论。因为本文的目的是阐述和探索皮平提出的模式,所以我可以简单地预设戴维森是错的。⑦

这一模式并不只是一个模式,因为理由的概念只有先进入母语才能被我们拥有。这并不是说人类在前语言阶段就已经能对理由(强意义上的理由,也就是严格意义上的理由)做出回应⑧,并在学习说话时获得了表达这种先在能力的手段。

理由空间的地形学包含在概念内容当中。我们不需要先有一个概念,再有第二个,并以此类推。为了有概念存在,首先必须有一些概念。用维特根斯坦的意象来说,"光是逐渐照亮整体的"(《论确定性》,§141)。

当光照出现时,我们不再依赖老师来告诉我们,应该在他引导我们进入实践中做什么。我们成为一个自主运动的实践者,能够在理由空间中找到自己的道路,包括对继承下来的理由空间布局中的概念持批判态度。⑨

现在假设光以某种特殊的方式照亮了某人,让他成为英语使用者。如果旁边还有其他说英语的人,他们就会辨识⑩出此人也会说英语。这并不是一个经验性的断言——就好像说英语的人擅长辨识说英语的同

---

⑥ 比如可参见戴维森:《墓志铭的美妙错乱》("A Nice Derangement of Epitaphs")。
⑦ 对此的讨论可参见我的文章《伽达默尔与戴维森论理解和相对主义》("Gadamer and Davidson on Understanding and Relativism")。
⑧ 普通的动物或许会因为明显的危险而逃逸。危险明显是逃逸的理由,但普遍动物并不是在对**严格意义上的**理由做出回应。后者要求动物能够基于面前的危险思考是否需要逃逸。这就是我所说的强意义上的对理由的回应。
⑨ 我们不应该认为这是在瞬间发生的,光是逐渐照亮的。
⑩ 此节中的承认(recognition)依语境一律译成辨识。——译注

类(就像民间智慧所说,同性恋擅长辨识同类)。成为英语使用者并不是偶然地和辨识同类的能力联系在一起。成为英语使用者本身就包括了这种能力。认为某人或许是一个英语使用者,虽然那些说英语的人并没有辨识出他是一个同类,或者他并没有辨识出那些说英语的人是他的同类,这样的想法是毫无意义的。说英语的状态和辨识之间有着先天的联系。

但是让我们考虑下面这个对应于皮平提出的怀疑主义质疑的问题:"难道如果没有其他人注意我、认识我,等等,我就不能是英语使用者吗?"我们需要一个附加的条款:旁边必须要有其他的英语使用者。假设旁边没有其他的英语使用者,假设旁边的人在光照到我时都死了,这样就没有人能辨识出我是自主的英语使用者。如果有人由此得出结论说我没有处在说英语的状态,这将是非常不合情理的。假设几年之后当地共同体中的英语使用者就剩下我一人,这时出现了一些来自对立星球的英语使用者,他们辨识出我是在用英语表达思想。认为我必须等到被他们辨识之后才获得英语能力的想法是非常不合情理的。(比如我可以在一个人的时候就把自己的思想录下来。)

这一场景有点牵强,但它针对的正是英语使用者何以被认为是英语使用者的问题。(比较皮平代表黑格尔提出的论断:"一个人只有被认为是在实践上负责的人,才能算是在实践上负责的主体。")对于上面这个怀疑主义的质疑,我们可以给出肯定的回答。我们可以承认说英语状态与可能认识这一状态之间的建构性联系,这种承认不需要参照下面这一认识,即只有处这种状态下的人才能被认为是具有这种状态的。

作为自由个体的状态类似于作为英语使用者的状态。正如我所说的,英语使用者不只是一个模式。在对严格意义上的理由做出回应的意义上,成为一个英语使用者就是以一种特殊的方式成为一个自由个体。

3. 我们只有在对那些我们认为是理由的考量做出回应时才展现出理性。但只有那些被主体认为是(至少从大体上来看是)真正理由的考量才能算是理由空间布局中的概念。("真正"在这里的意义马上会成为一个问题。)如果我们试图设想太多搞错理由的情况,这种尝试就会消解自身,因为它让我们无法假设主体和理由的接触能充分到让他搞错理由的程度。

但我们仍然会搞错理由。自由或多或少能够实现,其实现程度取决于我们的行动理由在多大程度上是真正的理由。⑪ 如果这些理由不是真正的理由,那么解释的任务就从这些理由转到了被主体当作理由的东西那里——比如社会从属或所持教条。如果一个行动的最终解释是这一层面上的,那么这个行动就不是完全自由的,它并没有完全表达主体的自我。因此,"理性行动者"的自由概念需要我们理解理由的力量是某种我们有可能搞对或搞错的东西。

根据皮平对黑格尔的解读,这一认识上要求所强加的哲学必然性支撑了它所扮演的实际角色。为了理解这一点,我们需要理解康德为什么认为伦理学概念是强制性的,我们还需要考虑康德观点(如何理解伦理理性的约束性)的黑格尔式变形。

我们可以这样来表述宽泛的休谟式观点,那就是关于理性观念的怀疑主义。但这一观点的材料——自然的倾向和爱好——也可以被用于对理性的正确阐述。这一路径有时也被归于亚里士多德。⑫ 黑格尔会像康德一样拒斥任何对理性自然主义重构。他们都会同意我们无法从单纯给予的倾向中建构起对理由的真正概念。

黑格尔还会像康德一样拒斥未经批判的理性主义的直觉主义,这一立场将理由空间把握为一片特殊的实在区域,这片区域独立于任何属人的东西,我们可以通过多少有点神秘的官能(自然或超自然拥有的)洞见

---

⑪ 这是皮平的观点。参见皮平:《黑格尔的承认理论要回答什么问题?》,第 156 页注 10。
⑫ 我怀疑这是否是对亚里士多德的正确解读,但这里我们不需要讨论这一点。我之所以提及对亚里士多德的这种解读,只是想为皮平有时候的表述方式留下空间。

到这片区域的布局。

在康德看来，唯一的出路只能是后来所谓的"康德式建构主义"。如果康德认为理由的规范性力量既是对立于自然主义的理性的运用，但又是对立于直觉主义的非独立实在（因为它涉及承认），那么在他看来，剩下的唯一可能性就是，我们通过在纯粹实践理性的运用中为自身立法来自己决定理由的规范性力量。

黑格尔认为这是无法实现的。康德式理性立法的纯粹性在于引导它的只是形式化考量。因此，黑格尔认为康德无法提供实质性内容。他得出结论：理由的规范性力量并不是作为纯粹实践理性的所有者，而是作为具体的历史性生命形式的参与者对我们发起冲击的。

但皮平的黑格尔保留了下面这个康德式观念：通过自我立法建立理由的规范性力量是自然主义和直觉主义之外的唯一出路。皮平的黑格尔和皮平的康德一样非常严肃地谈论这种**建立**方式。皮平拒斥下面的看法：自我立法的意象只是为了生动地表达如下的思想，即主体只有认识到自身的合法性才能真正服从某些规范性权威。皮平坚持这样来解读自我立法的意象：自我立法不仅是认识到规范的合法性（将合法的原因归于他处），更是**创造**它们的合法性。

因此，根据皮平的解读，从康德到黑格尔就是从一种建构主义过渡到另一种建构主义。皮平的黑格尔用历史性共同体相互承认的实践建构性地决定规范代替了纯粹实践理性为规范立法，而且这不仅应用于伦理规范，还应用于一般规范。皮平的黑格尔信奉"彻底的反实在论或关于规范的建构主义"[13]。皮平认为这是黑格尔的唯一选择："被认为是在社会中有效流通的规范，这是'算作规范'的唯一条件。"[14]

上面这种黑格尔步骤在一般规范中的应用包含了我质疑过的那个

---

[13] 皮平：《黑格尔的承认理论要回答什么问题？》，第163页。
[14] 同上。

理论,即自由行动者的规范性状态是由承认授予的。因此,皮平的黑格尔认为这一理论是强加给他的:"如果我们既不像亚里士多德那样通过诉诸自然能力的实现来建立真正理性的(即实现我们的自然潜能)实践行为,又不诉诸真正理性式自我决定的形式化标准,那么就只剩下一个标准:主体是行动者,当且仅当他被承认为是一个行动者,或者说作为一个行动者得到回应;并且,如果实际**运作**于共同体实践中的正当规范**真的是**正当的,而提出和接受(承认)的人也都认为它是正当的,那么作为行动者的主体就能够被承认为是一个行动者。"⑮

4. 但这种基于消除选项的论证是无法令人信服的。它预设我们应该以观念在(比如说)天文学中的运作为模式来研究(这里的研究要求将发现和建构对立起来)所有观念的使用。这样,关于规范的实在论似乎只能是前批判的理性主义。但是我们应该质疑这一模式,而不是让它来塑造我们处理规范的图景。

为了令人满意地理解对理由的回应,参与公共性生命形式的观念是必要的。但确切的原因是什么?并不是因为公共性生命形式的观念允许我们将理性视为由共同体授予的状态,比如选举权。我们应该大胆地坚持,正确地展开公共实践会造成**形而上学上的**区别。在这个意义上,成为自由行动者和达到选举年龄极为不同。对理由的回应不能和公共实践的观念割裂开来,前者标志着一个人类个体的完全成熟,他不再只是一个生物性个体,而是在形而上学层面上变成了新的一类人——就像卢梭的公民(这一概念当然是黑格尔思想的先行者)。

属于形而上学层面上的新一类人就是能够在理由空间中找到自己的道路。这一意象表达的是关于理由的实在论,而不是前批判的理性主义(皮平正确地指出,后者在黑格尔看来是没有希望成功的)。前批判的

---

⑮ 罗伯特·皮平:《黑格尔的承认理论要回答什么问题?》,第163页。关于亚里士多德,可参见注⑪。

理性主义之所以无法让人接受,是因为它将未经中介的独立性赋予理由空间,这种独立性和公共实践对立,后者——沿用上面这个实在论意象——让我们看清理由空间的布局。(这幅关于主体和内容之关系的图景在天文学那里已经是错误的,虽然在这类语境中我们似乎更容易接受这一图景。我将在本文的最后回到这一点。)皮平的黑格尔同样片段地将独立性赋予实践,并拒绝认为对立于实践的理由具有任何实在论意象所要求的独立性。正确的回应应该以黑格尔式的平衡为特征,既独立于又依赖于理由空间和公共实践这两方面。这就产生了一种不同的实在论。

如果实在论意味着将未经中介的独立性赋予探究内容,使它对立于构成探究的实践,那么这种实在论一定没有正确把握规范。正是在这个意义上,我们要拒斥前批判的理性主义。但这种实在论对自然科学内容的把握同样也是错误的。如果我们认为"实在论"的标签适合任何内容,只要这些内容具有某些相对于探究实践的独立性,那么实在论就可以像把握自然科学内容一样把握规范。皮平认为规范需要特殊处理:或者是反实在论,或者是建构主义,他的这种观点并不是黑格尔式的。

我的结论是:皮平认为自己的论证将黑格尔的立场限制为一种关于一般规范和特殊自由个体的公共建构主义,但他的论证是不具说服力的。我主张,我们不应该在不必要的时候将这个反直觉的理论归于黑格尔。同样,我们不应该认为黑格尔确信这个不好的论证,除非这样做是不可避免的。另外,上面这些关于独立性和依赖性的考量表明,皮平归于黑格尔的立场不但无法令人信服,还不符合黑格尔思想形态的特征。

5. 根据皮平的解读,《精神现象学》的"理性"一章包含了行动者的概念,而我则质疑是否可以将此概念归于黑格尔。如果皮平的解读是对的,那么它就战胜了我之前所做的大部分思考,即与此解读对立的宽容原则。⑯ 宽容原则说,我们不应该在不必要的时候将不好的哲学思想归

---

⑯ 宽容原则并不是我全部的思考,关于独立性和依赖性的思考就不在此范围之内。

于某人。但如果是出自文本的要求,那么这样做则是不可避免的,而皮平就是认为"理性"这章要求我们将行动者的概念归于黑格尔。(当然皮平并不认为这一哲学思想是不好的。)但皮平对"理性"这章的解读是有问题的。

皮平写道:"黑格尔在耶拿《现象学》第5章的最后两节中指出,与'实际'行动方式以及实际或外部社会世界之间存在张力的主体可以以不同方式轻易地经验到行动对我的内在意义,比如我的意图是什么,又是基于何种理由认为行动是正当的。这种张力包含了其他人可能对行动展开的建构或辩驳。"⑰皮平认为这一思想在论"实事本身"一节中达到了最高点,他这样总结这一节的精神:"现在,行动的要义、目的和内涵完全不关乎我们直觉地赋予行动者的特殊权威。根据这一观点,我并没有运用任何对行动的专属所有权,也没有单方面地决定'做了什么';后者是由具体的社会共同体商议决定的,参与商议的人必须决定何种行动会出现在我们的实践中,我们的法则又该如何应用于这些行动。"⑱

让我从一个一般的反驳开始:我怀疑这一总结能否和黑格尔在《精神现象学》中的解释保持一致,即是什么驱使我们的意识从一个形态过渡到另一个形态。这种过渡是由无法满足标准的"经验"造成的。黑格尔在导论中解释,标准在任何阶段都是内在于意识的。"意识在它自身就是**为一个另外的**意识的意识,或者说,它一般说来在其自身就具有作为知识环节的规定性;同时,这另外的一个,对意识而言不仅是**为它的**,而且也存在于这个关联之外,也是**自在的**,即是说,也是真理环节。"⑲造成过渡的是意识**内**的不协调,也就是在获得对象概念阶段,**向**意识对象

---

⑰ 皮平:《黑格尔的实践实在论》,第305页。
⑱ 皮平:《承认与和解》,第137页;《黑格尔的实践实在论》,第311页。
⑲ §84. 我沿用了米勒(Miller)译本的段落序号,因为我们可以(用少量的工作)根据该序号在其他任何文本中找到某个段落。但我没有沿用米勒的译文。

和**为**意识对象之间因为已有材料而产生的不协调。(通过我在勾勒 V. B. [20]时提出的几个例子,这一点也许会变得更加清晰。)《精神现象学》中的"经验"是意识所经历的一种形态,意识开始认识到自我概念**内**的张力,而不是自我概念和外部实在**间**的张力。毫无疑问,将"经验"(Erfahrung)用于下面这种情况会更加自然,即认识事物是如何在实践中展开的。但这并不是导论告诉我们的经验概念的运作方式。

6. 在 V. B. 中,概念的目标是"理性的自我意识通过其自身的活动而实现"[21]。这一目标从 V. A. 就开始显露,V. A. 的目标是以观察为根据将理性的自我意识和现实性等同起来。在原则上,外在方面是内在方面之表达的思想应该能让意识将其自身理解为自我的体现,而意识正是作为自我的体现才成为意识。如果我们将意识限制为"观察",它最多能将这一思想推进到面相学和颅相学。这一失败告诉意识,要用作为行动者的自我概念,而不是通过"观察"建立的自我概念来理解意识和现实性的同一,由此也就产生了 V. B. 中的新目标。

现实性应该仍然是被体现的自我。因此,我们可以进一步界定 V. B. 的目标:将某些身体性事件理解为自我行动。

这通过三种不同的方式发生。V. B. 讨论的是意识为此做出的尝试(**为**它的**自我行动**),结果得到的是"经验",而非自我行为概念。**向**意识的对象本身也在行动,但是当意识转向**为**它的对象时,它发现后者达不到这一要求。

首先,意识试图从欲望的满足中建立**为**它的自我行动。[22] 意识在它的"经验"(实现这一目标的尝试)中认识到它并没有像从 V. A. 到 V. B. 的过渡所要求的那样,"走出了死的理论而投身于生命里去"(§363)。

---

[20] 米勒译本的章节序号,对应于中译本"意识"中的"理性的自我意识通过其自身的活动而实现",下同。——译注
[21] 这也是此节的标题。
[22] 柏拉图和亚里士多德那里也有这种 Epithumia,即一种以快乐为目标的驱动力。

为它的自我行动只是"空虚的和外来的必然性"(同上)。将欲望满足后得到的快乐作为驱动力的观念并没有体现行动者行动的意义。我们也可以这样说,早就意识到自身的理性意识在它的经验中认识到,试图建立作为行动者的自我概念的第一种尝试将它带回到了单纯的动物性存在模式。Ⅳ.B. 中对怀疑主义的讨论(§205)也稍微提到了这一点。

意识从这一失败中认识到,为了不让"自身丧失于必然性中"(§366),它的目标还必须包括它自身的必然性。这种必然性就是"心的规律"——对相关现实领域应该发生什么(实际还是自身的身体性事件)的自发性要求。意识希望被心的规律所规定的东西能具有意向性行动的意义,但这一希望破灭了,因为心的规律所涉及的现实性又服从于一种外在的必然性。(§369)意识希望符合它自身的必然性,结果却受到了外在必然性的支配。(§372)意识没能实现让心的规律发挥有效作用的概念,这一失败扰乱了它,让它将失败的原因归于自己受到了**个体的自我实现概念**的影响。(§377)

这就将意识引向了第三阶段。"德行"是心的规律祛个体化之后的派生物。"世界进程"则是外在必然性的派生物,这种外在必然性阻挠心的规律,不让它发挥有效作用,从而使意识责备自己以个体的自我实现为目标。现在的希望是,德行能够在这两者间的斗争中获得胜利,这样之前处于外在必然性领域中的事件就能具有意向性行动的意义。也就是说,在某种意义上,这些事件能够被理解为是意向性的,因为它们符合心的规律的派生物——虽然因为规律的祛个体化,它们无法符合某个特殊个体的意向。(Ⅳ.B. 的最后回应了对个体性的拒斥。)但这一希望也破灭了,因为这场想象中的斗争只是一场虚假的斗争。(§386)赢得这场战争其实是一种失败。为了让德行发挥有效作用,体现德行的人类个体必须做出明确的行为。所以,尽管意识想战胜个体性,个体性却占了上风。

由此,意识认识到自己错误地认为是个体性阻碍它获得具有意向性行动意义的事件概念。这一认识的结果是,意识得出了作为自身身体能力之自由运用的个体的自我实现概念。(§393)意识在 V. C. 的一开始就呈现出这样的形态(不过意识像通常那样忘了自己是如何走到这一位置的)。

在转向 V. C. 之前,我要先强调皮平和我在解读 V. B. 上的一个分歧。根据我已经勾勒的解读,V. B. 中的意识试图得出自身就是行动的客观实在中的事件概念。而皮平的解读则是基于主体对自身行动的概念与实际事件之间的张力。但这就意味着意识已经获得了关于自身行动的观念(在我的解读中,意识还在试图获得这一观念),也就是自己把事情做好的观念。黑格尔展示了意识是如何逐步获得这一观点的,我认为皮平忽视了这中间所包含的耐人寻味的哲学思想。

7. 下面我将只考虑 V. C. 中的第一个环节,我将对此做甚至比上面还要简要的勾勒。

意识在 V. C. 的一开始就将自身的自我实现概念确定地把握为自身身体能力的自由运作。它认识到了自身能力的规定性。但这并没有限制它的自由,而只是在它作为行动者存在的众多可能性中做了一个特殊的界定。("行动活动于其中的那种原素的单纯色彩",§399)

首先,意识将行动理解为包含了环境、目的、手段和结果的自足的统一体。(§401)但结果很难在这个统一体中保留它的位置。它会很轻易地被行动意识抛出统一体,去面对现实性的领域。作为回应,意识试图保留一个自足统一体的版本,它希望这个版本仍然是一个自身行动的概念,它不允许统一体面对的现实性领域中的事件和这一概念的内容发生关系。这就是所谓的诚实的意识。(§412)

现在,意识在它的"经验"中认识到,它无法确证自己所做的事情和他人无关而只和自身有关。做事情的观念如果要得到应用,就需要某些客观发生的东西,这些东西必须是为他人的,也就是可为公众获得的。这一点和维特根斯坦的"提醒"一样显而易见。行动者要在公共实践中参与商议,在这一点上并不存在争议。

毫无疑问,公共实践在这一节中开始变得重要起来。我们或许可以说,意识开始感觉到公共实践的缺席。在这一形态下,意识失去了它一开始拥有的舒适概念,即通过自由运用确定的身体能力(它的原始本性)来展开自身行动。在这一节的一开始,原始本性的规定性只是固定了意识运用自身自由的空间。但这一作品或这一实现"吸取了个体性的整个本性"(§405)。因此,我们可以这样来描述从作品到外在现实性的推演过程:"作品于是就成为一种**持续的存在**,在这种持续存在中,事实上,原始本性的**规定性**就转而与其他的规定性相对抗,与它们互相侵犯,而终于作为消逝的环节在这个普遍的运动中自己归于消失。"(同上)在这幅图景中,自我实现的各种尝试间发生无意义的冲突。意识无法忍受这样一幅图景:它和他人一起在这个世界中行动。这使人联想到这一节是如何帮助得出 V 部分的最终结论的:只有在"一个民族的伦理生活"的语境中(§441),意识才能令人满意地实现目标,也就是自己把事情做好的概念。㉓

因此,意识在这一节认识到,行动者和卢梭的公民一样只有在公共生活的语境中才能得到理解。正如我之前论证的那样(§4),这并不意味着某人需要他人的承认才能处于一般的行动者状态,或在此状态下做出这个或那个特殊行动。

我们无法在不参与公共实践的前提下单方面地将行动的意义赋予自身行为。行动的意义在于它们是对概念能力的实践运用,而概念能力只有在共享实践的语境中才能被理解。但这并不是说,行动只有被其他实践参与者认为是行动才能成为行动。

这一点不只适用于作为概念能力之实践运用的行动。如果我们对事物——不管是我们做出的行动还是面临的事件状态——做出推定性

㉓ 需要有更多的细节来证实这一联想,我无法在此展开这些细节。

的概念把握,但无法让已达成另外共识的其他人信服,这应该会让我们对推定性的概念把握产生怀疑,因为概念能力只有在公共实践的语境中才能被理解。其他人或许会接受这种把握,新用法的优点要过一段时间才会得到承认。不过,我们的概念把握也许只是一种幻觉。如果事物正如我们通过运用属于公共实践的概念所把握的那样,那么公共实践至少应该为事物之所是提供了潜在的共识。但这并不是说事物之所是是由潜在的共识构成的。事实上,我们不清楚为什么除了事物之所是本身之外,还需要别的东西来构成事物之所是。

8. 根据皮平的解读,黑格尔在"理性"一章中对行动的处理对立于"现代对行动者的常规理解",后者"犯了一个……歪曲性的错误,那就是将内在意向和它的外在体现粗陋地分裂开来,并由此将行动解释为对作为先在理由的孤立意向的指涉"。[24]

皮平的黑格尔纠正了这种对行动内在方面(意向)之独立性的过度强调,他提出了一个起平衡作用的断言,即内在方面也依赖于由社会构成的外在方面。皮平认为这会引向反直觉,虽然他声称这和黑格尔在《法哲学原理》中对"主体权力"的肯定并不冲突。[25] 他写道:"在依赖他人的反应展开实际行动之后说我们只知道自己想要做什么,这样说当然有一点矛盾,但毋庸置疑黑格尔持有这样一种立场。比如他说:'伦理的自我意识现在**在它自己的所作所为中**经验到现实的行为的充分性质了。'"(引自《精神现象学》,§469)[26] 如果你写了一首糟糕的诗,皮平的黑格尔会说,你写的诗"完美地表达了你的意向变成了什么东西"[27]。

皮平以他的方式组织材料,并由此指出:意识的教化需要克服不情

---

[24] 皮平:《黑格尔的实践实在论》,第 305 页。
[25] 皮平对此所做的最为详尽的论证是在一部未发表的著作中。但也可参见《黑格尔的实践实在论》,第 306—7 页中插入的那段话(皮平遗漏了后半个括号)。
[26] 皮平:《承认与和解》,第 136 页;《黑格尔的实践实在论》,第 308 页。
[27] 皮平:《黑格尔的实践实在论》,第 312 页。

愿放弃内在方面之独立性的态度,后者反映了"现代的常规理解"。但是意识从 V. A. 开始就试图通过探索外在方面表达了内在方面这一思想将它自己把握为其自身的外在现实性。问题不在于克服意识对内在和外在相互依赖这一观念的拒斥,而在于让意识看清,尽管存在理解上的困难,自己是如何想要并得到这一观念的。并且,我们没有理由认为这些困难乃是基于夸大内在方面之独立性的先在倾向。

皮平还认为黑格尔接受了"一种即使对行动者来说也是不同寻常的回溯性意向规定"[28],我认为这是一种误读。

黑格尔鄙视坏的运作为了逃避可答复性的要求而撤退到一切都对的私人领域的想法。如果某人写了一首不是很好的诗歌,那么他就不允许说自己的脑中有一首很好的诗歌,只不过他没能将它写出来呈现给公众。内在诗歌是神秘的,唯一有意义的诗歌是已经写出来的。但我们可以坚持认为,我们能在不需要滥用意向概念的前提上说,此人的意向已经变成了想写那首诗的意向。的确,他已经在意向中写了那首诗——他已经在意向中将那些词以那个次序串在了一起。但他发觉这只是他**给**意向的一种特殊界定,他并不知道原本的意向是什么。

我并不相信黑格尔持有皮平认为他毫无疑问坚持的那个矛盾立场。黑格尔在皮平引用过的那段话中继续说:"现实……不把自己按照其自在自为的本来面目呈现于意识之前,——不让儿子意识到他所杀的那个冒犯者即是他父亲,或者不让他知道他娶为妻子的那位皇后即是他母亲。"(§469)俄狄浦斯的典故清楚地表明,黑格尔在皮平所引的那段话中谈论的是——借用黑格尔在《法哲学原理》中讨论很多的一个区分来说——如何认识到行动(Tat)的本性和行为(Handlung)的本性是对立的。在对一个人做了什么(行动意义上的)做出界定之后,"主体权力"可以否认他是出于某个意向这样做的。在这个意义上,我们可以从事情的

---

[28] 皮平:《承认与和解》,第 137 页;《黑格尔的实践实在论》,第 311 页。

结果认识到我们做了什么,这是常规性的,其中并不存在矛盾。我们认识的并不是自己原本的意向。㉙

9. 皮平归于黑格尔的社会建构主义似乎暗示了相对主义。根据皮平的解读,《精神现象学》的发展性特征就是要回应这一威胁(至少这是其中一部分原因)。《精神现象学》的进程应该能够确保我们关于什么是什么之理由的观点并不是其他众多观点中的一个,而是一个总体上正确的观点——这里的"正确"只具有建构主义语境赋予它的那种意义。我们的立场展现了发展进程的结果,每一个后继阶段都纠正了"前面为了获得自我强加的规范性权威所做出尝试中的偏见部分"㉚。皮平将此理解为(比如说)先验证明的后继阶段。

我想在本文的最后驳斥对《精神现象学》之发展性特征的这种理解。首先,《精神现象学》的绝大部分进程和获得自我强加的规范性权威的偏见性尝试无关。这意味着这些前后相继的阶段是实现生命的方式。但是只有当意识进展到了精神形态,这些方式才被质疑。(参见§441)其次,即使在精神阶段,我相信理由的概念内容(比如对亲属负有什么义务)的转换对黑格尔来说也只是附属性的。

黑格尔想让在《精神现象学》中接受过教化的意识具备这样一个令人满意的观念:它是理由空间的自主居民。意识在Ⅴ部分的最后认识到,这种自由必须在"一个民族的伦理生活"的语境中得到理解。(同上)然而,一个未经反思地沉浸于公共生命形式中的人并不是自主的。并且,单纯地反对自幼成长的社会中的规范并不会让一个人变得自主。

㉙ 皮平在那部未发表的著作中还引用了《精神现象学》中的另一段话来证明黑格尔所接受的"矛盾"立场:"个体在通过行动把自身变成现实以前,不可能知道它是什么。"(§401)但黑格尔这里谈论的是"原始本性"。他并不是说存在"一种不同寻常的回溯性意向规定",而是说我们只有在运用身体能力的过程中才能认识这些能力。这样说并不矛盾,也不是反直觉的。

㉚ 皮平《黑格尔的实践哲学:自由的实现》("Hegel's Practical Philosophy: The Realization of Freedom"),第128页。

(一般认为,任何想创造机会变得自主的人都必须通过这样做来瓦解社会框架。)我们需要认识到,我们只有在人伦(Sittlichkeit)的形成中才和理由接触,并且还要将这种认识和针对自身所拥有的理由概念的批判性态度结合起来。㉛

黑格尔描绘了当希腊的人伦无法维持时所发生的事情,但他并不是在描绘某个特殊的推定性规范集合体失去了它的掌控力。他考虑的是从一种生命模式(毫不质疑地将单纯**存在在那里**的规范形态——比如作为一个男人或一个女人——作为行动的语境接受下来)转换到另一种存在方式(为了让行动符合塑造自己生命的某个规范,我们需要承诺自己究竟是不是自己所是的那个特殊个体)。在这种转换之初,我们失去了自己在人伦中的位置,因为人伦的位置最初只是随个体性的发生而消逝的未经反思的沉浸。精神需要在接下来的历史性变迁中通过努力再次获得人伦,但又不能放弃最初作为人伦的丧失而登场的个体性。由此我们得到了一个特定概念,这一概念是形式化的,而不包含任何特殊的内容,它表达了我们和一般规范的关系。毫无疑问,推定性权威规范的内容随着精神所经历的转换而改变,但正如我所说的,我不认为这是黑格尔的考量。

因此,"精神"一章在下面这种意识中达到了顶峰,这种意识再次回到人伦当中,但现在它对人伦的态度是批判性和反思性的。我想对这种批判性和反思性的态度做一些评论。

首先,黑格尔在导论中拒斥了这样一个观念:《精神现象学》的进程可以由认为没有什么是理所当然的愿望控制。任何对意识的某个形态作直接批判性反思的尝试都要基于一些目前没受到质疑的前提。这样的进程并没有表达《精神现象学》想要实现的彻底的怀疑主义。不过这

㉛ 这为我们思考如何组织"一个民族的伦理生活"的问题提供了一个基础。它必须具备能够形成自由主体的特征。我们应该用这一框架去处理黑格尔对现代"理性"体制的思考。

并不和我所说的"精神"一章的顶峰相矛盾：当精神实现完全的自我意识，它的意识内容就会包含采取批判性立场的责任。批判性立场不足以引导意识的进程，但这并不排斥它成为这一进程的一部分结果。

其次，批判性态度并不像它看起来那样常规。黑格尔在序言中提出了克服被严格决定的思想或将它们带入流动状态的方案（§33），这也指明了批判性态度的要义。他用真理作为酒神巴库斯的飨宴这个意向生动地表达了这一思想。（§47）黑格尔清醒地认识到，没有一种推定性概念把握是神圣不可侵犯的，也没有一种推定性概念把握能够一劳永逸地在智慧的存档中处于不变的位置。如果我们没有更好的理由去拒绝概念的更新，只是认为这样做蔑视了既有的思维方式，那么我们就违反了反思的责任。

当我们的意识像"精神"一章的顶峰所揭示的那样实现了个体性和人伦的结合，我们就能够且有责任自主地思考（当然，理想的情况是要在和他人的讨论中）推定的理由是否是真的理由。

一旦我们对生命的行为进行思考，几乎没有什么能让我们建立起搞对事情的自信，除了那些强制性考量带给我们的说服力。我们可以离开上面这些讨论，转而关注下面这个单纯的事实，即我们能够被理由所驱动。黑格尔帮助我们理解了自我概念的这一方面，但我们仍然需要自己把事情想明白。

如果我们觉得这种责任让人心惊，皮平的图景会给我们某种慰藉。我们可以告诉自己，我们是在为自己建构规范，我们的行为结果最终取决于自己，而发展性进程又确保我们在建构的过程中处于比前人更好的位置。

我认为正是提供慰藉这一事实让这幅图景变得可疑。这说明它在回避当我们将自身理解为现代主体时遇到的真正困难。皮平自己认为这幅图景是黑格尔哲学的核心，但我认为皮平的黑格尔对这幅图景的处理是错的。

正如我所说的，皮平将《精神现象学》发展性特征的目标解读为将强制性建构主义从相对主义的暗示中解放出来。但正如我之前所解释的（第4节），建构主义之所以看起来是强制性的，只是由于下面这幅关于规范的糟糕的实在论图景：向不是由我们塑造的实在敞开就是让后者直接给我们打上印记。这一思路促使我们接受一幅"观察性知识"的图景，这幅图景似乎能将我们从搞对事情的重责中解放出来。但这个动机是模糊的，并且，这幅图景即使就其自身而言也是糟糕的。拒斥这幅图景为下面这一观念留下了空间：谈论规范就像谈论天堂的布局一样不适合实在论态度。

因此，皮平认为，《精神现象学》的发展性特征所回应的焦虑——对相对主义的恐惧——只有在坏哲学的影响下才会被感觉到。如果我们像黑格尔那样看穿坏哲学，就不会受这种焦虑的影响。

但皮平对黑格尔的解读并没有恰当地处理另一种焦虑，作为现代个体的我们应该（在某种程度上）感觉到，或者至少意识到我们有可能感觉到这种焦虑，那就是对负责的焦虑。在对如何思维和行动的反思中，我们不能信任任何既有权威。我们完全依靠自己。完全意识到这一事实及其意义是《精神现象学》进程的结果。

理性给了我们反思如何思维和行动的资源。一个出发点会比另一个出发点更不易受理性说服力的影响，这种理性说服力源自应该被抛弃的传统对我们的持续掌控。但即便我们确信自己的出发点已经尽可能地好了，这也不能成为我们相信推理结果的外在根据。**任何外在于推理的东西都不能成为我们相信推理结果的根据。**

黑格尔的目标是要让我们（意识的所有者，通过他的工作意识又被教化成完全的自我意识）清醒地认识到事物对我们来说就是这样的。认定这种无根据性会轻易造成恐慌。如果我们允许自己去感觉这种恐慌，我们就会陷入到缓和这种恐慌的哲学尝试中去。黑格尔想要揭示的是对这种无根据性清醒认识，以及所有获得根据的尝试都是误导性的。黑格尔想要将我们从下面这种需求中解放出来,即让哲学充满令人心惊的空虚感;这种需求或表达为经验论的基础主义,或表达为视实在结构为独立建构的理性主义洞见,或表达为概念图示的先验根据,或表达为——根据皮平的解读——作为先验根据之后继者和对应物的发展性进程。事实上,不存在任何根据,也不需要假设存在任何根据。

十

论皮平的附言

1. 我在《回应》中用了三页纸回应皮平的《抛下自然，或有保留地赞同"主观主义"》。皮平在《主体性的持存》一书中重印了这篇文章①，并加上了十五页的附言，他在附言中将他对我的回应和这部著作中某些更为宽泛的主题联系在一起。本文是我对皮平的再回应，我认为我应该担心在连续回应中逐渐递减的收效。但某些问题仍有澄清的空间。

2. 我在《心灵与世界》中提出了作为感觉意识中概念能力之实现的知觉经验概念，我的根据是，这一概念在神秘的所予和融贯论（它们没有在经验信念的凭据中为世界找到一个令人满意的位置）之间开出了另一条道路。

这个康德式的（至少大致来说）经验概念作为一种可能性并没有得到广泛承认。我用下面这条思路来解释这个概念。很明显，作为感觉意识能力的感性在某种意义上是一种自然的天赋。但概念能力的谈论属于塞拉斯所谓的"理由的逻辑空间"（《经验主义与心灵哲学》，§36）。塞拉斯区分了将事物放在理由空间中和将事物放在自然中（这里的自然是自然科学所揭示的领域，我们可以轻易发现这样一个自然概念是无法抗拒的）。② 如果理由空间外在于自然空间，概念能力为感性提供形式的观念就出现了矛盾。

我用第二自然这个熟悉但容易被遗忘的概念消解了这个表面上的

---

① 我的引文对应于重印版本。
② 在给这种理智追求贴上了"自然科学"这个熟悉的标签之后，这个自然概念就无可争议了。

困难。自然的东西不一定是可用自然科学解释的东西。第二自然也是自然。用概念能力塑造我们的感觉意识属于我们的第二自然。这样我们仍然可以坚持概念能力的实现不属于自然科学运作于其中的理由空间。

3. 皮平在《抛下自然》一文中提出，我根本就不应该拖着自然吃力地前行。我对他的反驳是：他认为自然直接参与了我展示世界如何为经验性思维提供根据的尝试。③ 我在抗议中指出，我提醒大家注意第二自然的唯一意图是想把我的经验概念从表面上的矛盾中解放出来。开展先验工作的经验概念，而不是诉诸自然的做法。

皮平在他的附言中认识到了这一点。但他认为诉诸第二自然并不能帮助解决下面这个更宽泛的康德式担忧："担忧自然主义以及它对理由空间之可能性所造成的一般威胁。"（第209页）

对此我想指出两点。

首先，我想通过提出第二自然来解决的那个问题并不能将上面这个更宽泛的担忧简单地分裂开来。我们可以把塞拉斯的理由空间和康德的自由界放在同一个阵营。康德和塞拉斯认为，较之于可以被自然科学把握的现象，包含了对理由的回应的现象是自成一类的。皮平提出的更为宽泛的担忧是这样的：如果理性在这个意义上是自成一类的，那么它如何发挥作用？我们很容易认为自然力对拥有对世界的普遍支配权，在这样的情况下，对理由的自由回应如何影响世界中发生的事情？而下面这个疑问只是上述担忧的一个特殊形式：如何在应该是自然现象的感性运作中实现自发的知性能力？如果第二自然能够帮助我们解决这个特殊担忧（皮平实际上也承认这一点），它就也能帮助我们解决上面的一般担忧。

其次，皮平似乎认为处理一般担忧需要论证自然科学**无法**包含对理

---

③ 并且，在另一个不同的语境中，自然还参与处理了回应行动理由这一观念中存在的困难。

由的回应。他正确地指出，我诉诸第二自然的做法并未给出这一论证。但他错误地认为这一论证是必需的。

根据皮平的解读，我诉诸第二自然的做法最多给下面这种谈论方式提供了一个又一个框架，通过这种谈论，人类认为可以把对理由的回应拉到自然科学可触及的范围之内。④ 但这种解读忽视了这一做法中的辩证性要点。⑤

从康德式的观点来看，我们的思维和行动并不是自然力的结果。而皮平对此的担忧则来自于自然科学式的、想要包罗一切的自然主义。现在，谁要承担责任来缓解这两个观点间的冲突？如果皮平担忧的自然主义确实具有这种默认属性，那么责任就落在了另一边。后者需要正面地论证，我们能够自由地将自己的思维和行动从自然主义式的理解中豁免出来。但是我们为什么要假设并接受这是自然主义的默认属性，除非我们能正面展示这种属性是站不住脚的？

我们可以看到，这种看法一定是错的，因为现代世界观不愿意接受任何非自然或超自然的东西。⑥ 但是如果第二自然也是自然，我们生命的某些部分就可以处于科学理解的范围之外，虽然它们作为生命的部分仍属于自然。因此，不应该在不必要的时候接受非自然的东西这一原则并不能成为让实质性自由的辩护者承担责任的根据。我们不需要去试图指明将思维和行动带入自然科学范围内的方案是**无法**执行的。这里的要点是，这些方案不赞同某种自然科学，它们只是相信这些学科的一般能力，不过因为对科学的敬意支配着现代，这种能力被错误地表征了。

皮平在《抛下自然》中思考了这些方案，他说："正确的回应无疑……

---

④ 比如，第 210 页："神经网络、强化培训，以及自我监控、自我修正的软件这类行话。"
⑤ 我试图在《回应》第 303 页注 5 揭示这一点。我在那里拒斥了皮平提出的图景（《抛下自然》，第 197 页）：单调自然主义者"互相点头认同"我所说的第二自然。
⑥ 我这样说是为下面这个思想留下了空间，即对有些问题来说，接受超自然所扮演的角色是不可避免的。我们可以在不对是否可能将宗教整合进一个真正的现代世界观这个问题做出预判的前提下思考这里的问题。

是'我不会屏住呼吸',也不会急着去给自然施加魔法。"(第 204 页)"我不会屏住呼吸"是完全正确的。但这种轻蔑的语气并不十分符合他在附言中提出的指责,即我诉诸第二自然的做法并没有从正面捍卫真正自主的可能性。当我写道要再次给自然施加魔法时,我只不过是在坚持如下的观点,即我们并没有任何义务要将自然和自然科学的理解范围等同起来。正因为如此,我们才能忽视那些自然化的方案,而不是屏住呼吸,期待或害怕它们的成功。

4. 皮平将附言中第二组话题的中心放在了康德第一批判的先验演绎,特别是它的第二版。皮平在《黑格尔的观念论》中勾勒性地解读了黑格尔在《信仰与知识》中表达的对 B 版演绎的赞同。我发现皮平的处理很有启发性,也试图在此基础上做了一些建构。⑦

黑格尔赞同康德在 B 版演绎后半部分的努力,也就是消除先验感性论的自足特征可能会给人造成的如下印象:让我们的经验反映感性形式的条件(它要求我们经验的对象处于时空秩序当中)是独立的,并不依赖于反映知性要求的条件。康德不想让自己被这样解读,黑格尔精准地抓住了康德的想法,他写道:"这里[即 B 版演绎的后半部分],原始的统觉的综合统一又被认为是图像综合(figurative synthesis)的原则,即直观的形式;时空本身被认为是综合的统一体,而自发性——创造性想象力绝对的综合活动——则被认为是以感受性为唯一特征的感性原则。"(《信仰与知识》,第 69—70 页)

皮平指出(我也这样认为),尽管这一步很有希望,但康德的最终图景并不令人满意。现在问题就产生了:如果根据我的设想对康德的立场做出改良,得到的立场仍然能够被辨识为康德式吗?还是说黑格

---

⑦ 相关的文章包括本书的第 4、5 篇文章以及《黑格尔与所予神话》。在这些文章中,我试图沿黑格尔的方向指出一些事情,这反映了皮平对我的启发。对 B 版演绎的解读(对此我仍在试图搞清楚)是我和詹姆士·柯南特、约翰·霍格兰德在多次谈话中与这一文本及第一批判进行缠斗后的结果。

尔式？

5. 对康德所做的工作，我有两个分开的不满意之处。

首先，至少在某些地方，康德似乎在表达所有具有客观意义的统一性都是理智**活动**的结果。他特别地将这一点应用于直观的统一性。与此相对的，我主张拥有直观应该被视为是被动的。

其次，即便是在那些否认感性要求独立于自发性统觉的地方，康德也让前者看起来像是一种特殊的人类认知工具，而不是在时空秩序中呈现给我们的一种经验特征。我主张，这削弱了康德提出的他的先验观念论符合常识性的经验主义实在论的断言。在康德的图景中，明显处于时空秩序中的世界反映的只是人类感性的单纯巧合。由此产生的影响是，康德眼中的经验知识并不能被辨识为知识，只要它们还和世界所具有的时空结构发生关系。

6. 皮平错误地描述了我提出的第一点不满意。他写道："一旦麦克道威尔让这个模糊边界的方案〔黑格尔赞同的方案〕运作起来，并由此将直接接触世界的形式化（非推衍性的）层面理解为自发性统觉的表现，他……就想'纠正'康德的倾向。"（第212页）这里皮平犯了两个错误。

首先，他将我提出的第一点不满意和第二点不满意混在了一起。随着本文的展开，我们会逐渐看清这一点的重要性。

其次，我并不反对康德将直观理解为自发性统觉的表现。皮平继续阐述我对康德的改良："知觉性客观意义……的可能性只要求我们拥有某些概念能力。我们既不是将这些能力作为手段去进行积极判断，也不是去自发性地直观世界。"（第213页）这种说法充其量只是误导性的。我认为康德不应该只是认为我们需要**拥有**概念能力来使我们的经验具有客观意义，他还应该认为（这并不会和康德本人产生分歧）这些能力在经验中**运作**。正如皮平所说的，我的康德认为，在直观中我们既不是在积极判断，也不是在自发地直观。但是，这些以能被运用于积极判断为本质特征，但又属于自发性的能力是在直观中实现的（直观并不像皮平所暗示的那样只是作为背景)。经过我纠正的康德像他本人一样认为直观是自发性统觉的表现。

7. 根据皮平的解读,先验演绎担忧思维的范畴性特征"只不过是我们将事物范畴化的方式"(第212页),它担忧通过其他方式也许会得到一个在范畴层面优于我们的世界观。皮平认为,先验演绎的目标是想确证我们的知性所要求的形式非常适合其他东西,那就是"世界在和我们的直接感受性接触中的感觉呈现"(同上)。皮平的康德认为(不仅在先验演绎中,还在"整部先验分析论"中[第214页]),这个"其他东西"不会不符合"我们的思维要求"(第212页)。皮平还指责了我提出的改良方案,认为我实现的并不是康德的论断,而是一个不如康德的论断——世界对我们的感觉呈现不符合思维要求,"就好像[感性的传达]'刚好'是那个样子,很幸运地符合我们自己不可避免的要求"(第213页)。

我认为这从根本上误述了康德给他自己设定的任务,从而歪曲了皮平对我的提议的理解。

康德考虑的并不是下面这一点:当我们用知性要求的形式框定我们的世界观时,我们或许会在范畴层面上**搞错实在**,而其他的思维形式或许会比我们现有的形式更好地把捉到实在的范畴形态。这一担忧**预设**了我们的知性能让我们的思维指向实在。康德考虑的正是这一预设。他的目标是证实我们有权认为知性要求的实际形式具有客观意义。

在讨论康德-黑格尔问题之前,皮平在一个类似绪言的部分正确地指出,康德考虑的是"表征一个对象的可能性"(第211页)。但他认为先验演绎的担忧只有在下面这种情况下才会产生,即**假定**我们的范畴使我们具备了表征对象的可能性。先验演绎考虑的不过是,我们是否会在探索这种可能性时在范畴层面上错误地表征了对象。因此,绪言中的这一评论似乎不过是皮平对一个自己从未上心过的思想空口一说。

康德的问题是:理智和实在的接触要求对象能够被感觉获得,基于这一点,我们如何先天地知道纯粹知性要求的实际形式具有客观意义?

康德在 B 版演绎的前半部分阐述了这样一种直观概念：直观就是纯粹知性要求的形式体现在感觉感受性中的实例，其形成方式被抽象地（而非具体地）理解为我们的感性形成方式。这一步骤潜在地指明，提供客观意义的正是这些形式。如果康德有权认为直观的范畴形式使对象直接呈现给主体，那么这些形式对于客观意义的基本层面来说就是必不可少的。

经过我纠正的康德强调了"感受性"，并引入了直观是感觉感受性的范畴性形态这一观念。他坚持认为，知性要求的形式在直观中的运作不需要主体活动的参与。在皮平看来，这种解决（他的）康德式担忧的方式是偷换概念，而不是诚恳地劳作。但康德的真正问题仍然逼迫着经过我纠正的康德，也逼迫着康德本人。（这也是为什么先验演绎需要后半部分的原因。）这个问题是这样的：我们如何先天地知道这种直观由于知性要求的实际形式而具有客观意义？

这是一个紧迫的问题，因为先验感性论可以说是为我们的经验提供了感性条件，这些条件的满足不依赖康德在先验演绎中考虑的知性条件。如果感性条件是独立的，那么先验感性论就能得出一种关于对象给予感觉之可能性的独立解释。但如果是这样，即使没有直观中范畴统一性这个额外要求，我们的感觉状态也足以和对象关联起来。范畴统一性在我们的直观如何关联到对象的问题上没有任何分量，它只是保证了在直观性感觉状态中被给予的对象是可思维的。

诚然，我们只有通过思维能力才能获知对象，因此那些在感觉状态中呈现给我们感觉的不可思维的对象对我们来说就什么都不是。（比较 B132）但即便如此，如果存在这样的感觉状态，可思维性的要求就只是直观之外的一种附加，因为对象（包括那些对我们来说什么都不是的对象）确实在我们的感觉状态中呈现给感觉。只有那些对象以可思维的形式呈现的感觉状态才能为思维能力的运用提供内容。但这只是一种同义反复。它无法帮助说明符合可思维性的要求和感觉意识状态关联到对象的能力有什么关系。

正因为如此,康德要在 B 版演绎后半部分的一开始试图"由经验性直观在感性中被给予的方式来指明,经验性直观的同一性不是别的,而是范畴……为一个所予直观的杂多而一般地规定的统一性"(B145)。皮平引用了这段话(第 214 页),但我认为他的解读是错误的。康德并不是要确证我们的范畴非常适合呈现给感觉的对象,而是要规避下面这个威胁,即对象呈现给感觉可能只是因为符合我们感性的要求,而不依赖任何包含可思维性的条件。

康德在 B 版演绎的后半部分就是这样做的。他主张,经验直观在感性中被给予模式的统一性,也就是包含在时空秩序要求中的统一性,就是演绎前半部分所阐述的直观概念中的范畴统一性。感性要求无法在独立于范畴性结构要求的情况下得到满足。现在他可以说,对象将自身呈现给我们的感觉的观念符合下面这个观念,即我们拥有具有范畴性结构的直观。他可以说,"**对我们的感觉出现**的任何对象"(B159)是在直观中连同它们的范畴统一性被给予我们的。毕竟,对象除了在直观中呈现给我们的感觉,并不存在其他的可能性。而正是这个看似唯一的可能性对直观的范畴性结构构成了威胁,使后者在解释直观如何关于对象的问题上变成了一只空转的轮子。

康德在先验演绎中执行的任务并不像皮平解读的那样是概念分析论的延伸。⑧ 为了规避威胁,他抽象地谈论"范畴"。范畴的特殊实例只出现在例证当中。康德想要说明范畴统一性如何与客观意义的可能性联系起来,而不是要确证某个特殊范畴可以使我们的思维符合世界。

我不相信康德考虑过皮平提出的那个担忧,即除了我们的知性所限制的范畴化方式,还有更好的范畴化实在的方式。他在 B145 把范畴统一性的要求称为"知性的特性"。但是我们可以通过语境很清楚地看到,

---

⑧ 当然,不可否认,还有一个更大的任务需要先验演绎和原理分析论才能完成。

他所说的知性的特性是推论性的、有限的、依赖于感性的,但不一定是属人的。就我所知,康德将思维的纯粹形式理解为一般思维的形式,后者实际存在于与实在的任何推论性接触中。

这些形式不同于我们的感性形式。感性是只属于我们的,不一定要被所有的推论性认知者分享。⑨ 因此,在康德看来,感性化之后的范畴也是只属于我们的。但这并不会引发皮平提出的担忧,即我们现有的思维形式的要求会不会和其他可能的思维形式对立。皮平的康德认为他可以在不质疑下面这一观念的前提下缓解这种担忧,即我们经验到的世界的时空形式反映了只属于我们的感性。

8. 现在让我回到本文第 6 节提出的观点。

我在第 7 节考虑的分歧解释了皮平为什么会将我提出的第一点不满意和第二点不满意混在一起,以及他为什么会误解我对康德的第一点纠正。根据他的解读,康德的策略是在感性与知性之间"模糊边界",从而确证感性对经验的贡献不会不符合知性要求的形式。皮平试图将我放在由康德的这一目标所塑造的景观当中。在这一语境中,他认为我否认直观是自发性统觉的表现,并认为直观是刚好具有如此结构,使得它可以被我们的知性所把握的事件。

但我的康德并不认为独立于知性的感性传达具有能够让思维和它们关联起来的结构。直观并不是通过侥幸的事件,而是因为运作于其中的自发性统觉(虽然这种运作并不是我们的积极活动,这也是我提出的改良)才能体现知性要求的形式。直观并不是某个"其他东西",如果这个东西符合知性要求的形式,那么以这些形式进行思维就能确保搞对事情。康德的目的是想通过阐述这些形式在直观中的角色来指明,这些形式和直观是否具有客观意义有关。

9. 现在我要讨论我提出的第二点不满意。

---

⑨ 这就将我们带向了我提出的第二点不满意。

"模糊边界"的做法并没有让康德放弃将时空作为先验理念的理论。他在先验演绎的后半部分指出,反映我们感性形式的要求无法在独立于知性要求的前提下得到满足。但他把和感性相关的要求以及它们所需的时空秩序留给了我们可以经验到的世界,后者明显只对我们有效,且和任何对实在的推论性把握无关。由此产生的影响是,康德的整个体系只是一种主观观念论;众所周知,黑格尔已经指出了这一点。扩展地看,康德眼中的经验性知识只是我们主体性特征的反映。

我提出,我们可以通过重新思考处于时空秩序中这一要求和经验性思维的关系来修补这个缺陷。在康德的图景中,处于时空秩序中这一要求是从外部冲击自发性统觉的。我们应该将此要求视为自发性统觉在黑格尔式的展开过程(比如概念的自我实现)中的一个"环节"。概念的自我实现是思维的展开,因而也就是主观的。但它同时又是实在的自我揭示,因而也就是客观的。这个观念认为,可被经验的实在完全没有反映主体性的独立特征。

皮平提出抗议说,改良过的康德并不是这样想的。从某个层面上来说,这显然是正确的。康德不可能轻易抛弃先验时空理念。

即使是这样,下面这一点仍然值得强调,即皮平提出的这一点和康德关心的其他事情放在一起显得非常古怪。诚然,事物只有符合可能被我们认识的条件才能被我们认识。[10] 这个关于知识之可能性的自明之理不应该让我们对作为其特殊应用的知识状态产生怀疑。康德回应了这一考量,他认为先验观念论是在保护常识性的经验主义实在论。但是基于他处理感性条件的方式,他所谓的建立在这些条件上的知识并不能被辨识为知识。

皮平的抗议不只表达了康德不可能抛弃先验时空理念这一点。他主张,"为了让自己仍是康德(也就是认为自己仍然需要先验演绎)"(第

---

[10] 比较皮平在第 214 页的评论。

214 页),康德无法放弃用反映感性形成方式的所谓的世界来限制所谓的经验性知识。这一点本身是对的,但我认为并不是皮平所说的那个意思。

皮平的观念是,如果康德有可能论证我们的范畴符合将自身呈现给感觉的对象,那么感觉呈现的形式化结构就必须外在于自发性统觉的运作。只有这样,康德才能论证范畴和对象是相互符合的。皮平的康德无法放弃将处于时空秩序中这一要求视为外在于自发性统觉的运作,因为如果他要规避我们现有的思维形式也许比其他形式更不符合实在这一威胁,这种外在性就是必不可少的。

但是正如我所主张的,这种观念错误地表述了先验演绎的目的。先验演绎的确需要这种外在性。但这并不是因为我们需要外在性来确证我们的思维在范畴层面上搞对了事情,而是因为外在性是解决康德考虑的另一个问题的条件。重复一次,康德的问题是这样的:我们如何先天地知道纯粹知性要求的形式能为客观意义提供可能性?这是一个紧迫的问题,因为康德认为理智和实在的接触要求对象被给予我们的感觉。如果我们将康德的感性要求重新把握为概念自我实现过程中的一个"环节",我们就无需再认为思维形式(概念自我实现过程中的实际形式)是纯粹的,也就是说,是独立于感觉对象之呈现的。康德的问题之所以会产生,只是因为他认为思维形式在刚刚所说的那种意义上是纯粹的。经过我所建议的那个步骤,康德的问题就消解了。

因此,我的第二个改良并不是要重塑先验演绎,而是要将我们从为实现其既定目标而不得不做的工作中解放出来。

这种说法非常有力地承认了皮平提出的抗议(虽然并不是皮平所说的那个意思)。由此造成的结果是,我的第二个改良只有在最稀薄的意义上才是康德式的。但这并不会对我的任何思想构成威胁。我的提议是(此提议的形态来自于皮平本人),我们至少能在彻底化之后的康德那里找到黑格尔思想的某些方面。彻底化之后的康德并不一定需要被辨识为康德。我们只需要通过反思先验演绎的结果得出一个合理的黑格尔式立场。正如我所建议的,即使这种反思破坏了先验演绎的需要也没有问题,只要这是我们做出如下思考之后得到的结果,即康德的努力哪些是有希望的,哪些是不令人满意的。

10. 皮平的黑格尔提出了一个和皮平的康德相对的方案:"证明我们不可能拥有现有思维形式以外的思维形式(因此我们的思维形式可以算是对象的形式)。"(第 215 页)皮平认为黑格尔解决了下面这个担忧,即我们的思维形式只是我们的,其他的思维形式或许能更好地搞对实在。"感性的传达必须展现那种让它们的可思维性成为可能的统一性"这一断言并不能帮助我们排除这个担忧。(第 215 页)"麦克道威尔的纠正并不能解决"康德的问题。(第 214 页)相反,皮平的黑格尔主张,我们的思维形式符合任何思维形式的要求,因此并不比其他的可能性低级。他得出这一观点的方式"并不是演绎式的,而是展开式的,其方法是回溯所有共享思维形式中的必要且不可避免的元素是如何获得自我意识的"(第 215 页)。

但是我主张,黑格尔这幅图景的出发点是对康德的歪曲。康德在先验演绎中的目标并不是要确证对象符合我们的思维形式,尽管他担忧对象也许能更好地符合某些其他思维形式。他的目标是说明如何先天地保证纯粹知性要求的形式就是思维形式(关于实在的思维,不论对错)的形式。因此,皮平归于黑格尔的方案并不是以康德为先导的。皮平设想的论证就是康德已经试图在做的东西。

皮平错误地表述了我提出的对康德的改良。毫无疑问,我们不能通过让感性符合知性形式来纠正康德,而皮平就是这样歪曲了我对康德的第一个纠正(我对康德有两个分开的纠正,这一点很重要)。但康德让我们的经验性知识无法被辨识为知识,但这一点可以通过我的第二个纠正得到修正。我已经在第 9 节对此做了解释,我至少用大致来说可以称得上是黑格尔式的概念表述了由此得到的图景:经验性知识的感性条件是概念自我实现过程中的一个"环节"。

皮平的黑格尔并不考虑如何改进康德对感性形式的处理。相反,他试图证明,我们的思维形式在发展之后能获得与之共享的思维形式所具有的形式。这个方案中的黑格尔想要做一些他认为康德尝试了但又失败了的工作,但这样的黑格尔并不像我所认为的那样是康德的一个好的解读者。他不会理解康德提出的关于思维形式的问题。

我在第 7 节中指出自己不相信康德在担忧如下的问题,即我们的范畴是否只是我们的。相应地,我也不相信黑格尔担忧我们的思维形式。皮平写道:"对于概念之客观性的问题,黑格尔有非常不同的方法。"(第 211 页)他似乎是在界定一个谁都能看到的问题,但问题是什么?**康德**认为概念活动的客观意义是一个问题,因为他认为概念活动的形式是由纯粹(也就是说独立于对象对感觉的呈现)知性决定的。他的问题是:基于这一点,概念活动的形式如何有可能获得客观意义?如果我们将感觉感受性重新把握为概念自我实现过程中的一个"环节",就能够得到一幅不会产生上面这个问题的图景。这并不是用不同的概念来回答康德的问题,而是重新思考产生康德问题的概念,并通过思考消解这一问题。

如果思维形式源自纯粹知性,而对象又只通过感觉被给予我们,那么论证思维形式就是实在形式就成了一个实质性任务。康德是在执行一个实际不可能成功的任务,因为他的基于先验时空理念的观念论最后退化成了单纯的主观观念论。

如果我们将感性的形成方式重新把握为概念自我实现过程中的一个"环节",就会得到一幅不会遭遇上面这个实质性任务的关于思维的图景。这样,思维形式就是实在形式就变成了一种老生常谈(至少在有人想到其他的理由去质疑它之前)。我们只能将实在理解为符合事实的描述,而至于符合事实的描述,我们之能将其理解为能够真正被思维的事实。

我的意思是,"能够真正被思维的事实"这一表达已经足够了,我们

197 不需要再无事自扰地再加上"被我们"。正如我坚持认为的那样，康德的问题并不是我们所用的形式是否或许只是我们的。并且，消解康德问题的黑格尔式概念并没有从康德那里继承这种担忧。

　　说思维形式就是实在形式是一种老生常谈似乎很荒谬。我们需要做一番工作来揭示这一点，尽管我们倾向于粗暴地对待直接性。皮平暗示我们，黑格尔在《精神现象学》中描绘了一系列先于我们的、在自身的发展过程中逐渐消亡的思维方式；黑格尔还试图证明，我们的思维方式已经发展到了一种令它自身满意的形式，这让它比其他思维形式更符合实在形式。但黑格尔所做的其实是要说明，得出一般思维方式（这种形式无论以任何方式都符合实在形式）的一系列尝试是如何逐渐消亡的，因为它们包括了未经中介的直接性。在迄今为止的每一个阶段，问题都通过中介了麻烦的直接性——将它重新把握为概念自我实现过程中的一个"环节"——得到了暂时的解决。但是在下一个阶段，想要认识直接性和原始外在性的冲动得到了新的形式，因此我们需要更多的对有害效应的"经验"和更多的中介，直到将思维等同于实在的理想化终点看起来不再成问题。

　　我并不是在说对概念客观性这一康德问题的消解穷尽了黑格尔的思考。它甚至没有穷尽后者关于思维和实在之关系的思考。

　　一方面，关于未经中介的直接性是如何让思维和实在的关系看起来成问题的，康德的问题只反映了其中一条思路。

　　另一方面，我已经抽象地勾勒了符合康德先验演绎的黑格尔式回应。正如我所说的，康德在先验演绎中谈论的是"范畴"而非特殊的范畴。而我的黑格尔迄今为止谈论的也是类似的抽象思维形式。当然，黑格尔对思维形式是什么的问题感兴趣。众所周知，他认为自己能够比康德更好地回应这个问题。[11] 我并没有故意缩减逻辑在黑格尔思想中的

---

[11] 他指责康德不加批判地接受当时逻辑中的思维形式表。

中心地位。

但黑格尔的逻辑并不是先验演绎的对应物。更正确地说,逻辑在黑格尔那里的作用就是所谓的形而上学演绎在康德那里的作用⑫——虽然黑格尔的逻辑并没有像先验演绎那样确定一个具有客观有效性的事项表。黑格尔不需要任何对应于先验演绎的东西。在新的环境中,"纯粹思维形式"中的"纯粹"不再具有康德那里的意思,而正是后面这种意思引发了康德在先验演绎中做出回应的那个明显问题。黑格尔不需要为先验逻辑留出位置。在新的环境中,对纯粹思维形式的探究已经属于某种类似于康德意义上的先验逻辑。

11. 皮平说,我认为对象单纯地占据对我们思维的权威位置。(第215页注11)但这一表达中"单纯"一词歪曲了我的观点。在我看来,为了有权认为我们的思维是可以答复对象的,我们需要弄清思维形式是如何进入直观构成的。离开这些形式在理智活动中所扮演的角色,直观的特征就无法完成它的先验工作。皮平之所以得出相反的印象,是因为他有如下的观念:经过我改良的康德并不认为直观是自发性统觉的表现。

皮平在《抛下自然》中写道:"麦克道威尔声称,如果我们无法独立于'证成语境'['对规范性之社会基础的黑格尔式谈论']解释[知觉状态的客观意义],'证成语境'就不存在任何对象。"(第195页注18)我在回应中抗议,"独立于'证成语境'"恰恰是错误的。我对知觉状态之客观意义的解释从本质上包含了概念能力,因而也从本质上包含了"证成语境"。并且,概念能力只有在社会实践的语境中才能得到理解。

皮平在他的附言中无视这一点。他写道:"根据我的理解,麦克道威

---

⑫ 至少就黑格尔理解的康德来说。但康德只用了当时的逻辑来证明他的范畴表这一指责是否公正则是可争议的。康德在原理分析论中更有说服力地阐明,这些范畴是思维必须采用的形式。我们没有理由认为范畴表的决定完全是在先验演绎中执行的。在康德看来,当时的逻辑不过是给出了思维形式的线索,包含了所谓的形而上学演绎的小节标题已经说明了这一点。

尔诉诸社会性的做法只是指出了社会化为共同体（这个或那个共同体）这一不可避免的过程，也就是获得共享思维形式的过程。"（第 215 页）皮平提出，"对规范性之社会基础的黑格尔式谈论"需要对象对主体的权威，而主体要获得的不是这个或那个共享思维形式，而是体现"真正的可相互答复性（这里的'真正'涉及自由的理性存在之间真正的相互承认）"的思维形式。（第 216 页）

我同意，在黑格尔看来，自由的完全实现需要这种相互承认。并且，我们或许能在社会实践的观念中找到这个蕴涵着的理念。获得真正的相互承认的努力或许是权威性和依赖性（自然语言使用者的存在中包含依赖性这一元素）之结合的一部分。

但这并非单纯意味着思维对对象的可答复性要求上面这一理念的实现。我们是否要认为受压迫的少数群体或压迫他们的人无法拥有受知觉对象理性控制的经验性思维？无疑，对行动自由的限制会影响思想自由。但下面这样的说法是很荒谬的，即除非存在完全的相互承认，否则就不可能有思维，而知觉经验中也就不可能包含思维能力。

我怀疑黑格尔会说这样的话。我拒绝将此解读为黑格尔在《精神现象学》"主人与奴隶"的结尾所阐明的事实：思维自己塑造表象。黑格尔给出的并不是对思维起源的社会-历史性解释——就好像奴隶主和奴隶都无法进行概念活动一样。他是在隐喻性地处理我在第 10 节描述过的那些有缺陷的思维形式图景。自我意识试图确证对它自身（即伪装成意识的自我意识，这种意识的内容依赖于它对经验世界的处理）的独立性，而思维则产生于对这一尝试的克服。⑬

不管怎样，如果黑格尔确实认为思维只有在完全相互承认的语境中才能对它的内容尽到义务，那么对此的正确回应一定是"对黑格尔来说这样就更糟糕了"。

---

⑬ 相关讨论可参见本书第八篇文章。

十　论皮平的附言　189

12. 自我立法是皮平附言中的最后一个问题。我在对《抛下自然》的回应中赞同皮平的以下观点,即自我立法的意象是德国观念论的基础。但是我主张,将服从规范理解为空洞的规范性行动是毫无意义的。我在皮平引用过的一段话中写道:"体现在立法能力这一意象中的自由必须包括感受性的环节。"(《回应》,第276页)根据这一意象,我们只有能自由地认识到规范的权威才能服从规范,因此服从规范并不是被异己的力量控制。但是我们只有在特殊的情况下才能认识到规范的权威。

我并不想在《回应》中特别指出皮平过分强调了这一意象。我注意到,他表示"我们不能……武断地立法"(《抛下自然》,第198页注22)[14]。我只想提出警告,不要为了将我放在德国观念论之主体主义的对立面而探索自我立法这一主题。自发性统觉(因而也就是主体性)在我对思维和实在之关系的解释中占据了中心地位。我所攻击的主体主义并不是德国观念论的主体主义。对于我所理解的后者,我是完全赞同的,而皮平只能表示有保留的赞同。

然而皮平又在他的附言中热情地为自我立法的极端形式辩护,不过他并没有对"感受性的粉丝"做出让步。(第219页)他补充道:"感受性的朋友至少能靠自己做一些严肃的形而上学重活。"(同上页注22)我们已经讨论过这一点:我在本文第11节和对《抛下自然》的回应中说过,我并不是这个意义上的感受性的朋友。皮平的攻击目标是假想的。

皮平在辩护中提出的明星例证是康德的实践理性概念。康德认为理性无法洞见到实质性目的是否有追求的价值。在他看来,实践理性的要求是纯粹形式的,且这一观点强烈表达了自我立法的观念。道德法则的权威在于它是我们在运用纯粹实践理性时为自身建立的法则。

201

---

[14] 我甚至并没有非常指责布兰顿接受了如下的观点:我们可以让规范脱离空洞的规范性状态,使之成为实际的存在。皮平说我就是这样做的(第208页)。我只想说,布兰顿对规范的社会建制的解释会和下面这一事实相冲突,即这样的观念没有任何意义。

如果认为这对包括我在内的"感受性的粉丝"来说是不好的消息，我们就没能认识到感受性要求的抽象性。即便是在康德的自我立法版本中，我们也不能随随便便立法，从而让自己服从于某些权威性的东西。即使在康德的极端版本中也存在限制（即使限制是纯粹形式的），这种限制就是立法能力中的感受性环节。

皮平承认，黑格尔对康德式形式主义的拒斥产生了这样一种伦理概念，这一概念更像是我所建议对一般理由的可回应性，根据这一概念，"我们可以说，因为某种基于第二自然的教化，某个不为多数人所认识的理由也可能'在世界中'存在"（第220页）。但是，根据他所认为的黑格尔对理由之规范性意义的看法，以及根据他所认为的我坚持感受性的目的，皮平这并不认为这是一种让步。

尽管这里的问题非常概括，我还是要回到对象对思维的权威来勾勒对这些问题的一个回应。被观察到的事实是带着**授权**（断言事物是怎么样的）和**要求**（不能否认这些断言）呈现给我们的。[15] 对可观察的对象负责这一隐喻总结性地把捉到了这些状态背后的规范内容。忠诚于规范应该是一个理解自我立法观念的很好的语境。

正如我在第11节所说的，皮平错误地认为我持有如下的观点：对**象单纯地**占据对思维的权威位置。皮平为此提出了另一条出路，但我认为这条出路也是错误的。皮平说："对象只具有我们授予它们的权威，而黑格尔要说明的是为什么这种授予必然是社会性的。"（第215页注11）他还把他对自我立法的讨论作为这一评论的语境。

我发现这里面存在含糊的地方，为此我想考虑皮平从我这里引用的一段话："生命形式……既是漫长历史演化的产物又依赖于拥有自发性官能的成熟个体的全心全意的参与。"（第220页注24）[16]皮平的观念是，

---

[15] 我们不得不做出这些断言。
[16] 引自我的《回应》，第297页。

我们可以坚持认为驱动生命形式做出历史演化的是自我立法的自发性。

从某种意义上说,这种观念是无害的。社会实践的演化至少在某种程度上自由行动的结果。为自身立法的意象是自由的意象,因此,自由的行动就是自我立法的行动。

但是从另一种意义上来说,这一断言又不具有任何合理性;皮平谈论的社会授予对象的权威就是这个意义上的。自由行动所造成的实践中的转换不需要出现在任何人的意图当中,这当然是一个黑格尔式的观点。实践的演化与任何人的设想或计划无关。演化发生的时候一定有一些约束性的规则尚未合法地建立起来。我保证它们会作为自由行动的结果产生效力,但行动的意性内容并不包括让这些规则具有约束力。

然而,任何我们可以合理地称为"授予权威"的东西一定是意向性的。如果我们问是谁将权威授予对象的,对此并不存在合乎情理的答案。这并不是我们不知道的某人做的,因为授予的过程已经迷失在了前历史的迷雾中。没有人这样做。不论我们多么合理地思考我们前辈的行为,发现他们或后辈的行为最后不自觉地带上了为可观察对象负责的经验性断言的特征,上面这一点都不会被推翻。

对象对思维的权威(这当然是一种过度表达)是演化的社会实践的特征。这是一种真正的权威,因为我们能自由地认识到他。但授予对象权威的观念并不适用于我们所做的任何事情,也不适用于我们前辈所做的任何事情。

第四部分
塞拉斯式主题

十一
理性的构成性理想：戴维森与塞拉斯

"心理事件的律则性不可还原性（nomological irreducibility）并不只源自思维、偏好和意向世界的无缝本性，因为这种相互依赖也常见于物理理论，且符合下面这一事实，即我们可以脱离某个相对的翻译体系，用一种唯一正确方式来解释某人的态度。这种不可还原性也不是简单因为有可能存在很多合乎条件的体系，因为如果是这样，我们就可以任意选择一个与心理特征的分配相关的体系。相反，这里的要点在于，当我们使用信念、欲望和其他一些概念时，我们必须随着证据的累计并出于整体说服力的考量调整自己的理论：理性的构成性理想部分地控制着演化理论中的每一个演化阶段。任意地选择翻译体系会排除机会主义的理论倾向；换言之，如果我们任意地选择了一个正确的翻译指南，这个指南就应该被所有可能的证据所接受，而这样的选择是我们无法做出的。我认为，我们应该得出这样的结论：只要我们还把人理解为理性动物，心理事件和物理事件之间的律则性松弛就是本质性的。"[1]

罗蒂试图在最近指出[2]，这段众所周知的话所表达的观念是一种反常现象，我们可以在不破坏戴维森哲学之基本诉求的情况下移除这种反常现象（实际上这是对戴维森哲学的净化）。虽然我对这段话的某些细节持有一些保留意见，但我——与罗蒂相对地——认为这段话的基本论

---

[1] 戴维森：《心理事件》（"Mental Event"），第 222—223 页。
[2] 比如可参见罗蒂：《麦克道威尔、戴维森与自发性》（"McDowell, Davidson, and Spontaneity"）。

断就是戴维森哲学的核心,这一基本论断是:理性的理念构成了心理事件的观念,而这又保证了心理事件概念无法被还原为自然科学概念以及后者在日常思考和言谈中的同类概念。为了主张罗蒂的怀疑是错误的,我要把戴维森式的不可还原性论断和另一个类似的论断并置起来,后者是由另一位伟大的 20 世纪美国哲学家——他也是罗蒂的另一个英雄——塞拉斯提出的。在我看来,罗蒂有意删去了塞拉斯表达这一论断的段落,这一做法符合他对这一段落以及戴维森那里的类似段落的厌恶。

戴维森在这段话中表达的观点涉及理性在我们对一般心理事件的思考和谈论中所扮演的构成性角色。在本文的第二部分,我想考虑如何将戴维森的观点应用于特殊的语义性心理事件(语言指令系统的语义性特征让我们能够表达自己的心理状态),从而将语义性心理事件和《心理事件》中那段话的明确主题联系起来。这里我同样会探索塞拉斯的思想,但这次我并不是把他和戴维森并置起来,而是要指出他的一个盲点,那就是塔斯基式语义学的一个特征,而戴维森对此则是完全清楚的。我认为,罗蒂为了自己的目的解读戴维森的尝试中也存在这一盲点,而正是这一盲点损害了罗蒂对戴维森式语义学的解读。

1. 首先,我们可以在塞拉斯那里找到对戴维森式不可还原性理论的回应。戴维森说,我们对心理事件的思考和谈论是由理性的构成性理想控制,而这一点又保证了心理事件概念不能被还原为不受理性的构成性理想控制的思考和谈论方式中的概念;塞拉斯说,我们对认识需要的思考和谈论应该被理解为理由的逻辑空间中的运作,而这一点又保证了认识概念不能被理解为非如此运作的概念。[3] 我们似乎难以抗拒这样的想法:塞拉斯的理由的逻辑空间和戴维森的理性的构成性理想所扮演的角色是一致的。

---

[3] 参见塞拉斯:《经验主义与心灵哲学》,§36。

当我们用认知概念来表述塞拉斯思想时（我就是这样做的，塞拉斯有时也这样做），塞拉斯的思想就只和知识相关，这样塞拉斯的不可还原性论断就和戴维森的论断有了话题上的区分。这一表象使罗蒂将塞拉斯的思想削减成了下面这个观念：知识断言的可接受性——理由的逻辑空间的唯一攻击目标——就是"论证的胜利"④。因此，罗蒂可以说塞拉斯是想要阻止下面这种观念：认识是个体的事实性特征，它不能被还原为对此个体的自然主义式描述，因为这样就有将它神秘化的危险；更不用说思维形式就是这样一种特征，我们只有通过实际的论证才能获得论证的胜利，探索特殊科学的某个理论并不能预测谁将赢得论证的胜利。

我认为这是一种误读。塞拉斯之所以探索知识的属性，是因为他想把它作为印证其观点的一个特别清楚的情况。事实上，他将"认知"作为一个技艺概念来使用，其涵盖范围远远超出该词的词源学含义。比如，他认为某物看起来是红色的是关于某物的认知事实，而非自然事实。⑤（他用"自然"概念来指示那些无法作为认知概念之还原目标的概念，看清认知概念在理由的逻辑空间中的运作会让我们意识到这一点。）他在某处引人注目地谈论"认知特征"和"想象一座空中之城"这类"意向性"表达。⑥ 这里，我们可以更清楚地看到"认知"一词脱离了它的词源学含义。我认为这个例子说明，塞拉斯那里的认知涵盖了包含概念能力之实现的状态或片段，这些状态或片段具有意向性或客观意义，不管它们是否发展成知识。这使塞拉斯通过引入理由的逻辑空间而承认的不可还原性理论完全符合戴维森通过引入理性的构成性理想而承认的不可还原性理论。罗蒂提出的论证的胜利并不能把捉到适用于"想象一座空中

---

④ 罗蒂：《哲学与自然之镜》，第156页。
⑤ 《经验主义与心灵哲学》，§17。
⑥ 同上书，§7。

之城"的理论。罗蒂希望戴维森不要接受不可还原性论断，而塞拉斯的思想正是这种论断的一个版本。

塞拉斯对"认知"的使用（它符合戴维森在《心理事件》中对"心理"的使用）初看起来有点奇怪，但这种使用已有先例。我所说的先例就是康德的第一批判。从第一批判的语言来看，我们或许会认为知识是它的首要考量。但事实上，康德的考量并不是作为思维对象之指向（意向性或客观知识）的知识，这是任何东西想要成为知识的先决条件。海德格尔说："《纯粹理性批判》完全不是一种'知识理论'。"⑦这种说法当然有点过，但它以夸大的方式指出了某个正确的论断，这一论断同样适用于塞拉斯的《经验主义与心灵哲学》。

塞拉斯的理论认为意向或概念事件具有特殊的不可还原性，这种不可还原性符合戴维森归于心理事件的那种不可还原性，这当然无法实现罗蒂的愿望——戴维森那里不存在不可还原性论断。如果我的观点是正确的，即塞拉斯也持有同样的思想，那么罗蒂就会将塞拉斯也简单地纳入他的愿望。我们需要对这一愿望的根据加以考量。

罗蒂为什么要强烈反对不可还原性理论？答案是：他担心这一理论只会鼓励传统倾向的哲学；他正确地认为，戴维森和他自己一样想揭示出这类哲学是多余的，而不是负责的知识分子有义务去做的工作。戴维森主张，我们不能以某种特殊的方式将心理事件概念还原为自然科学概念。并且，我们不能简单地将心理事件追溯至下面这个事实，即对心理事件的思考和谈论就像对生物事件的思考和谈论一样是整体性地结合在一起的；相反，我们需要引入理性，并将此描述为整体性互联中的一个特殊例子。罗蒂攻击的并不是整体主义本身，而是下面这种特殊的整体主义，即各元素结合的方式只能通过引入理性的理念才能被把捉到。

---

⑦《康德与形而上学问题》，第 11 页。海德格尔用的词是"Erkenntnistheorie"，此词或许可以被译为"认识论"，参见塔夫特（Taft）的注，第 188 页。

罗蒂担心,如果戴维森由此让心理事件概念服从某种特殊的不可还原性,就会鼓励我们所熟悉的、关于心理事件之特异性的哲学奇想,还会鼓励下面这类我们所熟悉的哲学方案,即通过一些超经验性的故事来重建心灵与平常实在的联系,并将心灵把握为某种和平常实在分离但又伴随后者的特异之物。在这类方案中,我们需要在处理"身心问题"和"知识问题"的标准选项间做出选择;为此,我们就必须进行传统的哲学活动,而罗蒂已经完美地指出,这些活动是无法令人满意的。但罗蒂没有看到,特殊不可还原性理论完全不会破坏他和戴维森共享的目的:消解我们有智力上的义务去进行这类活动的表象。比如,他们都认为我们有权"告诉怀疑论者走开",而是寻找一种方法去回答他。⑧

我认为这是完全错误的。正是戴维森和塞拉斯共享的特殊不可还原性观念让我们看到心理事件是如何引发某类哲学问题的,从而帮助我们实现在罗蒂看来被这一观念威胁到的目标:打破我们需要认识并处理这类问题的潜在幻觉。

将逻辑空间或构成性理想分离出来是不可还原性理论背后的基础,这一做法反映了我们理解事物的两种不同方式。虽然这两种方式都涉及将事物置于某个模式之下,但一种情况下的模式是由规则构成的,相关的现象则是根据规则展开的;而另一种情况下的模式则是行动者的生命模式,行动者根据理性的理念塑造自己的行动和思想。这一区分在现代获得了深刻的文化含义,与第二种理解相对的第一种理解被认为是自然科学的工作——自然科学的追求能达到理智成熟状态的一部分原因正是因为它将这种理解作为目标,并逐渐使之和下面的理解明确区分开来,也就是将现象视为行动者为某个理念而活的尝试,这样现象就不再作为科学来赋予自然以意义。这种文化含义和两种理解间的区分联系在一起,与此同时,在第二种方式——将人理解为理性动物(回应我引自

---

⑧ 可比较戴维森:《后识》("Afterthoughts")。

《心理事件》的那段话）——下运作的概念会越来越具有一种明确的特殊性。这就是戴维森和塞拉斯在不可还原性理论中表述的特殊性，这种特殊性让罗蒂感到不安，而在我看来，它只不过是对现代自然科学成熟过程中的基本要素进行了无害的复述。

然而，在我所说的理智和文化发展的原始阶段，人们会很自然地想试图去解释这种只是被模糊感觉到的特殊性，人们试图将关于心理事件的思考和言谈理解为一个特殊的区域；在我所考虑的这一阶段，这个区域开始变成自然科学的内容，而事实上自然科学的工作涉及的却是另一种理解。这是我们理解笛卡尔式心灵哲学——至少是在赖尔解读下的，处于当代心灵哲学发展的标准图景中的笛卡尔式心灵哲学——的秘方。根据这种解读，笛卡尔想让组织心理事件的关系变成组织自然科学内容的关系的特殊实例，而后者则是通过将现象归于法则之下的描述展现出来的。根据这种解读，笛卡尔回应了心理事件的特殊性，但没有恰当地把握这种特殊性的基础，他要求那些适合自然科学处理的关系去做理由空间之构成关系的工作。正因为如此，赖尔对笛卡尔思想的批判——准机械式（para-mechanical）——才是恰当的。笛卡尔式的非物质论可以在我所描述的框架内得到理解，任何一部分物质性自然都无法特殊到可以满足这种思维方式提出的混乱目的。如果我们试图让由法则控制的进程中的关系去做证成或担保关系的工作，我们就会很自然地诉诸伪装成怪诞科学的魔法，而我们想设定为单纯机械论的东西（虽然是一种特殊的机械论）则会退化成赖尔所嘲讽的准机械论。

这样来看，产生假设的"身心问题"的笛卡尔式区分反映的是在自然科学内部做出区分的混乱尝试，这一区分又明显地退化成了单方面的准科学；而戴维森和塞拉斯提出的概念组区分事实上根本不属于这种区分。传统认识论的困惑也是源自于此。理解传统哲学的幻觉性义务包含了认识到这一幻觉是如何掌控我们的，而这就要求我们理解是什么诱惑我们陷入这种混乱的。因此，这恰恰要求我们不要抛弃困扰罗蒂的概念组区分,相反,我们要正确地理解它,看穿以笛卡尔式的方式去误解它的诱惑。

我说过,我对引自《心理事件》的那段话的某些细节持有一些保留意见,在本文第一部分的最后,我将把其中一个保留意见和我在上面阐述的那段话的基本论断联系起来。我一直在表达引入理性的构成性理想的要点,认为这是理解事物的一种独特方式:视事物为行动者生命的一部分,而行动者则是为某个理性的理念而活。我并没有像戴维森那样将把它和蒯因的翻译不确定性理论联系起来。在我看来,这一理论与不可还原性理论基础之间的某些共鸣是令人遗憾的。特别是,如果诉诸不确定性意味着蒯因的理论并不考虑正确的阐释,那么人们就会得到这样一种印象:心理事件是非事实性的,或者至少事实性程度要低于与之相对的物理事件;这就好像要我们一方面去认识事物,另一方面去理解别人。我认为理解别人就是认识事物的一个特殊实例,戴维森已经告诉我们如何去理解这一点,但又不致于在它诱惑下陷入带笛卡尔式倾向的哲学。笛卡尔式概念为某种哲学设定了议程,否认上面这一点只是这种哲学的极端步骤,如果我们接受不存在正确阐释这一点,就一定能够看到这一点;也就是说,戴维森的思想正是要帮助我们从这种哲学中解放出来。

2. 以上我一直在考虑下面这个戴维森式理论:一般来说,理解别人是由理性的构成性理想控制的。如果我们将这一理论特别地应用于理解别人说的话,就会产生一个问题,现在我就想考虑这个问题。

在罗蒂看来,如果我们根据戴维森的理解来解释语言行为,并用塔斯基式的真理理论来表述,得到的结果一定是"描述性的";这样的结果不但和"'真'表达了探究和做断言的规则"这种谈论方式有所区分,甚至不能和后者统一地结合起来。特别地,在罗蒂看来,如果我们用不可引用性(disquotability)来解释真理(塔斯基告诉我们如何确定这种真理解释在语句中的应用条件,戴维森根据自己的目的改动了这一理论——假如我们能在语句中找到或强加一个适当的逻辑形式),这种真理就必须和作为探究规则的真理区分开来。⑨

我认为这并不能帮助我们理解下面两者间的明显联系：一方面是众所周知的塔斯基式 T 语句，另一方面则下面这样的自明之理——说英语的人之所以能做出"雪是白的"（还是沿用这个老旧的例子）这样一个**正确**断言，乃是因为雪的确是白的。这里我强调了"正确"：语句使用的实践（T 语句左边的部分）为了做出断言，就必须以不可引用性意义上的真理（也就是塔斯基式的真理理论）为规则。我们不需要进行多少探究就有权做出"雪是白的"这个特殊的断言，但这里的要点明显不在于此：不可引用性意义上的真理之所以是探究的规则，只是因为它是探究目标——也就是做出论断——的规则。这种规则的力量是理性的构成性理想之要求的一部分。罗蒂试图将塔斯基式理论和这种规则分离开来，他的这种尝试是无法继续下去的。

我猜测，罗蒂对戴维森的这种解读可以追溯至塞拉斯提出的关于语义关系的理论。为了讨论这一点，我将不再把塞拉斯和戴维森并置起来，而是将他们对立起来（塞拉斯在这种对立中处于劣势）。塞拉斯的理论是这样的：语言或概念秩序元素和实在秩序元素之间并不存在语义的或包含意义的**关系**。塞拉斯认为这种"'意义'和'关涉性'的非关系性特征"是"纠正心灵在自然中所处位置的关键"。⑩

塞拉斯为什么能认为意义和关涉性一定是非关系性的？让我们考虑"'Londres'代表伦敦"这样的陈述。这一陈述看起来当然是在断言一个名称与一座城市间的关系。但在塞拉斯看来，这样的陈述要具有语义上的意义，右边的表达（"伦敦"）应该不被使用，或者至少不以平常方式（即提及一座城市）被使用——这样才需要这一陈述来断言"Londres"与这座城市间的关系。右边的表达**展现了**其自身由规则控制的使用。如

---

⑨ 参见罗蒂《实用主义、戴维森与真》。
⑩ 塞拉斯：《科学与形而上学》，第 ix 页。

果我们要**陈述**相关的规则,我们会说,下面两者间**应该存在**某些关系:一方面是作为实在秩序元素的言语表达,另一方面是实在秩序中的其他元素,这个例子中最为显著的就是"一座城市"。陈述右边的言语表达在规则上要求和语言外实在的联系。因为这一表达在陈述中非平常使用,和语言外实在的联系就反映在了陈述左边的表达上,虽然后者只是在陈述中和另一表达联系在一起。塞拉斯认为,只断言语言秩序内关系的陈述可以以这种方式把捉到左边表达对其所处语言行为的内在特征(对语言外实在的指向性)所做的贡献。

塞拉斯确信我们必须将语义学处理的是关系这一表象解释清楚,我认为这反映出塞拉斯没有看到塔斯基式语义学的要点。他有时会讨论塔斯基式语义学,但就我所知,他从未真正探讨过塔斯基的文章。

塞拉斯有时会说,塔斯基式语义学中的语词-世界关系是"奥古斯丁式的",也就是维特根斯坦在《哲学研究》开始几节提出的那种关系。[11]但这种看法是错的。塔斯基式语义学完全可以说,这种作为指示和满足的语词-世界关系只有在下面这一语境中才能得到理解,即这种关系是如何帮助界定下面这种可能性的——通过言说由相关词语组成的整个句子来实现"在语言游戏中行动"。我们不应该把语词与语言外秩序中各元素之间的关系理解为独立的、可用于解释语言如何使我们表达思维的建筑材料。戴维森已经非常清楚地表明了这一点(比如在《为 T 约定辩护》中)。

塞拉斯在其他地方指出,关系性语义学的拥护者会用"理想的语义统一性"来理解语义陈述所断言的语词-世界关系。[12]这一点暗示了那些由规则控制的、作为实在秩序元素的语言行为与实在秩序中其他各元

---

[11] 参见《经验主义与心灵哲学》,§30。比较布兰顿对"假设的语词-世界指涉关系"的蔑视性评论(《使之清晰》,第 323—325 页)。

[12] 参见塞拉斯:《科学与形而上学》,第 86—87、112 页。

素之间的真正关系,在塞拉斯的图景中,这些关系部分地构成了意义陈述的非关系性内容。这里,塞拉斯是在根据自己对这种可能性的理解来解读塔斯基式语义学。在塞拉斯那里,最接近断言与实在秩序元素之关系的语义陈述的观念是本身并非语义陈述的"理想的语义统一性"。因此,塞拉斯最多只能认为关系性语义学的拥护者误解了"理想的语义统一性"陈述——这些陈述处理的的确是关系,但这些将语言外秩序的元素作为其关系项的关系应该**就是**语义陈述。塞拉斯认为他的反对者们并没有清楚地把握他的图景,且误解了此图景中各元素的意义。

但这并不是下面这一观念的要点,即"……代表……"这样的陈述形式将语词和对象联系起来。塞拉斯并没有恰当地理解这一观念:首先,陈述右边的表达是以平常方式,而不是塞拉斯语义陈述观中的特殊方式被使用的。因此我们可以看到,陈述本身就断言了左边表达和右边表达在标准用法下提及的实在秩序元素(比如我在前面例子中用过的"一座城市")间的关系。但是其次,"代表"所表达的关系——借用塞拉斯的话来说——本身就充满了"应该",这也确保了这种语义学概念并不是"奥古斯丁式的"。⑬ 我们只有在下面这一语境中才能理解这种关系,即它们是如何决定整个句子被正确或错误断言的条件的。这里,用于评估断言的"正确地"或"错误地"表明,这种关系中(比如指示性关系)充满了"应该"。联系到我所说的由作为不可引用性的真理构成的规则,这些"应该"最终反映了理性对探究以及表达探究结果的断言的要求。

塔斯基承袭了塞拉斯的盲点,这也解释了罗蒂为什么要让自己陷入否认不可引用性是规则这个不可能的立场。罗蒂知道,戴维森根据自己的目的改动的塔斯基式"语义学"如果不是关系性的,就什么也不是。塞拉斯会坚持认为这种"语义学"并不是真正的语义学,但这里的要点并不在于文字表述。在罗蒂对戴维森的解读中,塞拉斯式的盲点是按如下的

---

⑬ 关于"充满了'应该'",比如可参见塞拉斯:《真与"符合"》,第212页。

思路运作的：戴维森设想的塔斯基式理论处理的当然是语言秩序元素与语言外秩序元素间的关系，这些关系不可能是塞拉斯意义上的语义关系，也就是说，它们不可能处理任何充满"应该"的意义或关涉性。这在罗蒂的如下观点中显而易见：戴维森设想的塔斯基式理论完全不涉及作为探究规则的真理。但这一思路承袭了塞拉斯对塔斯基的误解。它忽视了下面这一事实：在塔斯基式理论中，"应该"已经以"……指示……"（或"……代表……"）或"……满足了……"这样的表达形式深植于语词-世界关系中。这是阐述《为 T 约定辩护》之要点的一种方式。我们没有理由像罗蒂那样认为戴维森保留了塞拉斯的思想，即我们必须在理性与规范性意义之间做出选择。

塔斯基承袭了塞拉斯的盲点。故事是否就这样结束了？我将以两种方式将这一盲点放在语境中加以讨论。戴维森通过探索塔斯基得到了一种较好的、富有哲学成果的语义关系观，我们可以用这两种方式来处理他的观点。

首先，有两种不同的方式来理解我们关于意义和关涉性的思考充满了"应该"。塞拉斯只考虑了一种，而且不如另一种他没有考虑到的令人满意。根据塔斯基-戴维森式的概念，深植于指示性关系中的"应该"不能和断言的正确性分离开来。因此，"应该"并不优先于对世界的指向性或客观意义。相反，塞拉斯认为，在独立于任何语义关系的属性陈述中（这些属性可被视为语义关系外的决定因素，它们决定了语言元素或未表达思维之关涉性的意义），"应该"把作为实在秩序事件的表达和实在秩序的其他元素联系起来。他认为必须是由"法则控制的统一性"构成的，这种统一性"原则上可以在不使用意义陈述的前提下得到彻底的描述"。⑭ 这就将我们引向了布兰顿在《使之清晰》中阐述的先验社会学主义（transcendental sociologism）。

---

⑭ 塞拉斯：《自然论与本体论》，第 92 页。

我认为,一旦我们认识到意义和关涉性中充满的"应该"不需要像塞拉斯图景所描述的那样是前语义性的,我们就会发现下面这一观念是毫无理由的,即语言行为必须由塞拉斯和布兰顿设想的那类可以用非语义性概念表述的属性所控制。我们没有理由认为思维和言说对世界的指向性必须是由规则(这些规则虽然是社会性的,但它们本身并不是语义性的)从语义关系外部构建的。有人也许会认为,如果不存在非语义性概念的表述,意义和关涉性就会变成彻底的怪谈。但是一旦我们认识到"应该"存在于语义表面之上,我们就能从容地接受有意义的言说以及思维对世界的指向性是我们生命中不成问题的一部分——就像维特根斯坦所说的:"同我们的行走、吃喝、游戏一样,是我们的自然历史的一部分。"⑮

探索塔斯基对塞拉斯盲点之承袭的第二种方式是考察后者在《存在与被知》这篇出色的文章中提出的一个论证。此论证的语境是一贯的塞拉斯式理论:用言说的语义性模式来理解未表达思维的关涉性。在《存在与被知》中,塞拉斯用一个托马斯主义的概念来表达这一理论,那就是作为理智语之(二级)实现的理智行为。由此他可以表达下面的观念:非外显理智行为(心理行为)的意向性以外显理智行为(言说行为)的语义性为**模式**,非外显理智行为的意向性是语句语义性的一个**特例**。非外显理智行为的意向性是由在它们中实现的理智语的语义决定的。这样,被塔斯基式语义学继承的塞拉斯盲点就明显变成了没有看到下面这种可能性,即塔斯基式的概念或许可以把捉理智语的语义。

为了论证塞拉斯提出的理论(关涉性是非关系性的),这一盲点是至关重要的。塞拉斯的论证假设了另一个选项:"理智行为的不同并**不**在于它们作为行为的内在特征,而是因为它们直接和不同的关系项相

---

⑮ 维特根斯坦:《哲学研究》,§25。

连。"⑯出于本文的目的,我不需要在此讨论这一论证的细节,因为这要求我们在阐明这一概念的两种不同方式中找出它们的缺点。除开这些细节,塞拉斯认为这一概念——"不管它们是关于什么的,理智行为都是内在相似的"⑰——不讨人喜欢的看法当然是正确的。

在得出这一结论之后,再加上我已经排演过的更多细节,塞拉斯写道:"但另外的选项是什么？大体而言它认为理智行为的不同之处在于,它是内在的,也就是说,它们作为行为以不同的方式系统地对应它们的相关物,也就是它们的内容。"⑱这是塞拉斯所持的关于意义和关涉性的标准观点。理智行为(心理行为)因为它们的语义属性而内在地不同,而这些语义属性在托马斯主义的意象中就是在理智行为中实现的理智语的语义属性;通过反思应该对关系做出怎样的语义陈述才能将行为的相关物包括进关系项,语义属性得以系统地对应于行为的相关物。

塞拉斯论证其理论(关涉性是非关系性的)的形式排除任何其他选项,但塔斯基承袭的那个盲点削弱了这一论证。塞拉斯的论证假定,如果某人想说理智行为的不同不是因为它们系统对应于相关物的方式,而是**因为**相关物本身的不同,他就不得不承认理智行为间的不同根本不是内在的。塞拉斯认为,一对理智行为间的关系性不同只能是外在的。在拒斥了他考虑过的唯一一种与之对抗的可能性之后,塞拉斯合理地认为,一对理智行为间的不同意向指向性就是它们的内在不同。塞拉斯合理地认为,我们可以将一对理智行为间的不同意向指向性表达为在理智行为中实现的理智语的不同语义。如果我们用塔斯基式的方式去理解理智语的语义,认为它们包含了理智秩序元素和实在秩序元素间的关系,且这些充满了"应该"的关系最终反映了理性的构成性理想的要求,

---

⑯ 塞拉斯:《存在与被知》,第41页。
⑰ 同上书,第42页。
⑱ 同上书,第43页。

那么我们就能得到一个塞拉斯的论证并未触及到的概念：理智行为（心理行为）可以**因为**和不同事物的关系（由托马斯主义意象引出的拓展后的语义关系）而有着内在的不同。

我们通过探索戴维森的语义概念引出了这种可能性，而戴维森则是通过探索塔斯基的理论得出这一概念的。我想在本文的最后指出，这一概念蕴涵了一种主体概念。在"主体神话"这一标签下，戴维森攻击了这样一种主体概念：它的效果是让我们对对象的获取和对自身的理解成为问题，这是带笛卡尔倾向的哲学的常见做法。[19] 当然我并不想为戴维森攻击的目标辩护。然而在我看来，容许带笛卡尔倾向的哲学持有这种主体概念的做法是令人羞愧的。戴维森式的语义学理解允许我们将心理事件与心理外秩序元素的语义关系（拓展后的"语义"关系）作为前者的内在特征。在此基础上，我们可以开始取回被哲学歪曲成神话的主体概念。我在本文的第一部分主张，在定位心理事件的过程中引入理性的构成性理想的目的在于解除笛卡尔式的假设。对理性概念的重新定位还能在这个方向上走得更远。

---

[19] 参见戴维森：《**主体性的神话**》("The Myth of the Subjectivity")。

十二

为什么塞拉斯的文章以"经验主义与心灵哲学"为题？

1. 我的问题来自于布兰顿。布兰顿在他的《研究指南》中指出："文章的标题是《经验主义与心灵哲学》，但塞拉斯从未告诉我们他对经验论持何种态度。"（第167页）布兰顿接着又讨论了一段话，这段话似乎表明了塞拉斯对经验论的同情，但布兰顿拒斥了任何这样的解读。（我还会回到这一点。）他得出结论："实际上，现在［§45］我们可以看到整篇文章的一个主要任务是解除经验论。"（第168页）

我要主张的是，这一论断是极为错误的。

为了公正地对待布兰顿，我应该指出，在他为他的论断辩护时，他明确提到的是**传统**经验论。但他丝毫没有考虑到对塞拉斯的攻击目标进行更为细致（和正确）的界定之后所引出的一种可能性——塞拉斯或许是想要将一种**非传统**经验论从传统经验论的残骸中解救出来，这样他就可以告诉我们如何成为一个好的经验论者。我认为这正是塞拉斯写这篇文章的目的。

2. 塞拉斯明确描述传统经验论是在《经验主义与心灵哲学》关键的第Ⅷ部分。

传统经验论想要回答"经验性知识是否有基础？"这一问题（这也是第Ⅷ部分的标题），并得出了一个不合格的肯定回答。传统经验论者是基础主义者，其意义塞拉斯阐明如下："所予神话的一个形式是下面这一观念：**特殊事实必须具有**这样一种结构：（a）每一个事实只能被非推论性地获知，除此之外既不存在关于特殊事实的其他知识也不存在关于一般真理的其他知识;(b)……属于这一结构的事实性非推论性知识构成了所有关于世界的事实性断言——特殊的和一般的——的终极法庭。"(§32)这一表述用到了抽象的结构性概念。它没有提及经验。但是随着第Ⅷ部分的展开,我们可以清楚地看到,塞拉斯在拒斥所予神话的这一形式时实际是在拒斥他在这部分结论中提出的"传统经验论"。(§38)为此我们只需认识到明显的一点:传统经验论认为**经验**是我们获取基础性知识(其意义见塞拉斯在§32的解释)的方式。传统经验论认为经验能在不预设任何其他知识的前提下产生非推论性知识。

塞拉斯尽量将我们的注意力引向传统经验论假定的这种不需要预设的自由,也就是他在表述不合格的基础主义时所说的"除此之外既不存在关于特殊事实的其他知识也不存在关于一般真理的其他知识"。他在§32中继续写道:"有重要的一点需要指出:我不仅将属于这一层面的事实性知识描述为非推论性的,还预设不存在关于事实的其他知识,不论它们是特殊的还是一般的。有人也许会认为这是多余的,逻辑地预设其他事实性知识的知识(不是信念或确信,而是知识)**一定**是推论性。但我希望阐明的是,这一点本身也是所予神话中的一个片段。"

塞拉斯在第Ⅷ部分的最后拒斥了传统经验论,实际上他拒斥的是"除此之外既不存在关于特殊事实的其他知识也不存在关于一般真理的其他知识"这一点。传统经验论给出的肯定回答的余下部分都是可以成立的。他在§38中说:"如果我拒斥了传统经验论的框架,这并不是因为我想说经验性知识**没有**基础。因为这样说就意味着这些知识真的是'所谓的经验性知识',并使之充斥谣言与谎言。下面这幅图景明显具有**某些**可取之处,即让人类知识基于某个命题(观察报告)层面,这些命题不像其他命题依赖它们一样依赖其他命题。另一方面,我希望坚持如下的观点:'基础'的隐喻是误导性的,因为它阻碍我们看到,其他经验性命题对观察报告的依赖是一个逻辑维度,观察报告对其他经验性命题的依赖则是另一个逻辑维度。"

传统经验论忽略了第二维度下的依赖性。认识到第二维度就是接受下面这一点：被误解为基础的知识（产生这种误解的原因也是因为没有认识到第二维度）需要以其他事实性知识为先决条件，但后者所属的结构现在仍被误解为是建立在这些被误解的基础之上的。如果沿用基础的隐喻，我们可以说，建筑的基础可以建立在建筑本身之上。

这段话描述了非传统经验论的特征。为了阐明这一点，我们只需指出，是**经验**产生了观察报告所表达的知识。认识到第二维度让我们能恰当地理解观察报告。观察报告所表达的知识并不是推论性地基于其他事实性知识，而是——这是它与传统经验论的关键不同——以其他事实性知识为先决条件。另一方面，塞拉斯又坚持认为，其他经验性知识在第一维度中依赖的正是由观察报告所表达的知识。对经验的明确引入让我们认识到塞拉斯为什么要在第Ⅷ部分的开头这样表述传统经验论，因为只有这样我们才能理解这部分的结尾。这一步骤也让我们看清塞拉斯在这部分结尾提出的立场，也就是用来替代传统经验论的改良经验论。

3. 但以上的描述在某种程度上仍然是抽象的。为了充实对改良经验论的这一界定，我们需要给出一幅细节化的经验图景，并解释经验是如何以其他事实性知识为先决条件产生非推论性知识的——与之相反，传统经验论赋予经验的产生知识的能力不需要以任何东西为先决条件。

这正是塞拉斯从第Ⅲ部分"'看'的逻辑"开始进行的工作。塞拉斯告诉我们，经验包含命题性断言。（§16）塞拉斯从一开始就坚持认为我们能以这种方式将意向性内容赋予经验。他在琼斯神话的第一阶段（第ⅩⅤ部分）就做出了这样的承诺。这部分的论题是一般"思维"（具有意向性内容的内部片段）。不过，塞拉斯又在下一部分开头的回溯中（§60）重新提到了经验的意向性特征。他指出，他实际是把他在§16提出的表述作为了黄金标准。

塞拉斯在§16中说，对（视觉）经验的完整解释明显需要除意向性内容之外的"某些东西",也就是"哲学家谈论'视觉印象'或'直接视觉经验'时所想那种东西"。(我们可以质疑这一点**是否**明显,或者甚至是否正确,但因为我这里的目的完全是评释性的,所以我不会考虑这些问题。)塞拉斯在引入"某些东西"时指出,它的"逻辑状态……是一个问题,且会始终伴随余下的论证"。他对这一论题的最终处理是在文章的最后,也就是琼斯神话的第二阶段(第XVI部分)。琼斯神话解释了不带倾向性的一般心理事件。但它在《经验主义与心灵哲学》中明显还有一个更为特殊的目的:完成塞拉斯从第Ⅲ部分开始阐述的**经验**观。琼斯神话的第一阶段证明了他对经验具有意向性内容的承诺,第二阶段则处理了塞拉斯认为解释经验的感觉特征所需的"某些东西"。

塞拉斯在第Ⅲ部分(当时他只是承诺将意向性内容赋予经验)和第Ⅳ部分着眼于如何保证他提出的产生非推论性知识的能力(通过将意向性内容赋予经验)并非传统经验论所理解那样。他在第Ⅲ部分就已经坚持认为(用他在第Ⅷ部分中使用的术语来说),经验要具有如此这般的意向性内容,并产生如此这般的非推论性知识,就需要以除非推论性知识本身之外的其他知识为先决条件。

第Ⅲ部分的大部分篇幅都在讨论对颜色的视觉经验这个例子。我们或许会特别容易认为这种经验不需要依赖其他知识就能产生自足的知识。有些经验确定包含了某人面前有绿色物这样的断言,我们至少可以说,某人确实拥有面前有绿色物这样的经验。而有些经验则不能被这样描述,比如某人**看到**的经验——某人非推论性地知道面前有绿色物。经验到面前有绿色物的能力是拥有(适用于视觉的)绿色物**概念**的一部分。塞拉斯主张,拥有颜色概念的能力"包含了通过观看事物说出其颜色的能力,而这种能力反过来又包含了对下面这一点的认识:如果我们想通过观看对象断言其颜色,我们应该将它置于何种条件之下"(§18)。是否经验到面前有绿色物,并通过这一经验获得某物是绿色的非推论性知识依赖于——这种依赖不是推论性的,而是第二维度下的依赖性——

(比如说)认识到不同的光照条件对颜色表象产生的影响。

4. 布兰顿将观察性知识(由观察报告表达的知识)理解为某种特殊的**可靠而有差异的反应倾向**(reliable differential responsive disposition)的结果——其特殊性在于,这里的回应并不是**单纯的**回应,就像电子眼的波束被截断后将门开启,相反,这里的回应是一种断言,是**推论性**阐明实践中的步骤。布兰顿将这幅观察性知识的图景归于塞拉斯,并称之为"塞拉斯对观察的二层性解释"①。

如果条件良好,这种倾向就会产生于观察性知识的表达中。但这种倾向还会在另一种条件下触发运作,在这种条件下,根据运作产生的首要结果来做出断言是危险的。这种断言肯定没有表达知识,或许还是错的。在这种条件下,主体学会抑制倾向来做出断言。比如,主体学会在一定光照条件下保留关于颜色的断言,因为如果不控制回应倾向,主体就会做出错误的断言。在这种条件下,"看似"陈述("looks" statement)代替了回应倾向想要做出的断言。"看似"陈述**标示出**主体在抑制(特殊的视觉性)回应倾向所产生的首要结果。

布兰顿认为,如果获得观察性知识的过程中有什么东西可以被恰当地理解为**感觉意识**,那也只是回应倾向运作中的一个细节。回应倾向可以在没有感觉意识(至少是那些符合倾向产生的知识的感觉意识)中介的情况下在表达知识的断言中产生。这是有可能的。(根据流传民间的认识论说法,判断小鸡性别的专业人员就是这样做的。)布兰顿认为这一可能性(或事实,如果它的确是如其所是的那样)揭示了观察性知识的根本性质。根据这一观点,经验(一种感觉意识形态)对观察性知识的认识论来说并不是根本性的,因而对一般经验性知识的认识论来说也不是根

---

① 参见布兰顿:《〈经验主义与心灵哲学〉中对现象的双重解释及其核心》("The Centrality of Sellars's Two Ply Account of Observation to the Arguments of 'Empiricism and the Philosophy of Mind'")。

本性的。如果经验论将某种特殊的认识论意义赋予经验，这幅图景中就不会有空间留给经验论，不论是传统经验论还是其他经验论。

这里我们并不是要考虑布兰顿这一彻底方案的前景：将某种经验性知识观赋予经验，从而不给任何经验论（甚至是改良经验论）留下空间。但是基于我想要解决的问题，我需要考虑布兰顿是如何在塞拉斯那里解读出这一方案的。我认为这种解读完全违背了《经验主义与心灵哲学》整篇文章，不过我还是要特别地从第Ⅲ部分开始。

5. 塞拉斯在§16引入了包含断言的经验概念，但他并没有告诉我们如何在经验性知识的概念中不用到经验。相反，他开始在不让我们陷入所予神话的前提下将经验**解释**为经验性知识中的某种内部片段。之所以说"开始"，是因为为了彻底完成这一任务，塞拉斯需要用琼斯神话来证明内部片段概念，特别是具有意向性内容的内部片段概念。

布兰顿认为塞拉斯试图在第Ⅲ部分陈述这样一种理论：断言只能伪装成外显的语言运作，也就是回应倾向的首要结果（主体在说事物看起来如何时候标示了这种受抑制的倾向）。但塞拉斯在使用断言概念时公开承诺将意向性内容赋予**经验**，并用琼斯神话来证明这一点：琼斯以具有语义特征的外显语言运作为模式引入了具有意向性内容的内部片段概念。布兰顿图景中的断言只是琼斯所用的外显语言运作模式中的断言。塞拉斯要求琼斯引入的首要意义上的断言（为了完成他在第Ⅲ部分提出的任务）根本不在布兰顿的图景中。

塞拉斯在§16中明显希望琼斯神话能证明他的承诺：包含命题性断言的经验是"［他的］一个主要目标"。当琼斯开始工作时，他的同伴已经会用虚拟条件式，他们能谈论具有语义特征的外显语言行为。（在琼斯开始工作之前，塞拉斯已经在§49中将这一点加在了原始的"赖尔式"资源上。）为了完成他在§16中提出的主要目标，塞拉斯需要追随琼斯明确地超越那些琼斯之前的资源。只有在经过琼斯式概念革新的第一阶段之后，塞拉斯才能实际宣称履行了自己的承诺。（§60）戴维森提出用可抑制的倾向来解释"看似"陈述,从而做出某种首要意义上的外显语言运作式断言。但这种工具在琼斯的革新之前就已存在。布兰顿暗示他的工具足以实现塞拉斯在第Ⅲ部分提出的目标,他没有恰当地表达出塞拉斯所强调的一点,即这里步骤还只是承诺性的。②

塞拉斯在§15中拒斥了下面这一观念:"看似"陈述报告了最低限度的客观事实——客观的意思是"在逻辑上独立于知觉者的信念和概念框架",最低限度的意思是这种报告比知觉者对环境对象之颜色的报告更安全。塞拉斯对这一观念的拒斥当然是对的,因为这里假定的客观事实以及这种对"看似"陈述的解释都是所予神话的一个版本。

但布兰顿认为塞拉斯那里的"看似"陈述根本就不是报告,尤其不是经验报告,因为塞拉斯应该告诉我们如何在我们的经验性知识图景中不用到经验。因此,为了把捉塞拉斯试图在§15中给出的要点,布兰顿写道:"将[在某人看来某物是F的陈述]当作报告是根本错误的,因为此陈述标示了将某物称为F的倾向,但由此**说**某人具有这样一种倾向也许并不恰当。"(第139页)拒绝将"看似"陈述视为报告的一般做法并不符合塞拉斯的实际说法,但布兰顿试图调和这一点,他说塞拉斯在这一点上"犹疑不决"。但是只要我们看一眼文本就会发现塞拉斯毫无犹疑地认为"看似"陈述**就是**报告——当然报告的并不是布兰顿唯一考虑过的倾向,而是**经验**,特别是经验的意向性内容。塞拉斯在§15的最后这样写道:"首先我要指出,'这东西现在在我看来是绿色的'这个句子当然扮演

---

② 塞拉斯在《科学与形而上学》中承认了一种用前琼斯式语言表达的"看似"陈述。他说,"这种表达['x在我看来是红色的']必须……被解释为大致具有如下的意义:'x导致我这样想:看!这是红色的;即使我没有这样想,它也会导致我具有这样想的倾向'"(第159页)。如果某人这样说,那么他就是在将这一倾向明确地归于其自身,而不是像布兰顿图景所说的那样在标示这一倾向。但这里我们只是换了一种方式来探索布兰顿给自己限定的概念工具。这段话表明,在琼斯完成他的工作之前,供布兰顿解释"看似"陈述的材料就已经存在;因此,在得到这些材料之前,塞拉斯就已经清楚地知道**他**对"看似"陈述的解释需要用到这些材料。

了某种报告性角色。诚然,它从根本上来说似乎就是一个报告。但若是这样,如果它报告的不是最低限度的客观事实,如果它报告的东西不能用感觉材料概念来分析,它报告的又是**什么**?"几页之后(§16),塞拉斯在引入了他赋予经验的两个方面(经验的意向性和感觉特征)之后回答了这个问题,他告诉我们"看似"陈述报告了什么:"因此,当我说'X 现在在我看来是绿色的'时,我是在**报告**下面这个事实:我的经验**作为一个经验**无法和看到 X 是绿色这一可证实经验内在地区分开来。在报告中,'X 是绿色的'这一断言归属于我的经验;而我报告的是'X 现在在我看来是绿色的',而不是简单的'X 是绿色的',这一事实表明,某些考量已经在一个所谓的更高法庭中提出了'授权还是不授权'的问题。"这并非"犹疑不决"。这是一个直接的、强调性的、布兰顿认为塞拉斯应该要否认的陈述——"看似"陈述就是报告,(再重复一次)报告不是倾向,而是经验的意向性(包含断言)和隐含的感觉特征。塞拉斯在履行他在§16 中所做承诺时的最终步骤正是让"思维"(包括具有意向性内容的经验)将报告性角色赋予其自身(§50)。

如果我们只是将自己的经验报告为包含事物是如此这般的断言,我们仍然需要决定是否授权自己做出这一断言。如果授权了,我们就是在断言自己看到事物是如此这般的(如果这里的经验是视觉经验)。如果没有授权,我们就限制自己,说事物在我看来是如此这般的。在"看似"陈述中,我们先不授权自己做出经验报告所包含的断言。

布兰顿抓住了保留授权这一点,并在解释"看似"陈述的不可矫正性中(他将这一解释归于塞拉斯)对此展开探索。布兰顿代表塞拉斯写道:"因为断言'X 看起来像 F'并不是在做一个命题性承诺,而只是在表达一种做此断言的可重写倾向,所以并不存在这个承诺(哪个承诺?)是否正确的问题。"

但这也反映出布兰顿没能把握我一直在论证的塞拉斯式观点:当我们说"X 看起来像 F"时,我们就是在报告自身经验包含断言的特征。

说经验包含某个断言——在布兰顿的示例中,此断言就是"X 是 F"——就是在说事物看起来如何的同时做一个断定性的承诺,即使我们在报告经验包含的断言时保留了这种承诺。布兰顿的问题"哪个承诺?"虽然只是修辞性的,但也有一个答案:承诺经验包含某个断言这一命题。布兰顿对"看似"陈述之不可矫正性的解释根本不是塞拉斯式的。我们要等到琼斯神话第一阶段的最后才能得到塞拉斯对第一人称主权——说事物看起来如何的主权,对报告对象的"特许使用权"——的真正解释。塞拉斯在§59 中处理了这一问题。③

6. 布兰顿在评论§19 和§20 时指出:"这几节并没有以清晰的方式,甚至没有以线性的方式,来呈现塞拉斯的论证。"(第 147 页)这反映了下面这一事实:他认为塞拉斯**应该**在第Ⅲ部分中解释观察性知识的"二层性"图景,并用可靠的区分性回应倾向(这些倾向在推论性阐明实践中的位置构成了倾向结果的概念内容)来解释观察报告。

但这种评释性实践的问题在于坚持认为塞拉斯的文本中包含了某些我们想要寻找的东西,即便这样做要求我们去这一文本的清晰性。我们应该停下来思考:这一文本是否以完全的清晰性做了其他事情?

事情正是如此。塞拉斯并没有在第Ⅲ部分中(特别是§19 和§20)呈现布兰顿的"二层性"图景。他就下面这一点给出了非常清晰的初步解释:除了通过拥有经验获得的非推论性知识,经验(即便是简单的颜色经验)产生知识的能力如何以其他事实性知识为先决条件。其他事实性知识与以此为先决条件的经验知识间并不存在推论性关系,这是塞拉

---

③ 布兰顿非常热衷于保留授予的解释性力量,这一热情明显导致他错误地描述了塞拉斯在§17 中对一般性看的处理。布兰顿说:"塞拉斯的解释处于授权的范围内。只有当我们愿意去授权更为一般的断言(并负起证明的责任)时,我们才会说一个平面看起来有'很多边',而不是说它有'119 条边'。"(第 145 页,类似的陈述还可参见《使之清晰》,第 293 页。)但在塞拉斯看来,如果有人说一个平面看起来有很多边,他肯定没有授权做出此平面有很多边的断言。塞拉斯对一般性看并非处于授权的范围内,而只涉及授权的打算。就像一般断言一样,经验包含的断言在内容上可以是不确定的。

斯在第Ⅲ部分中表达的观点。

布兰顿说,塞拉斯用"授权"来表达"二层性"图景中的第二个元素。(第140页)他认为塞拉斯谈论授权的目的是让自己有权谈论断言,为此,他需要将由此具有概念内容的承诺放到由推论组织起来的责任结构中。

然而,塞拉斯在引入包含断言的经验概念时丝毫没有提到他觉得自己有责任去考虑这些断言是什么的问题。他对"看似"陈述的最初解释是承诺性的,因为他需要琼斯在用断言概念将意向性内容赋予内部片段之前拓展这一概念的首要应用,也就是某种外显语言运作。就这些目的而言,断言概念的首要应用是不成问题的。塞拉斯对授权的谈论并不是要将单纯的回应带入以责任为结构的实践中,从而使它们具有概念内容。"授权"仅仅意味着**授权**。一旦我们引入了包含断言的经验概念,经验主体通常就会面对是否授权经验所包含之断言的问题。某些回应倾向结果的概念内容是由推论性阐明实践构成的,此观点和塞拉斯在这部分中表达的任何观点都不相关。

或者说,我相信此观点和《经验主义与心灵哲学》整篇文章都不相关。我之前提到,在琼斯展开工作之前,塞拉斯就将具有概念内容的外显语言运作概念加在了已经存在的"赖尔式"资源上。(§49)他并没有宣扬,而是很快地完成了这一工作。塞拉斯的这篇文章并不是要就外显运作如何具有概念内容给出"推论主义式的"解释,后者是布兰顿"二层性"图景中的第二个元素。但塞拉斯并没有给出其他解释,因为他在这篇文章中的目的保证了他不需要考虑"推论主义"所要回应的问题。

在指出§19和§20的不清晰之后,布兰顿说:"塞拉斯[在§§33—37中]以一种更为令人满意的形式重复了这一论证。"他的意思是,作为第Ⅷ部分之核心的这几节更好地表述了"二层性"图景。但这也反映出他误读了这几节的事实。

布兰顿认为§§33—37的要点是想阐明"二层性"图景中的第二个

元素：在观察报告中，回应倾向结果的概念内容是由推论性阐明实践构成的。基于这一背景，他认为这几节表明了塞拉斯的认识论内在论的问题。

塞拉斯认为表达观察性知识的断言必须满足两个条件（§35，两个障碍）。首先，产生断言的能力必须能得出正确可靠的结果。其次，做出断言的人必须意识到他的声明具有某种权威性。塞拉斯指出，可靠性概念必须以如下的方式阐明：某人所做的断言（在做出该断言的条件下）很好地推论了他所说的事物之所是，布兰顿称之为"可靠性推论"。

布兰顿认为这一点使塞拉斯提出的第二个条件和下面这一理论之间产生了矛盾，即观察性知识是非推论性的。他认为第二个条件暗示我们是通过"可靠性推论"说服自己得到观察报告的，因为如果我们纵容自己做出断言的倾向，我们就能说服自己事物就是自己所说的那样。这就暗示报告表达的知识是推论性的。布兰顿因此得出结论：如果我们要坚持塞拉斯自己的思想（观察性知识是非推论性的），就必须拒斥第二个条件。为了成为比塞拉斯本人更好的塞拉斯主义者，我们应该主张观察性认识者最多只能在事后引入自身的可靠性。④ 并且，由此我们只需一小步就能像布兰顿那样做出如下论断：可以存在一些观察性知识，认识者无法在事后引入自身的可靠性。在这种情况下，只需要有其他人（一个记分者）可以证明此信念是"可靠性推论"的结论，即便信念持有者本人无法证明这一点。⑤

但布兰顿在这里忽视了塞拉斯在§32中暗示的第Ⅷ部分的核心要点：引入第二维度下的依赖性。在这一维度中，一个知识可以依赖另一个知识而不威胁到观察性知识是非推论性的这一理论。

---

④ 关于非推论性信念的事后推论性证成，可参见布兰顿：《可靠主义的洞见与盲点》（"Insights and Blind Spots of Reliabilism"），特别是第103—104页和第211页注3。

⑤ 参见《使之清晰》，第217—221页。布兰顿在他的《研究指南》中也暗示了这一点，参见第157、159。

我们已经考虑了塞拉斯在第Ⅷ部分中阐述的例子。(塞拉斯在§37中再次提及了第Ⅷ部分,特别是§19。)在经验基础上所做的关于事物颜色的断言依赖于(第二维度下)认识到不同的光照条件对颜色表象产生的影响。为了支持我有权做出某物是绿色的断言,我可以说,"对于分辨事物的颜色来说,这样的光照条件很不错"。这一点和对事物颜色的观察性权威的关联属于第二维度下的依赖性,这种关联不能用推论来阐明。作为前提的关于光照条件的陈述不能并不是我们断言事物颜色的推论根据。

塞拉斯提出的第二个障碍亦与此类似。为了支持我有权做出某物是绿色的断言,我可以引入我在这一点上可靠性——这种引入并不是事后的引入,而是当时的引入。我可以说,"当我看到一个绿色物时能够分辨出它是绿色物(至少在这种光照条件下)"。为了支持断言的可靠性,我必须意识到我的可靠性,并且能够像上面这样引用它。这里的支持同样的第二维度下的,塞拉斯小心地将此维度和另一个维度——一个知识为另一个维度提供推论根据的维度——分离开来。

的确,可靠性概念可以用"可靠性推论"的好坏来阐明,但这和这里的要点并不相关。断言的权威性依赖于(第二维度下)主体的可靠性(需要主体意识到自身的可靠性),这并不是说它依赖于(第一个推论性维度下)主体通过"可靠性推论"做出这一断言的倾向。

在处理第Ⅷ部分时,布兰顿毫无根据地指责塞拉斯对观察性知识之"二层性"图景的解释是不清晰的。这使他几乎完全忽视了塞拉斯在第Ⅷ部分中暗示的核心观点。

布兰顿在修正这幅"二层性"图景时几乎没有涉及塞拉斯提出的第二维度下的依赖。他几乎完全用下面这种对观察报告所表达的语句形式的**理解**来解释塞拉斯在第Ⅷ部分中的工作——我们不仅用这些语句来做出观察报告,还将此作为推论的前提和结论。这一要求当然存在,但没有任何理由表明这是塞拉斯这里的考量(正如我所主张的,这也不是《经验主义与心灵哲学》整篇文章的考量）。塞拉斯考虑的是断言表达观察性知识要满足的要求，以及这一要求所暗示的明确的**权威性**。理解自己以这种明确的权威性断言了什么并不是这里的问题。塞拉斯提出第二个障碍的要点并不是要将"可靠性推论"作为推论性阐明结构（在这一结构中，语句必须以具有概念内容的形式出现）的一部分。塞拉斯的理论是：**观察的权威性**依赖于（第二维度下）主体自身的可靠性，而这种依赖又要求主体意识到自身的可靠性。塞拉斯引入"可靠性推论"只是为了注释可靠性概念。（很明显，这是一个不错的注释。这并不是对一般概念内容做出有争议的"推论主义"解释的第一步。）第二个障碍与观察性知识是非推论性的这一理论并无冲突。

布兰顿在《研究指南》中的某处（第 162 页，在阐释 §38 时）不顾自己的意愿让我们得以一瞥塞拉斯的真正观点：他说，观察报告"本身基于（并非推论性地，而是以**理解**秩序，有时则是以证成秩序）其他种类的知识"。但是正如我所主张的，对理解秩序（布兰顿所谓的理解秩序是指语句形式为了具有概念内容必须从属的推论性结构）的强调和塞拉斯的观点并不相关。塞拉斯对传统经验论的驳斥完全只关系到证成秩序，这一秩序回应的是"有何权利？"（Quid iuris?）这一康德式问题。塞拉斯的观点是，观察性知识**总是**（不是有时）在证成秩序中依赖（非推论性的第二维度下）其他种类于其他种类的知识。正因为如此，观察性知识并非像传统经验论所设想的那样是基础性的。

我在表述中使用了布兰顿的术语。但我们还可以这样来表述塞拉斯在第 Ⅷ 部分中的核心观点：这种对证成秩序的谈论是误导性的。将片段或状态置于理由空间内——塞拉斯说，我们在将其归为认识片段或状态时就是这样做的（§36）——的一种方法是给出让我们接受其内容为真的根据，以这些根据为前提，我们可以足够好地推论出认识者断言或将会断言的东西是否为真。塞拉斯引入第二维度的目的是想表明还有另一种方式回应"有何权利？"这一问题：这种回应和被辨识为知识的断言大相迳庭。在这种回应中，我们不需要提供根据来授权一个表达知识的断言。我们首先关注的并不是主体所说的特殊事物是否为真，而是主体在这种条件下是否有权威说出（任何）相关的话，比如，在当下的光照条件下，主体是否有权威做出关于某物颜色的断言。当然，如果我们接受主体所说的话具有权威性，那么我们就可以以此为根据来推论他所说的特殊事物，我们的推论前提是：他说了这些话，并且我们接受他有权威说这些话。然而，关于主体权威性的思考和主体所做的断言是否可被认识直接相关，这种思考并不涉及为断言提供推论性根据的能力，也不涉及对断言为真的论证。我们确信断言为真，根据是，主体所说的话表达了知识；断言的真并不在于我们确信主体是一个认识者。⑥

我一直在坚持认为塞拉斯引入第二维度的目的是**认识论性质的**。第二维度涉及下面的要求，即断言如何才能具有属于知识表达的权威性。但这个认识论性质的观点并没有排除**语义性**意义。比如说，通常形式下的颜色概念（相对于先天失明者可能拥有的颜色概念）可以被用于和观察报告相连的具有明确权威性的断言（或判断）中，而这一事实也部分地构成了概念所具有的内容。

但这种语义性意义和布兰顿"二层性"图景中的第二个元素——"推论主义"——极为不同。塞拉斯并不考虑**可能断言**间的相互依赖，在布兰顿的图景中，这种相互依赖只能是由它们间的推论性关系构成的。塞拉斯考虑的非推论性的依赖关系，多亏了这种关系某些**实际断言**才能拥有对观察性知识的权威性。正如我所说的，这里有一个语义层面，因为如果实际断言所表达的语句形式不能在断言中拥有明确的权威性，它们

---

⑥ 塞拉斯将理由空间等同于我们将片段或状态归为认识片段或状态时将它们放置其中的空间，在这一语境下，他将理由空间描述为"证成且能证成我们所说的话的空间"。（§36）根据我对第二维度的讨论，塞拉斯的这一描述并非完全恰当。第二维度对"有何权利?"这一问题的回应只是间接证成了**我们所说的话**。它的直接目的是描述我们有权利拥有对该话题的权威性。这种描述并不依赖于我们说了什么。

就无法具有明确的概念内容。但这并不是迈向"推论主义"的第一步。和塞拉斯一样，我也认识这里的依赖关系是非推论性的。不论怎样，因为这种依赖关系只通过观察报告体现，而非通过一般断言体系，这里的语义性思维并不像布兰顿的"推论主义"那样是关于一般概念内容的。

7. 正如我在本文开头所指出的，布兰顿主张塞拉斯的目的是解除经验论，他考虑一段似乎是不同方向的话，并忽视了它。我保证过还会回到这一点。

这段话是《经验主义与心灵哲学》的§6。塞拉斯驳斥了传统感觉材料理论，认为它接受了相互矛盾的三个理论，其中一个理论是："认识 x 是 Φ 这类事实的能力是学习获得的。"为了避免矛盾，我们可以放弃这一理论。但塞拉斯反对这一选项，他说这会"伤害经验论传统中占主导地位的唯名论倾向"。布兰顿认识到，分类知识的能力是学习获得的这一理论是塞拉斯将要拥护的"心理唯名论"的一部分。（参见§§29—31）因此，在解释经验论传统中的唯名论倾向时，我们会很容易地认为能够在塞拉斯式的理论中找到契合点。布兰顿说："大多数经验论哲学家都强烈地倾向于认为，所有分类性意识，所有对某物是如此这般的认识，或者用逻辑学家的行话来说，所有共相对殊相的包含，都涉及学习、概念的形成，甚至是符号的使用。"

但布兰顿坚持认为塞拉斯并不是在表达对经验论传统的任何同情。他暗示（第169页），第Ⅵ部分处理的是经验论传统特有的唯名论倾向，塞拉斯本人并没有沉溺于这种倾向中，虽然他本人赞同经验论者的观点：分类知识的能力是学习获得的。

这一说法中有两个地方无法令人满意。

首先，第Ⅵ部分并没有传统经验论者的思维形态描述为塞拉斯没有沉溺其中的唯名论倾向。塞拉斯对古典经验论者的看法是，他们只有在涉及**可确定的**重复项时才会质疑共相。在考虑**可确定的**重复项时，他们认为认识 x 是 Φ 这类事实的能力是单纯感知的伴随物，而不是某种需要通过学习获得的东西。也就是说,古典经验论者并不完全忠诚于塞拉斯在§6中归于他们的唯名论倾向。到此为止,塞拉斯归于经验论传统的唯名论倾向完全可以是他自己将要拥护的那种唯名论倾向。

其次,在布兰顿看来,塞拉斯排除了可以避免相互矛盾的三个理论的那个选项,但他为此展开的论证纯粹是一种人身攻击。这并不完全符合这一论证在整篇文章结构中所具有的重要性。

经验论传统的唯名论倾向对于塞拉斯在§7开头的讨论来说是根本性的。他说:"我们开始看到,感觉材料这一经典概念是两个观点杂交后的产物。观念(1):存在某些内部片段(比如看到红色时的感觉或听到C♯时感觉),这些感觉不需要任何先在的学习过程或概念形式就可以呈现给人(和动物),**从某种意义上来说**,如果没有这些片段,我们就不可能看到某个物理对象的表面是红色的、三角形的,也不可能**听到**某个物理声响是C♯。观念(2):存在某些内部片段让我们非推论性地获知某物是红色的或者是C♯;这些片段是经验性知识的必要条件,并为所有其他的经验命题提供证据。"为什么必须区分这两种片段?观念(1)描述的片段不需要先在的学习或概念形成过程,但观念(2)描述的片段(让我们非推论性地获知某物是红色的或者是C♯的片段)则需要这种过程。我们为什么应该接受这一点?目前的唯一根据就是塞拉斯归于经验论传统的唯名论倾向。布兰顿说塞拉斯所持的是一种不同的唯名论,只是这种唯名论尚未被明确引入。

塞拉斯在第Ⅲ部分的开头(§10)重复了对古典感觉材料理论的这一诊断。他这样写道。"下一个合理的步骤是检查这两个观念,并决定批判之后幸存下来的部分如何恰当地结合起来。很明显,我们需要认真讨论**内部片段**概念,因为这两个观念共享着这一概念。"这为文章的余下部分确定了工作计划。在§16中,塞拉斯开始解释古典感觉材料理论是如何将经验中包含的两种片段杂交起来的。这一方案一直持续到文章的最后。提出琼斯神话的目的就是为了认真讨论内部片段概念——

特别是这两种片段。

如果驱动这一工作计划的是纯粹的人身攻击论证(这种论证只能说服不包括塞拉斯本人在内的传统经验论的拥护者),这将成为塞拉斯这篇文章结构上的一个弱点。如果§6所表述的论证能够说服那些正确思考的人,这篇文章的结构看起来就会更强一些。这一论证的确明显指向人身攻击。它指出,处于经验论传统中的古典感觉材料论者不可能逃脱相互矛盾的三个理论。但这一论证又驱动了文章余下部分的工作方案,这一点建议我们不能完全将此理解为人身攻击。我们应该看到,塞拉斯试图探索§6中描述的唯名论和其本人所持唯名论之间的契合点,从而表明他本人也属于经验论传统。

这一点也符合下面这一理解:《经验主义与心灵哲学》的目的是,以基于经验论之唯名论倾向的论证重新召回经验论更为睿智的洞见。塞拉斯在第Ⅵ部分指出,正统经验论者给出了一幅我们处理明确的可观察性质的图景,在这幅图景中,他们已经背离了其传统中的唯名论倾向。为了避免传统经验论形式的所予神话,我们需要经验论忠诚于唯名论倾向,传统经验论并没有完全做到这一点。而塞拉斯给出的正是这样一种经验论。

8. 到此为止,我的论证完全是基于《经验主义与心灵哲学》的文本。在本文的最后,我想给出来自另一处的一个证据。

塞拉斯在《命令、意向和"应该"的逻辑》一文⑦中考虑了琼斯式的意向观,他将"应该"思维理解为以某些外显表达为模式的内部片段。他这样引入这一观点:"有这样一个想法涉及到意向及其表达,这一想法虽然在严格意义上并不是本文论证的一部分,但或许契合一个更大的经验论心灵哲学框架。"(第195页)他在一个尾注中写道:"对这一框架的阐述,可参见我的《经验主义与心灵哲学》……"(第217页)

---

⑦ 感谢约收亚·斯都克里克(Joshua Stuchlik)让我注意到了这段话。

这里,塞拉斯明确地指出,《经验主义与心灵哲学》提出了一种经验论心灵哲学。他谈论的是处理一般心理事件的琼斯式方式,而不是《经验主义与心灵哲学》处理特殊知觉经验的方式中所隐含的认识论和先验意味。但是很明显,他并不想和(温和的)"经验论者"这一标签断绝关系。我们可以很自然地将这一点拓展到他对经验本身的讨论。

这段话鼓励我以我所主张的方式回答我提出的问题:"经验论"为什么会出现在"经验主义与心灵哲学"这一标题当中?因为这篇文章的主要目的是想提出一种从传统经验中的缺陷中解放出来的经验论。

十三

塞拉斯的托马斯主义

1. 塞拉斯是一位重要的系统哲学家,而非哲学史家。但他对伟大哲学传统所做的广泛而深入的研究处处塑造着他的思想。在很多地方,他自然地通过讨论他的前辈来阐述自己的思想。最为明显的一个例子是他的《科学与形而上学》一书,这本书的副标题"康德式主题的变奏"很好地把捉了这一特征。然而,还有许多对哲学伟人的更小范围内的探索在塞拉斯的系统著作中被弃置了:比如,莱布尼兹、英国经验论者和维特根斯坦。我将在本文中考察塞拉斯用历史来阐述自己思想的一个例子,就塞拉斯所从事的那种哲学而言,这一例子或许有一点出人意料。我要考察的这篇文章叫《存在与被知》,在这篇文章中,塞拉斯通过赞扬和质疑他在阿奎那那里找到的某些观点解释并建议了自己思想的一个核心特征。这里对阿奎那的把握都是通过塞拉斯来实现的,因此我只是在间接地从事哲学史的工作(除非我们将塞拉斯也算作哲学史的一部分)。我对这一话题的兴趣在于理解塞拉斯本人,而不是他的历史衬底。但在本文的最后,我将会对塞拉斯在此从事的哲学史工作做一些大致的评论。①

2. 塞拉斯的一个核心理论是:理解思维片段的意向性(关涉性)必须以理解语言运作的意义为模式,并作为后者的延伸。

为了帮助理解这一概念,我们或许可以引入吉奇(P. T. Geach)对同一基本观念的陈述,不过吉奇将这种陈述伪装成对作为范式性心理行

---

① 本文是我在密歇根州立大学做的查尔斯·麦克拉肯(Charles McCracken)哲学史讲座。

为的判断的解释。吉奇将焦点放在了《诗篇》中的一句话上:"愚人心里说:没有上帝。"②他在《旧约》中不止一处地方找到了这句习语。(当然这句话在霍布斯的《利维坦》中并不陌生,同一个愚人心里说:没有正义这种东西。)③换言之,《诗篇》告诉我们,愚人做出了没有上帝的判断。愚人并没有公然表达他的判断让其他人知道。或许我们可以认为愚人是在自说自话地表达他的判断,但《诗篇》告诉我们愚人是在心里说这句话的。然而,《诗篇》的这句习语明显是以高声说出这一外在的公开运作(并不是在心里说"没有上帝"或用别的语言在心里说同样效果的句子)为模式来描述愚人进行的内在的非外显运作,这一描述既适用于英语也适用于希伯来语。

但这并不是说进行思维就是让句子在心灵的耳边鸣响,或者在想象中排演大声说出句子的情形。毫无疑问,思维有时也包含语言意象,但这种情况并不总是发生。吉奇的建议并不涉及思维片段的现象学。事实上,它并不涉及任何从思维内容中抽象出来的思维片段概念,不论此概念是现象学的还是其他的。它考虑的是如何精确地理解思维片段的**内容**以及它们对外部实在的指向性。吉奇建议我们首先应该理解外显的言说如何与它的内容相关,并在此基础上形成下面这个概念,即思维如何与外在于思维的实在相关。也就是说,我们应该用说出如此这般的话来类比做出如此这般的判断(判断是片段性思维的一个范例)。判断的概念包含了这样一种隐喻。

3. 众所周知,托马斯主义包含了塞拉斯所说的"精神语(mental word)理论"(《存在与被知》,第43页)的一个版本。④ 在托马斯主义术语中,拥有作为一个人的概念(即有能力进行将某个东西思维成一个人

---

② 《诗篇》,14:1。参见吉奇:《心理行为》。
③ 《利维坦》,第Ⅰ部分,第15章。麦克弗森(C. B. Macpherson)版,第203页。
④ "精神语"这一概念同塞拉斯在本书第三和第十一篇文章中讨论托马斯主义时用到的"理智语"(intellectual word)。——译注

的理智行为)就是在第一实现(first act)或初级实现(first actuality)中对·人·这个精神语运用理智,也就是说,将这个精神语放入理智的指令系统中。较之于获得这一概念的单纯潜能,初级实现已经进了一步,但它在某种意义上仍是一种潜能。但是当一个人实际进行将某个东西思维成一个人的理智行为时,他就是在第二实现(second act)或二级实现(second actuality)中对·人·这个精神语运用理智。第一实现和第二实现之间的区别是:前者是拥有使用精神语的能力,后者是精神语的实际使用。

以上我阐释的是塞拉斯对托马斯主义式谈论方式的勾勒。其中有一点并不容易被注意到:塞拉斯用两点来引用他用作示例的那个精神语。根据塞拉斯通常使用两点引用的方式,被引用的任何语言中的任何表达所扮演的角色都和"人"这个词在英语中扮演的角色——一个·人·——(基本)相同。·人·前面的不定冠词表明,"·人·"和"狮子"一样是一个用来归属事物的类别概念。"·人·"这一概念的个例(一个·人·)是词语,这些词语之所以属于这一概念,是因为它们在所属语言中扮演的角色(基本)一致。因此,"Mensch"在德语中是一个·人·,"homme"在法语中也是一个·人·。当然"man"在英语中也是一个·人·。我们需要在解释一个·人·时加入"基本",原因很明显:我们不能期望这些词语在不同语言中扮演的角色完全一致。

正如我所说的,塞拉斯在阐述托马斯主义时将两点引用的表达等同于精神语。他由此表明了两点。首先,他谈论的精神语是**一个·人·**(为此他用到了自己更为常用的两点引用),它和"人"这个词在英语中扮演的角色(基本)相同。其次,它不能被等同于某种普通语言中的某个词语。我们或许可以这样说,·人·这一精神语的特性已由这是一个·人·这一事实穷尽;反之,如果一个·人·在普通情况下存在,那么它一定是某种普通语言中的某个词语,比如"homme"或"Mensch"。

如果撇开这些复杂之处,并让这个托马斯主义理论脱离经院哲学-

亚里士多德式的实现等级，我们可以说，这一理论认为理智片段（比如判断行为）是精神语能力的运用。

到此为止，这一理论听起来似乎是预见到了塞拉斯本人的观点，而这也正是塞拉斯对这个托马斯主义理论感兴趣的原因。然而，根据塞拉斯的解读，这个托马斯主义的精神语理论缺少塞拉斯版本的一个根本特征。在塞拉斯的版本中，非外显理智行为和外显语言运作间的类似对解释思维具有内容来说是根本性的。我在考虑吉奇的建议时强调的也正是这一点。但根据塞拉斯对托马斯主义的解读，"精神语的本性可以脱离这一类比得到理解"（第44页）。根据塞拉斯的解释，阿奎那在将理智行为描述为精神语的内部使用时表达了这样一种理解，理智行为与其内容的关系并不类似于外显语言运作与其内容的关系。

从表面上看，这是一种出人意料的解读。显然，任何精神语都要类似于我们会在说话或写作中用到或遇到的某个普通词语。我们需要对塞拉斯如何理解这个托马斯主义理论做一些解释，这样我们就能知道，在塞拉斯那里，这种表面上的类似并不是精神语概念的关键之处。

4. 我们已经看到，塞拉斯理解的托马斯主义的理智行为概念是，如果一个理智片段包含了一个人的概念，这一理智行为就涉及某个精神语（此精神语对应于英语中的"人"）的二级实现。

这里有一个复杂之处，我只提一下。毫无疑问，在任何这种理智片段中，理智行为还必须涉及其他精神语的二级实现。其他的实现必须和我们挑出的那个实现（涉及・人・的实现）结合起来，它们的结合方式反映了整个思维之清晰表达的逻辑句法。如果我们将焦点放在这个精神语的使用上，我们同时也在谈论所有可能包含人这一概念的理智行为。这些理智行为各不相同，因为它们还包含了其他概念。塞拉斯指出了下面这一事实：完整的精神语图景需要理智行为和句法间的类似（第43页），但他（或我们）不需要探讨这种类似。这和他对托马斯主义的论证无关。

为了理解塞拉斯对托马斯主义的处理,我们需要考虑的第一个新观点是这样的:根据塞拉斯的解读,我们已有的图景——包含人这一概念的理智行为就是在内部使用"人"这个词的精神对等物——在阿奎那那里就是在以另一种方式表述标准的经院哲学-亚里士多德式理智行为概念。这个标准的经院哲学-亚里士多德式概念同样也用到了存在领域中。为了说明这一点,我们可以说,**如何成为一个人**是一个形式,如果我们将这一形式提供给适当的质料,就能得到一个人。这是关于实体的形式质料说(hylomorphism)或质料-形式概念。现在将这一概念运用于理智行为:如果理智要在第一实现中运用·人·这个精神语,并将它放到自己的指令系统中,如何成为一个人这一形式就必须为理智提供形式,当然其方式并不是将形式赋予质料并构成实际的人,而是另一种适当的形式提供方式。如果理智要在第二实现中运用·人·这个精神语,并实际进行包含了人这一概念的理性运作,如何成为一个人这一形式也必须为理智提供形式,当然其方式也并不是将形式赋予质料并构成实际的人,而是另一种适当的形式提供方式。

在这两种情况下,理智和它所思及的理智外实在间都存在一种**同构性**(isomorphism)。同构性是形式上的相同,而根据上面这种谈论方式,理智和它所思及的事物之间正是具有这种同构性。提供给质料和理智(以另一种适当的方式)的是同一个形式。构成实际的人的形式以另一种适当的方式提供给理智,由此我们拥有了人的概念。因此,能思考人的理智和实际思考人的理智都是(以不同的方式)和实际的人同构的,这也完全符合"同构的"一词的词源学含义(一个对等的词可以是"等形的"[equiform])。

塞拉斯引入了托马斯主义用到的亚里士多德式同构性这个一般概念,并将此用于我刚刚描述过的两个同构中的第一个,即能思考人的理智和实际的人之间的同构。(第44页)但是在塞拉斯的论证中,真正重要的是第二个同构,即实际思考人的理智和实际的人之间的同构。接下来我要关注的正是这一个同构。

理智行为和理智外实在间的亚里士多德式同构是知者与被知在理智层面上的同构。这是塞拉斯描述这种同构的一种方式。(第 41 页)他还在考察了知者与被知在感觉层面上的同构,但我将忽视这一点。⑤

塞拉斯同意托马斯主义的观点,认为理智和实在是同构的。但塞拉斯认为理智和实在间这种托马斯主义的同构"过于简单"。(第 41 页)我认为这一评估是我们理解塞拉斯为什么认为托马斯主义无法像他那样用精神语的类似特征去解释思维意向性的关键。

5. 为了解释这一点,我需要对塞拉斯眼中的理智和实在间同构略作探讨。这要求我们进入塞拉斯思想的某个区域,即使是最坚定的塞拉斯信徒也会对这一区域感到气馁。但我认为这一区域的大致思路并不难归纳。

理智和实在的同构就是理智和实在间的**关系**。或者我们也许应该说,描述这样一种同构就是简要地把捉特殊理智行为和实在间的关系系统。正如我所说的,塞拉斯认为确实存在这样一种同构;正如"同构"一词所暗示的,理智片段和实在间确实存在一些结构性的关系。他这样描述这些关系:理智片段**描绘**(picture)了世界或部分世界。

描绘关系和理智语的意义,也就是理智片段的意向性相关。但塞拉斯认为下面这一点至关重要:不能将普通语或精神语的意义(理智片段的意向性)和它们在与实在秩序事物的描绘关系中所处的位置混淆起来。正如我所强调的,描绘关系是语言项(不论理智片段真的是用语言表达还是隐喻性地用语言表达)和语言外实在秩序中的事物之间的**关系**。塞拉斯坚持认为,无论是在字面意义上还是在拓展意义上(用语言

---

⑤ 塞拉斯在感觉层面谈论同构的主要目的是证实他的如下观点:感觉事件中不存在任何意向性。(特别参见《经验主义与心灵哲学》。)他认为托马斯主义需要在这一点上得到纠正,我不清楚他的解读是否公正。但我不会对塞拉斯的这部分讨论做出任何评论。

项的意义来把捉内部片段的"关涉性"),语言项的意义都不是它们在和实在秩序事物的关系中所处的位置。在《科学与形而上学》中(第 ix 页),他继续将"'意义'和'关涉性'的非关系性特征"描述为"纠正心灵在自然中所处位置的关键"。因为描绘是关系性的,所以这就等于是说,纠正心灵在自然中所处位置的关键是不能将意义或意向性同描绘混淆起来。

6. 为了把握塞拉斯这里的意图,最简单的方法是从基本的情形出发,进而通过类比来理解理智片段的意向性。基本的情形就是普通语言项的意义。如果我们能够理解这个基本情形,我们就能运用吉奇和塞拉斯的理智行为概念拓展我们对精神语的意义(理智片段的意向性)的理解。

一个把捉到某个语言项意义的陈述,比如说一个词语,必须处理作为意义所有者的词语。它处理的词语会伪装成由规则控制的、有意义的语言言说实践中的一个元素,因此它就必须处理这个元素。而在塞拉斯看来,正是这一点排除了下面的观点:语言的意义在于它和语言外实在元素之间的关系。塞拉斯认为,陈述一个词的意义必须把捉到以下两者间的一致:一方面是该词在所属语言中扮演的由规则控制的角色,另一方面则是其他词在陈述对象可理解的语言中所扮演的和该词角色基本相符的角色。意义陈述并没有将语言秩序或意义秩序中的项和实在秩序中项联系起来,而是将前者和语言秩序或意义秩序中的其他项联系起来。比如,塞拉斯给出了以下这一陈述作为意义陈述的适当形式:"(德语中)'Mensch'的用法和**你**所用语言中的'man'是一样的。"⑥

------

⑥ 塞拉斯:《存在与被知》,第 55 页。这一陈述的明确对象是语言系统中已经有"man"一词的人。这是为了避免一个问题,这个问题涉及语言项在语言秩序中最为自明的排列方式,比如"德语中'Mensch'一词的用法和英语中'man'一词的用法一样"这一陈述。这个问题是:因为"Mensch"一词在这一陈述中只是被提及,某人可以理解这一陈述,却无法把握它想要解释的意义——这样我们就不能认为这一陈述实际**陈述**了这个德语词的意义。

相反,我们谈论的语言片段和实在秩序事物处于描绘关系中;语言片段中的语言项是由规则控制的,这些规则形成了使语言项具有意义的框架。如果我们思考语言和世界之间的这种描绘关系,我们就能将语言片段理解为无规则的自然界中的事件(具有自然起因和效应的发声或写划),而不是用词语的意义去理解它。塞拉斯将这种抽象方式理解下的语言对象称为"自然语言对象"。⑦

这种自然语言对象当然以各种方式和非语言对象(比如说人)联系在一起。比如,包含了人的情境或许会导致包含了"人"这个词的发声。这是一种一对一的关系。但我们也可考虑某些种类的自然语言对象和某些种类的语言外情境之间的一般关系。如果某组说话者(能使用英语的人)发出了包含了"人"这个词的声音,他们之间就有了复杂且有规律的联系;如果他们所处情境中的其他条件不变,他们就能维持这些统一性。这些统一性反映了控制具有意义的词语使用的规则,塞拉斯这样表达这一事实:"对原则的拥护"——也就是对规则的忠诚——"反映在运作的统一性中"。⑧ 但话语表达是作为自然语言对象处于这些统一性陈述中的,自然语言对象脱离于规则,因而也就脱离于"人"这个词具有意义这一事实。虽然这些规律性反映了控制具有意义的词语使用实践的规则,但它们本身就是自然界中的事实规律性,就好像将闪电和雷鸣联系起来的那种规律性(当然这些规律性要更加复杂)。

以上我谈论的是将"人"这个词的话语表达和包含人的情境联系起来的事实规律性。但这一观念是极为一般的。这种运作的统一性遍及语言。它们结合起来构成了以下两者间系统的结构性一致:一方面是作为自然语言对象的语言运作,另一方面是语言外实在的情境。塞拉斯认为这就是语言和语言外实在间的同构。这种同构产生了作为自然界

---

⑦ 塞拉斯:《真与"符合"》,第 212 页。
⑧ 同上,第 216 页。

元素的语言运作和语言外对象之间的描绘关系。

塞拉斯认为描绘关系可以有两种方式和意义相关联,到此为止我关注的是其中一种方式:描绘关系是由自然界种的事实规律性产生的。这一方式反映了如下的事实:描绘关系中的自然语言对象是由进行由规则控制的、有意义的语言言说实践的说话者产生的。因此,意义背后的规则反映在了事实性的关系中,而这些关系又构成了语言描绘语言外实在这一事实。

描绘关系还可以在相反的方向上和意义相关联:塞拉斯认为,产生语言片段和语言外情境间描绘关系的同构是语言项具有意义的必要条件。⑨ 正如我解释过的,塞拉斯认为对词语意义的陈述并没有将词语和语言外秩序中的事物联系起来。但是如果我们认为某个东西把捉到了一个词的意义,它必须要能帮助我们理解这个词所处的语言运作是如何明确指向语言外内容的。如果这幅完整语言图景中的某处不存在对语言外秩序中的元素的指向性,我们就无法理解一个陈述是如何在不提及语言外实在的情况下将意义秩序中的一个元素和意义秩序中的另一个元素排列起来的。因此,在塞拉斯看来,我们虽然必须将这种指向性和词语的意义区分开来,但也需要认为到它是词语具有意义的必要条件。

7. 语言项在这种塞拉斯式的解释中伪装成了两种不同的东西。它在意义陈述中作为由规则控制的表意实践中的元素,因而也就作为意义秩序中的元素,且只和意义秩序中的其他元素相关。它在描绘性陈述中作为自然语言事件中的元素,因而也就作为实在秩序而非意义秩序中的元素,并通过描绘关系和实在秩序中的其他元素相连。

通过吉奇-塞拉斯类比,这一结构可以延伸至理智片段。作为意向性或关涉性的理智片段类似于具有意义的语言运作。在吉奇-塞拉斯类

---

⑨ 参见《存在与被知》,第50页。塞拉斯做此论断时(§31)谈的是理智行为的意向性,但他又进一步用普通意义上的语言意义加以阐释,这是吉奇-塞拉斯思想所允许的。

比承诺的延伸意义上，理智片段是意义秩序中的元素。像处理普通词语意义的陈述一样，处理作为意向性或关涉性的理智片段的陈述只将它们和意义秩序中的其他元素联系起来。普通意义上的语言项意义反映并要求作为实在秩序元素的、从意义中抽离出来的语言运作和实在秩序中其他元素之间的描绘关系，理智片段同样也是如此。理智片段的意向性或关涉性反映并要求与实在秩序事物的描绘关系实际就是理智片段，只不过我们将意向性或关涉性特征抽离了理智片段，将其理解为自然界中的事件。与之类似地，言说行为实际是有意义的，只不过我们从中抽离了意义，将其理解为自然语言对象。

因此，在完整的塞拉斯式解释中，理智片段像普通意义上的语言运作一样具有两种伪装。首先，理智片段在内省中伪装成意义秩序中的元素，且这里的"意义"已经过吉奇-塞拉斯类比的拓展。它们在意识中的活动类似于普通意义上的词语使用。⑩ 但是如果我们说理智片段实际就是描绘关系中的关系项，它们就必须延伸到实在秩序中的元素，这样它们才能被上面这种类似界定把捉到；正如塞拉斯所说，它们"不需要代理"（in propria persona），它们本身就是实在秩序中的元素。（《存在与被知》，第58页）

这就产生了下面的问题："属于实在秩序的理智行为是一种什么东西？"（第59页）塞拉斯的回答是：属于实在秩序的理智行为是中枢神经系统。"描绘世界"的是"脑部模式和倾向"。他的观点是：作为具有意向性的理智片段，类似界定下的意识活动本身就必须是可用神经生理学界定的事件，这样它们才能是描绘关系中的关系项。

---

⑩ 根据塞拉斯的解读（《存在与被知》，第48页），笛卡尔认为"对精神行为的反思性意识……足以（在其他不与之类似的事物中间）将此行为把握为某种类型明确的存在"。因此，他认为自己提出的概念——理智行为可以在内省中得到类似于普通语言运作的界定——要求他质疑笛卡尔。（还可参见第58—59页。）我不知道塞拉斯有什么根据断言笛卡尔对理智行为的理解排除了后者类似于普通语言运作的特征。

8. 现在我们终于可以理解为什么塞拉斯认为托马斯主义必须将精神语的本质理解为毫不类似于普通意义上的词语。

如果我们将包含了人这一概念的理智行为描述为以特殊的方式同构于实际的人，我们就在这些行为和实际的人之间建立起了某种**关系**。在塞拉斯看来，这就意味着虽然托马斯主义以亚里士多德式同构（理智行为与精神外实在间的同构）描述了具有意向性的理智行为，这种同构其实只适合于描述描绘实在秩序的理智行为。正如我所说的，塞拉斯认为意向性并不涉及和实在秩序的关系，而描绘则涉及这种关系。将某些理智行为描述为同构于实际的人就是通过它们和实在秩序的关系来描述它们。因此，塞拉斯认为托马斯主义混淆了意向性和描绘。它提出的东西只能描述伪装成描绘关系之主体的理智行为，并以此来解释理智行为的意向性。

提供给物质实体的形式也以特殊的方式提供给理智行为，如果这种描述理智行为的方式真的适合将理智行为表征为描绘关系中的关系项，那么这种表征模式（如果正确的话）必须能在实在秩序中而非意义秩序中把捉到理智行为。它必须能把捉到"不需要代理"的理智行为。

因此，托马斯主义用亚里士多德式同构来描述理智行为的做法应该能够把捉到作为意向性承载者的理智行为。但这些描述必须将理智行为描述为本身就处于实在秩序中，因为亚里士多德式同构能真正包含的只有处于实在秩序而非意义秩序中的理智行为。整合起来看：为了揭示理智行为的意向性，托马斯主义将它描述为与实在秩序元素的同构，这样的描述展现了理智行为本身之所是。

现在假定某人就是这样看的。对此人来说，单纯用类比方式来描述理智行为之意向性的做法只是能是次等好的。如果我们倾向于通过把握理智片段的内在本质（它们在实在秩序中之所是）来展现它们的意向性，诉诸类比性描述怎么可能是根本性的？因此，根据这种思维方式，与普通语言项意义的类似对于解释理智片段的意向性来说并不是根本性的。如果我们将理智片段描述为精神语的使用，那么我们当然会用到这一类比，但这种描述方式只能是次等的。用亚里士多德式同构所做的描述告诉我们，在恰当的精神语隐喻下，事物实际是怎么样的。这种描述解释了隐喻的力量，这样隐喻就变得无关紧要了。

在塞拉斯看来，意向性只有作为普通词语意义的类似延伸才能被理解。但根据他对托马斯主义的解读，这一理解又转到了另一个方向上。类似于普通语言运作的精神语变成了某种需要被单独理解的东西，因为亚里士多德式同构使理智行为产生了"不需要代理"的特征。这样我们就可以用精神语如何具有意义来解释普通语如何具有意义。这和吉奇-塞拉斯概念所设想的解释次序是相反的。

9. 塞拉斯的如下理论控制了这种对托马斯主义的解读：任何能用它和实在秩序元素的**关系**来描述的东西都不可能是伪装成关系的意义秩序中的元素。属于意义秩序的事物（首要的情形就有意义的词语）是意义秩序中的元素，这一身份是由它们在由规则控制的语言言说实践中所处的位置构成的。塞拉斯认为由此可以得出下面的结论：陈述无法通过将意义秩序中的词语和实在秩序中的事物联系起来把捉到词语在意义秩序中之所是。意义陈述只能将意义秩序中的一个词语元素和意义秩序中的另一个词语元素排列起来，并充分地贴近这些词语在由规则控制的语言（可能是另一种不同的语言）言说实践中所处的位置。以此为根据，塞拉斯认为他可以指责托马斯主义混淆了意向性（拓展后的意义秩序中的位置）和描绘。也正因为如此，塞拉斯认为托马斯主义给出的描述方式并不能把捉到伪装成意义拥有者的理智片段，而只能把捉到伪装成实在秩序元素的理智片段，后者和实在秩序中的其他元素构成描绘关系。

这是塞拉斯解读托马斯主义的基础，但这一基础完全是错误的。让我们考虑下面这一陈述：英语中"人"这个词，或者（更确切地说）"……是一个人"这一表达（或这一表达的各种句法转换，比如"……是一些人"

等等)和人相关,因为他们真的是人。或者考虑另一个陈述:英语中"雪"这个词和雪相关,因为将"雪"和"……是白的"联系起来的陈述是真的,当且仅当雪是白的。我构想这些例子是为了强调下面这一点:它们陈述了语言表达和语言外实在间的关系——"……是一个人"和人的关系、"雪"和雪的关系。这在塞拉斯看来应该是不可能的,因为陈述处理的是有意义的语言表达,这些语言表达处于由规则控制的英语言说实践中,它们并不只是描述事件的声音或写划特征(这些特征只不过被看成是单纯的声音或写划,事实上它们是语言性的)。陈述处理的表达是意义秩序元素,而非自然语言对象,而塞拉斯认为只有后者才能在语言项和实在秩序元素间构成关系。塞拉斯的盲点是没有考虑到以下这种明显的可能性:陈述既可以处理有意义的表达,也可以将表达和实在秩序中的事物联系起来。

托马斯主义的描述描绘了包含人这一概念的理智片段如何通过亚里士多德式同构和实际的人联系起来。以此为根据,塞拉斯认为托马斯主义式的理智片段概念一定是和他的理智片段概念——作为实在秩序元素和中枢神经事件的理智片段——相对的。但是在我们指出了塞拉斯的盲点之后,这一点就不再成立了。的确,托马斯主义的描述方式通过理智片段和实在秩序元素的关系描述了前者。但我们并不能像塞拉斯那样推出以下结论:托马斯主义的描述方式无法描绘作为意向性拥有者的理智行为(拓展后的意义秩序中的元素)。同样,我们也不能从关于"雪"的陈述和雪相连这一事实推出以下结论:这一陈述无法处理作为意义秩序元素的"雪"。

托马斯主义这样描述理智片段:将某个东西思维成一个人的理智行为以特殊的方式得到了形式,将此形式提供给适当的质料就构成了实际的人。这种描述并不是想要**解释**下面这一事实:用于界定理智片段之意向内容中的"人"在经过解释之后应该能被独立地理解。提供给实际的人的形式以特殊的方式提供给理智行为,这种谈论方式只不过是以另一种措辞来表达包含了"人"这一界定的意向内容。它的意图并不是要如实地把捉通过谈论精神语的使用而隐喻性地把捉到的东西。一旦清除了塞拉斯的盲点所造成的结果,我们就能看到不同的东西。用精神语的使用来类比界定理智片段的做法能够最好地解释理智行为是以何种特殊方式得到构成物质现实的形式的。这种特殊方式就是理智行为对·人·这个精神语的使用。因此,塞拉斯认为托马斯主义必然和吉奇-塞拉斯提出的意向性理解相对,这一观点是错误的。

正如我所说的,塞拉斯认为认识到意向性是非关系性的是理解心灵在自然中所处位置的关键。他认为,如果我们正确地理解了心灵在自然中所处的位置,作为实在秩序元素就是中枢神经系统中的事件。塞拉斯确信,描述意义秩序元素和精神外现实的关系并不能把捉前者之所是,这一确信使将心灵放在自然中的做法——将理智片段等同于某种我们可以通过自然科学在世界中找到的东西——显得有些强制。伪装成自然界居民的理智片段**可以**和精神外的现实相连。如果意向性是非关系性的,一定会有某些伪装成意向性拥有者的理智片段和精神外现实相连,即使并不是这些理智片段自己要伪装成意向性拥有者。如果不是这样,意向性拥有者不得不以某种神秘的方式指向精神外现实。

但是如果意义不一定是非关系性的,那么意向性同样也不一定。托马斯主义界定理智片段的方式是通过亚里士多德式同构将它们和物质现实联系起来,这种方式可以合法地符合伪装成意向性拥有者的理智片段。正如我所建议的,我们可以用精神语的使用这个明显的类比概念来解释为理智行为提供形式的模式。我们不需要用另一个不同层面的界定来把握伪装成实在秩序元素的理智片段,从而使它们和精神外现实相连。伪装成意向性拥有者的理智片段就已经和精神外现实相连了。

如此一来,下面这一观点就变成了单纯的科学家式的偏见,而非来自正确的意义和关涉性概念:当我们通过自然科学概念观看世界时,作为意向性拥有者的理智片段也必须出现(虽然是以不同的伪装),它们必须和被观看世界中的其他元素构成描绘关系。如果我们这样假设,神经生理学概念肯定会变成把捉以这种必要的伪装出现的理智片段的最佳人选。但如果这个一般性假设缺少根据,这样说就没有意义了。⑪

10. 人们有时会说,对待过往哲学家的真正历史性方法是和(比如说)乔纳森·本内特(Jonathan Bennett)的哲学实践相对的。本内特将他的哲学实践描述为"以同事、对手、学生和老师的精神"研究旧文本。他引用格莱斯(H. P. Grice)的话说:"我将那些伟大的死者当作伟大的生者,当作**现在**对我们有话要说的人。"⑫

我们很难将本内特的方法和更为古老的方法明确地对立起来。一方面,不管我们如何热心地强调过往的哲学家已经成了过往,我们仍然无法将他们曾说的话和将他们当作交谈对象的愿望(生者至少应该认识到他们有可能从死者那里学到一些东西)清楚地区分开来。另一方面,如果我们像格里斯说的那样负责地思考死者现在要对我们说的话,我们就不能忘记过往哲学家说这些话时的环境和我们理解这些话时的环境是有区别的。

塞拉斯解读阿奎那的精神就近似于本内特表达的这种精神。塞拉斯把阿奎那当作同事和对手。并且,正如我所指出的,如果我们真正以自己的方式考虑过往哲学家所说的话,这样的思路(基本)是不可避免的。⑬

但正如我已经解释过的,塞拉斯对阿奎那的处理很好地体现了这种研究历史的方法产生的一个危险,我想在本文的最后对此做一些评论。

---

⑪ 我们还需要在更完整地处理塞拉斯时大规模地展开这一点。关于我所描绘的科学家式的偏见,可参见詹妮弗·霍斯比(Jennifer Hornsby):《简单心灵》(*Simple Mindedness*)中的几篇文章。

⑫ 乔纳森·本内特(Jonathan Bennett):《六位哲学家的教导》(*Learning from Six Philosophers*),第1页。

⑬ 对这种治哲学史方法的延伸性辩护可参见布兰顿:《逝去的伟人的故事》(*Tales of the Mighty Dead*)的第一部分。

正如我所说的，塞拉斯对阿奎那的解读是由他自己的理论（意义和意向性是非关系的）塑造的。如果我们要和过往哲学家对话，我们就无法避免根据自己的确信来解读他们。但如果我们允许反映自身盲点的理论来塑造这种对话，得到的结果将会是一种歪曲，除非我们和交谈对象分享着这一盲点。

很明显，如果我们在哲学假设上误入了歧途，我们也会在理解他人上误入歧途。但我认为塞拉斯对阿奎那的解读体现某种更为特殊、更为有趣的东西。

我所描述的盲点并不只是塞拉斯的一个疏忽。我认为它反映了塞拉斯结合以下两个洞见的尝试：首先，意义和意向性只出现于由规则组织的语境中；其次，自然科学考虑的实在是无规则的。这里的问题在于：塞拉斯认为，真正和现实发生的关系只存在于自然科学所揭示的无规则实在中。这也将塞拉斯引向了以下观点：将心灵放到自然中的做法要求我们抽离关涉性。

阿奎那的著作写于现代科学兴起之前，这使他免受无规则自然概念的影响。我们不应该过于仓促地认为这只是他思想中的一个缺陷。（当然这无论如何都是一个缺陷。）存在这样一种可能性：托马斯主义的心灵哲学至少在某一方面优于塞拉斯式的心灵哲学，因为阿奎那缺少塞拉斯思想背后的那个明确的现代自然概念。塞拉斯允许属于他所处时代的概念来塑造他的哲学，因而也就错过了向过去学习的机会。

十四

避免所予神话

1. 什么是所予神话?

众所周知,制造了这一标签的塞拉斯并没有对所予神话的意思给出大致的解释。他指出,知识对认识主体的给予可以是无害的。① 那么它是如何变得有害的呢? 我们不妨这样认为:如果认知主体在获得给予他们的东西时并没有用到这类认知所要求的能力,所予神话意义上的所予就产生了。

如果这就是所予,那么它一定是神秘的。将某物给予某人就是让他获得知识,但又不需要他拥有获得该知识的必要能力。这是矛盾的。

那么,所予神话如何会是一个陷阱? 因为如果我们没有认识到知识的获得要求某些能力,我们就会掉入所予神话。如果我们考虑塞拉斯关于知识的声明,就能在他主要讨论所予神话的语境中看到这其中存在的真正危险。

塞拉斯说,知识的属性将认知片段或状态置于"理由的逻辑空间中"②。他将理由的逻辑空间等同于"证成并能够证成某人所说"的空间。他想排除关于认知满意度的外在论观点,即我们有权得出一个信念,且不需要知道获得该权利的条件。塞拉斯在声明中指出,认识事物必须用到属于理性的能力,而运用作为一种功能的理性包括了证明谈论这些事物的权利。这一功能要求我们在学习说话中达到比单纯潜在更

---

① 塞拉斯:《经验主义与心灵哲学》,§1。
② 同上书,§36。

上升一步的初级实现。运作中的自我意识必须具备这种潜能。

现在我们要考虑如何将这一点应用于知觉知识。知觉知识包含感性，感性是通过感觉系统的适当运作对环境特征做出不同回应的能力。但感性并不属于理性。我们和非理性动物共享着感性。根据塞拉斯的声明，把我们和非理性动物区分开来的理性功能也必须运作于我们的知觉认知当中。

从中我们可以看到一条掉入所予神话的道路。塞拉斯的声明暗示，认为感性可以在不包含任何理性能力的情况下将事物提供给我们认知的观点是所予神话的一种形式。这符合康德的基本理论。

注意：我说的是"提供给**我们**认知"。有人可能会基于如下的理由反驳塞拉斯的主张，即这一主张否认非理性动物也能获得知识。有人还会继续反驳说，我们说非理性动物的感性如何使它们获得处理环境的能力，在这个时候谈论知识是非常自然的。但是我们并不需要这样来解读塞拉斯或康德，认为他们是在否认这一点。我们可以接受这一点，同时仍然认为塞拉斯的声明以及与此相连的对所予神话的拒斥表达了某种洞见。我所引入的所予神话版本是：感性单独就可以将事物提供给需要用到主体理性能力的那类认知。

2. 可认识的知觉判断具有理性上的可理解性，也就是基于主体经验的认知授权。某人判断事物是如此这般的，因为他的经验揭示事物是如此这般的，比如，他看到事物是如此这般的。这一解释所展现的可理解性也体现在下面的运作中：因为经验揭示事物看起来是如此这般的，所以主体判断事物就是如此这般的。通过"因为"的使用而引入的解释展现了运作中的理性。我讨论的第一种情况是：理性使我们做出可认识的判断。另一种情况是：理性让理性拥有者误入歧途，或者最多让他做出碰巧正确的判断。

康德认为，将我们和非理性动物区分开来的高级能力在经验中伪装成知性，也就是概念能力。如果我们要以康德的方式避免这一语境下的所予神话，就必须认为属于这一功能的能力——概念能力——也参与了经验为我们提供知识的运作。

我们暂时可以对概念能力的引入做非常抽象的理解。我们只需知道，目前这种能力必须属于理性功能。之后我将对此做更为详细的阐述。

我已经引入了判断的概念：基于经验，判断在理性上是可理解的，并且可以在最好的情况下被揭示为是可认识的。这里我需要拒斥对这一概念的一种解释。

这一概念并不只是说判断对经验产生的经验项做出理性回应。这就等于是说理性能力的运作只存在于对经验的回应中，而不是经验本身中。根据这一观点，理性能力的介入完全是经验的后期阶段。

但这样说并没有公正描述经验在知识获得中扮演的角色。正如我所指出的，即便是在塞拉斯那里，说事物给予我们被我们认识并没有任何不对的地方。只有当我们没有将必要的要求强加给所予的获得，所予才变成一种神秘——一个大写的所予概念。事物是在经验中给予我们的知觉，被我们认识。避免所予神话要求理性能力在经验本身中，而不只是在回应经验的判断中运作。

3. 现在我们应该如何阐述这幅图景？我曾经认为，为了将经验理解为概念能力的实现，我们应该将判断具有的那种**命题性**内容赋予经验。并且，我还认为经验内容需要包含**所有**经验让主体推论性地获知的东西。但现在我意识到这两个假设都是错的。

4. 让我从第二个假设开始讨论。即使我们暂时假定经验具有命题性内容，我们也可以质疑这一假设。

假设我用肉眼看到了一只鸟，并且非推论性地认为它是一只北美红雀。我并不是根据我所看到的样子，再对照鸟类指南中的照片得出了这一结论。如果观看的条件足够好，我可以直接辨认出北美红雀。

查尔斯·特拉维斯（Charles Travis）迫使我思考这样的情况，并放弃了旧的假设。我在一定程度上看到了他驱使我去看的东西。③

根据我的旧假设，因为我的经验让我非推论性地知道我看到的是一只北美红雀，经验内容应该包含有北美红雀概念的命题，或许这一命题可以被表达为"那是一只北美红雀"。但正确的说法应该是这样的：我的经验让这只鸟在视觉上呈现给我，我的辨识能力让我非推论性地知道我们看到的是一只北美红雀。即便我们继续假定我的经验具有内容，我们也无需假设有这样一种概念存在，通过这一概念，我的辨识能力能够让我获知我所看到的内容。

再考虑这样一种经验：在一致的条件下，某人无法直接识别出他看到的是一只北美红雀。他甚至都没有北美红雀的概念。他的经验或许像我一样，这只鸟也在视觉上呈现给他。但对我来说这（看起来）是一只北美红雀，对他来说则不是。但这仅仅意味着我的经验可以让我说出这是一只北美红雀，而他的经验则不然。我们没有没有理由坚持认为我的经验内容中必须有北美红雀概念。

下面这种说法应该是正确的：我和这个人不一样，因为我看到的是一只北美红雀，我的经验向我揭示这是一只北美红雀。但这并不对我提出的观点构成问题。"我看到……""经验向我揭示……"这样的从句式表达接受经验让我们非推论性获知的事物界定。④ 这其中包括经验让具有适当辨识能力的人看到的东西。并且，正如我所主张的，这种基于辨识能力的知识内容并不一定要是经验本身的一部分内容。

5. 我们是否应该得出这样的结论：概念能力并非运作于对象对我们的视觉呈现，而只运作于我们认为自己不论以何种方式看到了什么？我们是否应该抛弃下面这一观念：理性动物的知觉经验具有概念内容？

---

③ 感谢特拉维斯和我进行了非常有帮助的讨论。
④ 我们甚至可以这样来理解这些表达：这些认识中并没有排除推论性的凭据。比如，"我看到邮递员今天还没来"。

这种观点过于极端了。我所说的关于辨识能力的话并没有推翻下面的这一论证：属于高级认知功能的能力必须在经验中运作，否则就会掉入所予神话。为了将事物给予我们被我们认识，经验必须用到概念能力。我们可以以北美红雀概念为例将知识中有些由经验提供的概念从经验本身的内容中排除出去，但并不是所有概念都能如此。

对于视觉经验来说，适当的视觉可感物和可向视觉呈现的普通可感物是一个自然的中止点。我们应该这样理解经验：经验用到了与适当的普通可感物概念联系在一起的概念能力。

因此，我们是否应该认为看到一只北美红雀的经验具有包含了适当的普通可感物的命题性内容？这样我们就能保留我曾经做出的另一个假设。但我认为那一个假设也是错的。我们需要的并不是命题性的内容，而是康德意义上的直观内容。

"intuition"（直观）是对康德"Anschauung"概念的标准英译。"intuition"的词源符合康德的概念，他在用拉丁语写作时用的是和"intuition"同源的表达。但我们需要忘记这一英语词在哲学中的大量反响。直观就是将某物纳入视野（a having in view）。（康德像哲学的通常做法一样以视觉经验为例。）

康德说："赋予**一个判断中**的各种不同表象以统一性的那同一个机能，也赋予**一个直观中**各种不同表象的单纯综合以统一性，这种统一性用普遍的方式来表达，就叫作纯粹知性概念。"⑤运用于判断中、用来解释判断内容的统一性（命题统一性）的能力同样也被用来解释直观内容的统一性。塞拉斯给出了一个例子来帮助我们理解："这是一个立方体"这一判断所表达的命题统一性和"这个立方体"所表达的直观统一性相一致。⑥指示性表达或许能够部分地把捉到一个立方体在视觉中呈现

---

⑤ 康德：《纯粹理性批判》，A79/B104-5。
⑥ 塞拉斯：《科学与形而上学》，第5页。

的直观内容。（我还会回到这一点。）

命题统一性有不同的形式。康德从当时的逻辑那里得到了判断形式的分类，因而也就是命题统一性形式的分类，并描述了对应于每个命题统一性形式的直观统一性形式。但我们可以将直观统一性形式和命题统一性形式相一致的观念与康德阐述的细节分离开来。我们并不清楚为什么康德会认为这一观念要求每一个命题统一性形式都要有一个对应的直观统一性形式。不管怎样，我们并不需要跟随康德提出的命题统一性形式表。

迈克·汤普森（Michael Thompson）已经辨识出了一种用来思维和谈论某种生命的独特命题统一性形式。⑦ 我们会说某种生命体**做了什么**，汤普森的首要关注点在于体现在这种表达——比如"狼成群狩猎"或"小白屈菜在春天开放"——中的形式。但汤普森的思想很自然地延伸到了体现在个体生命体**正在做什么**这种表达——比如"那些狼正在狩猎"或"这朵小白屈菜在春天开放"——中的一个或一些形式。⑧ 根据康德的精神，我们还可以辨识出一个或一些与此一致的直观统一性形式，比如我们可以在一只北美红雀的视觉经验中找到这一形式。就像北美红雀的概念一样，鸟的概念不一定要是经验内容的一部分；其他的考量也同样适用。但我们或许可以说，动物概念是在我看到的是一只动物这样一种经验中被给予我的，而不是我通过概念能力强加给所见之物的——并不是因为"动物"表达了和某种直观统一性形式相一致的、统一于经验中的部分内容，而是因为"动物"把捉到了直观的范畴形式，也就是直观所特有的那种统一性。

可向视觉呈现的普通可感物是空间占据模式：形状、大小、位置、运

---

⑦ 参见麦克·汤普森（Michael Thompson）：《生命的表征》（"The Representation of Life"）。
⑧ 一个或一些形式：或许我们应该区分动物版本和非动物版本。动物版本中的一个特殊情况是体现在意向性行为中的形式，这也是 G. E. M. 安斯科姆（G. E. M. Anscombe）在《意向》（*Intention*）一书中讨论的话题。

动或静止。在一个由"动物"这一形式统一起来的直观中,我们可以辨识出处于空间占据模式下的内容,这些内容不会出现在对无生命对象的直观中。我们可以认为,可向视觉呈现的普通可感物包含了(比如说)栖息这样的姿势以及跳或飞这样的运动模式。

我们可以像塞拉斯经常做的那样通过专注于事物(比如有颜色的立方体)的视觉呈现来避免这些问题。但即使我们这样了限制了关注的焦点,仍有一处复杂的地方。如果存在这样的视觉直观,其部分内容可以由"那个立方体"来界定,也就是说,某个立方体形状的东西在视觉直观中呈现,那么这一图景中的高级认知功能不仅需要解释直观中内容的统一性,还需要伪装成创造性想象提供一部分内容本身——补充立方体正面之外的余下部分。塞拉斯常常以粉色冰块为例,其中一个原因大概是这个例子可以使他不考虑这个复杂之处,因为他设想他的冰块是半透明的,所以它的背面也能被实际看到。⑨

6. 到此为止,为了避免所予神话,我们必须让属于理性的概念能力在经验中运作。但我试图更为详细地阐明这一点。

如果说概念能力挑选出了某种内容,我们把焦点放在判断内容上是对的,因为判断是理论理性的范式性运用。

我们可以认为判断是一种内部的断言。这样我们就可以很自然地认为判断是一种论述行为(discursive activity),虽然论述的概念首要地应用于外显运作。⑩ 我们在断言中推论性地阐明事物。使事物明晰的观念并一定要延伸至判断。我们可以说,某人明晰自己做了什么判断。

我说过,我们应该将概念能力放到判断内容的中心位置。但是既然我已经引入了论述行为,我就可以这样来表述这一观点:我们应该将概

---

⑨ 参见德弗里斯:《威尔弗里德·塞拉斯》,第 305 页注 18。
⑩ 也许这种应用已经是隐喻性的了。参见斯蒂芬·恩斯特龙(Stephen Engstrom):《感性与理解》("Sensibility and Understanding"):论述性理解可以被把握为跑来跑去(running about),这也是该词的词源学含义。

念能力放到论述行为的中心位置。

直观并不是论述性（即便是在延伸后的判断意义上的论述性）的。论述内容是明确表述的（articulated），而直观内容则不然。

这里的一部分要点是，主体无法通过论述行为使直观内容的某些典型方面明晰起来。典型的视觉直观将对象的可见特征呈现给我们，我们无法通过在断言或判断中做出论断将这些特征赋予对象。为了将直观内容的这一方面放到在首要意义上和论述能力相连的内容中，我们需要将前者从范畴统一性（当时它还是未经明确表述的直观内容）中挖掘出来，为此我们要确定它作为语言表达的意义，并以此作为使内容明晰的手段。（这或许是在创造一个形容词或者是在使用"具有那种色调"这样的表达。）或许我们可以绕过语言直接具有对应于论述性判断的论述能力。这同样需要我们将直观内容的一个方面分离出来，我们要确定它，使它成为和在判断中做论断的能力相连的内容。

即使我们只关注和我们已经拥有的论述能力相连的直观内容的某些方面，其中也已经有超出直观的明确表述存在。

在对内容的论述性处理中，我们将意义放在一起。这一点在首要意义上的论述性运作那里特别明显，这种运作的内容就是有意义表达组合之后的意义。但即便我们不需要将判断理解为在时间中展开的行为（像做一个断言那样），判断的论述性也要求它像有意义的言说那样将意义放在一起。

这一点并不和拒斥（我们也应该拒斥）下面这一观点的做法相矛盾：被我们在论述行为中放在一起的内容是独立的建筑材料，是断言或判断中可被单纯思维的元素。我们只有以出现论断性内容的思维为语境才能思考一个论断性表达的意义。不过，在认识到这一点的同时，我们仍然可以说我们在论述活动中将内容放在一起，就好像我们在实际的言说中将有意义的表达串在一起。

但直观内容并不是这样。直观的统一性是**被给予的**，而不是我们将意义放在一起的结果。即使对某个在直观中被给予的内容的论述性使用并不要求我们获得一种新的论述能力,我们仍然需要从未经明确表述的直观内容中将这个内容挖掘出来,这样才能在论述活动中将这一内容与其他内容放在一起。直观并不做这种挖掘工作。

如果直观内容是非论述性的,我们为什么要坚持认为它是概念性的？直观内容的每一个方面在呈现时已经是和论述能力相连的适当内容了,即便它们实际并没有——或至少尚未——如此相连。这在某种程度上就像康德所说的,将统一性赋予直观的功能和将统一性赋予判断的功能是同一种功能。如果主体不是已经拥有和直观内容的某个方面相连的论述能力,为了获得这种论述能力,他只能通过在言说或判断中明确表达这一直观内容的方式将此方面孤立出来。主体可以将直观内容分析成供论述能力使用的意义,不论这样做是否要求他引入与这些意义相连的新的论述能力。不管他是否引入新的论述能力,直观的主体都能在论述性运作中将已经存在于直观中的内容放在一起。

我说过,直观内容的统一性是**被给予的**。康德有时暗示了一幅不同的图景。比如,他说:"任何一切联系,不论我们是否意识到它,……都是一个知性行动。"(B130)在康德的语境中,这一评论暗示,无论是在直观中还是在判断中,我们都在积极地将内容放在一起(虽然这种活动在直观中是无意识的)。这违背了我的论断:直观内容是非论述性的。不过康德并不需要认为直观内容的统一性不是被给予的。他真正想要坚持的观点是:直观内容的统一性不是被给予的(大写的),也就是说,它不是由感性单独提供的。属于高级认知功能的能力也在直观中运作。直观内容的统一性反映了同一种统一性功能在判断统一性中的运作,在后一种情况下,这种功能得到了积极的运用。正因为如此,我们可以说,统一于直观中的内容就是统一于判断中的内容,也就是概念内容。如果我们不能以对应于判断的统一性形式做出判断,我们就不能以对应于直观的特殊形式获得直观。我们甚至可以说,提供统一性的功能本质上是一种进行论述活动的功能,也就是判断的能力。但提供直观统一性的运作本身并不是一种论述活动。

这并不是说这种运作是一种前论述活动,至少这并不意味着直观是比判断更为原始的前行者。康德所说的这两种统一性是由同一种功能提供的,直观统一性和判断统一性同处于一个层面。

7. 在视觉直观中,对象将可被处于优势地位的主体看到的那些特征呈现给主体的视觉。对象的呈现是通过这些特征的呈现实现的。否则对象还能如何呈现给主体?

这里的对象概念是形式化的。在康德的术语中,一般对象的概念就是范畴,或纯粹知性概念。对象的形式化概念(我们会自然地说,一种对象)通过界定范畴统一性(描述直观的那种统一性)的形式得到解释。正如我所建议的,我们或许可以像汤普森那样认为"动物"就表达了这样一种概念。

根据我所给出的观点,对象在直观中的呈现就是概念能力的实现,这在某种意义上也符合康德的理论:为直观内容提供统一性的和为判断提供统一性的是同一种功能。我主张,虽然提供统一性的功能是一种进行论述活动的功能,但这种能力在直观中的运作并不是论述活动。对于很多普通视觉直观的内容来说,这种能力作为直观内容的一部分在直观中的运作甚至不受论述性运用的影响。我们可以使用在直观中被给予的内容去获得一种新的论述能力,但对很多普通直观内容来说,我们从来不会这样做。(想一想视觉经验呈现给我们的可被精细区分的形状和色调。)不管怎样,一个直观的内容在如下意义上是完全概念性的:该直观中存在这样一种形式,我们也**可以**将这种形式用于论述活动中。实现于该直观内容中的能力已经具备某种可被我们用来进行论述活动的潜能。⑪

---

⑪ 没有进展到论述活动的直观内容会被轻易忘记。但这并不是说这种直观内容不是我试图解释过的概念性内容。参见肖恩·多兰斯·凯利(Sean Dorrance Kelly):《演示性概念与经验》("Demonstrative Concepts and Experience")。

对象在直观中呈现给我们,不管我们是否用到了这种进行论述活动的潜能。康德说,统觉的"我思"必须能够伴随我的所有表征,这关系到给直观和判断提供统一性的功能运作。(B131)对象在直观中呈现给主体,不管"我思"是否伴随任何直观内容。但任何直观内容必须能够伴随"我思"。为了让"我思"伴随我的一些直观(比如视觉直观)内容,我必须**判断**我在视觉上遇到一个具有如此这般特征的对象。因为直观通过这些特征将对象呈现给我的视觉,这样一个判断应该是可认识的。

现在有两种方式可以让我们从直观中得到可认识判断。

我刚刚描述的是第一种方式。直观内容已经具备某种可用于进行论述活动的潜能。我们可以使用可认识判断中的某些潜能,从而再次使用某些直观内容。首次开启这一可能性的情形是对第一人称的提及。如果"我思"伴随着某些直观内容,就会产生这样一个可认识判断:我遇到一个具有如此这般特征的对象。做这样一个判断就是判断在如此这般的地方有一个具有如此这般特征的对象。一个判断是否可认识取决于它是否对某些直观内容做了论述性使用,我们不需要在这样一个判断中明确地提及自己。

直观使知识可能的另一种方式就是我举过的看到一只北美红雀的例子。这里,通过直观得到的可认识判断具有超出直观内容的内容。直观让某个东西呈现给主体的知觉,主体辨识出这个东西或者是某类事物中的一个,或者是某个个体。经验让我们非推论性地获知呈现给我们知觉的人是谁,这里我们应该能够找到与上面相一致的结构。

8. 特拉维斯主张经验并不如此表征事物。[12] 如果经验就是直观,他就是完全正确的。任何如此表征事物的东西都具有命题性内容,而我则一直在阐述不具有命题性内容的直观概念。然而,虽然特拉维斯正确给出了经验如此表征事物的理论,但他并没有理解它的精神;为了看清这

---

[12] 参见查尔斯·特拉维斯(Charles Travis):《感觉的沉默》("The Silence of the Sense")。

一点,我们可以考虑从直观中得到可认识判断的第一种方式。虽然并不是论述性的,具有某种内容的直观还是包含了将同样的内容用于可认识判断的直接潜能。直观直接揭示事物的方式就是这些可认识判断事物的方式。

塞拉斯在引入他赋予经验的概念特征时将经验描述为"产生"断言或"包含"断言。⑬ 如果经验就是直观,那么这一描述便是表述上错误但精神上正确的。直观并不具有断言所具有的那种内容。但直观直接揭示的就是被断言的事物,断言不过是对某些直观内容的论述性使用。

特拉维斯说经验并不如此表征事物,他并不是像我解释的那样认为经验就是直观。他说经验并不涉及意向性,我认为我们可以公正地将此理解为他是在否认概念能力在经验中的运作。视觉经验让我们看到周围环境,这应该是特拉维斯和我之间的共同点。特拉维斯的观点是,我们可以以经验使我知道自己看到的是一只北美红雀为模式来完全理解经验是如何让我们得到知识的。在特拉维斯的图景中,概念能力只有在我们把握纳入我们视野的视觉经验时才展开运作,而纳入我们视野的视觉经验本身却独立于概念能力的任何运作。⑭ 在特拉维斯的图景中,将事物纳入视野并没有用到概念能力。而如果将事物纳入视野没有用到概念能力,感性单独就能完成这一工作。

这幅图景的问题在于它是所予神话的一种形式。如果我们只是假设周围环境的特征在视觉经验中被给予我们,我们并不会掉入所予神话。但在特拉维斯的图景中,这种所予变成了大写的所予。

特拉维斯认为经验具有内容的观念和经验直接让我们看到周围环境的观念相互矛盾。他并不是唯一持这一观点的人。⑮ 特拉维斯合理

---

⑬ 塞拉斯:《经验主义与心灵哲学》,§16。
⑭ 《感觉的沉默》第65页:"把握或试着把握我们所遇到的东西。"
⑮ 比如可参见比尔·布鲁尔(Bill Brewer):《知觉与内容》("Perception and Content")。

地希望保留经验直接让我们看到周围环境的观念,因此只好否认经验具有内容。但这两个观念并不矛盾。通过让我们看到对象的可知觉属性,我所解释的直观让我们直接看到对象。正因为直观具有它们所具有的那种内容,它们才能完成这一工作。

如果经验让我们得到知识,那么表面的直观就让我们得到表面的知识。人们常常会这样想,如果有人主张经验具有内容,是因为他们感到需要解释经验会误导我们这一事实。[16] 然而,将内容赋予经验的恰当理由是我们必须避免所予神话。为误导性经验留下空间是一种常规的副产物。

9. 戴维森断言:"能作为某一信念之理由的只能是另一个信念。"[17] 他想要否认下面这一点:信念可以在感觉意识片段或状态中显示为是理性的,除非这意味着信念可以在**关于感觉意识片段或状态的信念**中显示为是理性的。而这就等于是把这种信念(关于感觉意识片段或状态的信念)中的潜在理性和任何我们有可能拥有的信念中的潜在理性放到了同一个层面上。

我在之前的著作中认为戴维森的口号反映了下面这一洞见:概念能力不仅要在理性地形成信念或做出判断的过程中运作,还要在对这些行为进行理性授权的过程中运作。但我又主张,如此理解的这一洞见允许判断在经验本身中——而不只是在关于经验的信念中——显示为是理性的,因为我们可以将经验理解为概念能力的实现。[18]

我认为戴维森的图景忽视了这一可能性,为了阐释这一可能性,我提出了一个被我在这里抛弃了的假设:如果经验是概念能力的实现,它们就必须具有命题性内容。这一假设给戴维森创造了一个做出有效回

---

[16] 参见比尔·布鲁尔:《知觉与内容》。
[17] 戴维森:《关于真与知识的融贯论》,第141页。
[18] 比如可参见我的《心灵与世界》。

应的机会。戴维森指出，如果"经验"意味着某种具有命题性内容的东西，那也只是说经验过程是如此把握事物的，其独特的成因是环境对感觉器官的冲击。但他的图景中当然包括了这样的事物。因此他断言，我错误地认为他的图景忽视了某些东西。⑲

我想坚持和戴维森相反的观点：经验过程并不是如此把握事物的。正如特拉维斯所主张的，我们的视觉经验让我们看到周围环境。我们根据呈现给我们视觉的东西做出理性判断，并确实根据判断的授权认为事物就是如此的。但即使我们将信念的获得和对事物的明确判断分离开来（我们也应该这样做），我们也会放大经验驱使我们进行的信念活动的程度，如果我们认为自己有权获得的所有信念都是通过视觉呈现得到的。

因此，我同意特拉维斯的做法：认为视觉经验让我们看到周围环境，从而授予我们如此看待某些事物的权利，但对我们是否确实如此看待事物这个更进一步的问题存而不答。但正如我所主张的，特拉维斯的版本掉入了所予神话。如果我们将经验理解为概念能力的实现，同时保留这要求我们将命题性内容赋予经验的假设，以此来避免所予神话，那么戴维森的观点似乎得到了很好的采纳。如果经验具有命题内容，我们就很难否认经验过程就是如此看待事物，而不是我想要的另一种授权我们如此看待事物的东西。

如果经验包含直观，这些立场之间就存在另一条路径。直观让我们看到周围环境，但不是通过单纯的感性运作，这样我们就避免了特拉维斯的所予神话形式。允许我们避免所予神话的概念内容是直观性的，而

---

⑲ 对此特别清楚的表达，可参见 Donald Davidson，《回应麦克道威尔》("Reply to John McDowell")。戴维森在伯克利的同事也有类似的倾向，参见巴里·斯特劳德（Barry Stroud）：《感觉经验与思维的基础》("Sense Experience and the Grounding of Thought")和汉娜·金斯堡（Hannah Ginsberg）：信念的理由（"Reasons for Belief"）。独立于戴维森的类似观点，可参见凯瑟琳·格勒（Kathrin Gllier）：《论知觉到什么》("On Perceiving That")。

非命题性的，因此经验过程不是如此看待事物。经验让我们看到周围环境，从而授权我们如此看待事物；我们是否确实如此看待事物是更进一步的问题。

正如我所说的，包含直观的经验可以以两种方式授权我们处理论述性内容：它授权我们在判断中使用某些直观内容；它授权我们的判断超出所使用直观内容，这反映了我们辨识在直观中呈现的事物的能力。但我又持坚持认为，我们并不在直观本身中论述性地处理直观内容。

我提到了塞拉斯的提议："这个红色立方体"这种形式的表达或许可以部分地把捉到直观内容。如此表达的直观内容是片段式的论述性内容。它可能是根据第二种方式得到的判断内容；除了包含在直观本身中的内容，判断中还包含了反映辨识（辨识在直观中呈现的事物）能力的概念。因此，以"这个红色立方体……"开始的表达或许会这样继续："……是我昨天看到的那个。"

我认为这表明塞拉斯的提议只在一定程度上有用。这似乎暗示直观内容本质上是片段式的论述性内容。但直观内容根本不是论述性内容。看到某个东西（比如说一个红色立方体）本身就是完整的。看到某个东西可以引出指示性表达或类似的判断，供我们来明确表述我们如此看待的事物，但这种潜能不一定要是实现的。

10. 戴维森的术语将信念显示为理性的方式限制为**推论**结构的使用。它暗示，给出持某一信念的理由就是将此信念的内容描绘成以另一信念内容为前提进行推论得出的结论。

我提议这样来修改戴维森的术语：可以成为信念理由的除了信念还可以是经验。而根据我的旧假设，经验内容和信念信念是同类的。因此，可以理解有人会认为我是在推荐一种经验授权我们获得知觉信念的推论性（或至少是准推论性的）概念。[20]

---

[20] 参见克里斯宾·赖特（Crispin Wright）：《人性？》（"Human Nature?"）。

这并非我的意图。我并不想暗示经验产生推论的前提，而推论的结果就是知觉信念的内容。相反，我认为经验直接将事物揭示为知觉信念相信（或至少似乎相信）它们所是的样子。但我们很难将此观点和经验内容和信念信念是同类的这一假设结合起来。这就等于是说，戴维森做出的"没有忽视任何东西"的回应非常有说服力，只要我们不去质疑经验的概念内容必须是命题性的这一假设。

如果我们在我所解释的意义上认为经验包含直观，这个问题就消除了。我们甚至不应该认为直观授权我们获得信念的方式中包含了推论结构。如果一个对象通过呈现它的某些属性呈现给我们，而这些属性的概念又在直观中体现了构成形式化对象概念之内容的那种统一性，我们就有权判断自己遇到了一个具有这些属性的对象。这种授权来自于对象本身对我们的呈现，而不是来自作为经验内容供我们使用的推论前提。

根据我在本文开头给出的解释，塞拉斯认为我们应该在思考经验时避免所予陷阱，这一观点是他如下思想的一种应用：理性动物拥有的知识用到了理性动物特有的理性能力。我已经解释过，这并不意味着知觉判断的根据是准推论性的。[21]

知觉判断的根据是准推论性的这一暗示符合塞拉斯对理性动物所拥有知识的康德式理解，这种理解将我们的认知生命过度理智化了。[22]这一点需要进一步讨论，但我想在本文的最后简略地论证这一理解的反面才是正确的。

理智主义认为人类理智是某种不同于人类动物本性的东西。对此最好的解药是看到即使在未经反思的知觉意识中也有理性能力的运作。

---

[21] 关于塞拉斯对所予的拒斥如何进展到知觉判断的根据是推论性的或准推论性的这一理论，可参见丹尼尔·波纳梵克（Daniel Bonevac）：《塞拉斯与所予》（"Sellars vs. the Given"）。
[22] 参见伯吉：《知觉权力》。

有人认为塞拉斯是在暗示我们全部的认知生命都是由理性之光积极引导的，这样的想法是完全错误的。理性能力的运作遍布人类的认知生命，这一点反映在下面这一事实当中：认知生命中的任何一处都**可以**被明确自我意识的"我思"伴随。但即便我们全部的认知生命都能被"我思"伴随，在多数情况下我们都是未经反思地跟随生命之流。

我说我们全部的认知生命都能被"我思"伴随。认知运作中的亚人格（sub-personal）事件并不是这一断言的反例。亚人格事件并不是我们认知生命的一部分。毫无疑问，关于认知运作的知识对完全理解我们的认识能力来说是根本性的。但处于理由空间中（比如看到事物是如此这般的）并不涉及亚人格运作。的确，亚人格运作让我们能在统觉范围之外展开运作。并且，亚人格认知运作和非理性动物认知运作间的相似性也在意料之中。但这并没有威胁到下面这一观点：理性动物拥有特殊的认知地位，其根本之处在于他们能够统觉。

让塞拉斯的内在论观点契合于知觉知识的并不是下面这一点，即我们在知觉中进行推理式的理性活动，这种理性活动不同于我们的动物本性，特别是——出于当前的目的——不同于我们的感知本性。这种说法**会**将我们的知觉知识过度理智化。但内在论正确地解释了我们的知觉知识，其原因在于，理性能力以及由此产生的统觉运作遍布我们的经验本身，这其中包括我们对周围环境的未经反思的日常处理。在理性动物那里，对可知觉环境的动物性参与就是以这种形式运作的。

参考书目

Allison, Henry E., *Kant's Transcendental Idealism* (New Haven: Yale University Press, 1983).

Anscornbe, G. E. M., *Intention* (Cambridge, Mass.: Harvard University Press, 2000).

Aquila, Richard E., *Matter in Mind: A Study of Kant's Transcendental Deduction* (Bloomington: Indiana University Press, 1989).

Ayers, Michael, "Sense Experience, Concepts, and Content — Objections to Davidson and McDowell", in Ralph Schumacher, ed., *Perception and Reality: From Descartes to the Present* (Paderborn, Germany: mentis, 2004).

Bennett, Jonathan, *Learning from Six Philosophers: Descartes, Spinoza, Leibniz, Locke, Berkeley, Hume*, vol. 1 (Oxford: Oxford University Press, 2001).

Bonevac, Daniel, "Sellars vs. the Given", *Philosophy and Phenomenological Research* 64(2002).

Brandom, Robert B., "The Centrality of Sellars's Two-Ply Account of Observation to the Arguments of 'Empiricism and the Philosophy of Mind'", in Brandom, *Tales of the Mighty Dead: Historical Essays in the Metaphysics of Intentionality* (Cambridge, Mass.: Harvard University Press, 2002).

——, "Insights and Blind Spots of Rellabilism", in Brandom, *Articulating Reasons: An Introduction to Inferentialism* (Cambridge, Mass.: Harvard University Press, 2000).

——, *Making It Explicit: Reasoning, Representing, and Discursive Commitment* (Cambridge, Mass.: Harvard University Press, 1994).

——, "Replies", in *Philosophy and Phenomenological Research* 57(1997).

——, "Some Pragmatist Themes in Hegel's Idealism: Negotiation and Administration in Hegel's Account of the Structure and Content of Conceptual Norms", in Brandom, *Tales of the Mighty Dead: Historical Essays on the Metaphysics of Intentionality* (Cambridge, Mass.: Harvard University Press, 2002).

——, "Study Guide", in Wilfrid Sellars, *Empiricism and the Philosophy of Mind* (Cambridge, Mass.: Harvard University Press, 1997).

Brewer, Bill, "Perception and Content", *European Journal of Philosophy* 14

(2006).

Burge, Tyler, "Perceptual Entitlement", *Philosophy and Phenomenological Research* 67(2003).

Collins, Arthur W., "Beastly Experience", *Philosophy and Phenomenological Research* 58(1998).

Davidson, Donald, "Afterthoughts" to "A Coherence Theory of Truth and Knowledge", in Alan Malachowski, ed., *Reading Rorty* (Oxford: Blackwell, 1990).

——, "A Coherence Theory of Truth and Knowledge", in Davidson, *Subjective, Intersubjective, Objective* (Oxford: Clarendon Press, 2001).

——, "In Defence of Convention T", in Davidson, *Inquiries into Truth and Interpretation* (Oxford: Clarendon Press, 1984).

——, "Mental Events", in Davidson, *Essays on Actions and Events* (Oxford: Clarendon Press, 1980).

——, "The Myth of the Subjective", in Michael Krausz, ed., *Relativism: Interpretation and Confrontation* (Notre Dame, Ind.: Notre Dame University Press, 1989).

——, "A Nice Derangement of Epitaphs", in Ernest LePore, ed., *Truth and Interpretation: Perspectives on the Philosophy of Donald Davidson* (Oxford: Blackwell, 1986).

——, "On the Very Idea of a Conceptual Scheme", in Davidson, *Inquiries into Truth and Interpretation* (Oxford: Clarendon Press, 1984).

——, "Reply to John McDowell", in L. E. Hahn, ed., *The Philosophy of Donald Davidson* (Chicago: Open Court, 1999).

Devries, Willem A., *wilfrid Sellars* (Chesham, Bucks: Acumen, 2005).

Engstrom, Stephen, "Sensibility and Understanding", *Inquiry* 49(2006).

Evans, Gareth, *The Varieties of Reference* (Oxford: Clarendon Press, 1982).

Flay, Joseph C., *Hegel's Quest for Certainty* (Albany: SUNY Press, 1984).

Friedman, Michael, "Exorcising the Philosophical Tradition: Comments on John McDowell's *Mind and World*", *Philosophical Review* 105(1996).

Gadamer, Hans-Georg, "Hegel's Dialectic of Self-Consciousness", in *Hegel's Dialectic: Five Hermeneutical Studies*, trans. P. Christopher Smith (New Haven: Yale University Press, 1976).

Geach, P. T., *Mental Acts* (London: Routledge and Kegan Paul, 1957).

Ginsborg, Hannah, "Reasons for Belief", *Philosophy and Phenomenological Research* 72(2006).

Glüer, Kathrin, "On Perceiving That", *Theoria* 70(2004).

Hegel, G. W. F., *Faith and Knowledge*, trans. Walter Cerf and H. S. Harris

(Albany: SUNY Press, 1977).

——, *Hegel's Phenomenology of Spirit*, trans. A. V. Miller (Oxford: Oxford University Press, 1977).

——, *Hegel's Science of Logic*, trans. A. V. Miller (New York: Humanities Press, 1976).

Heidegger, Martin, *Kant and the Problem of Metaphysics*, trans. Richard Taft (Bloomington: Indiana University Press, 1990 [fourth edition]).

Henrich, Dieter, "Zwei Naturalismen auf Englisch", *Merkur* 565(1996).

Hobbes, Thomas, *Leviathan*, C. B. Macpherson, ed, (Harmondsworth: Penguin, 1968).

Hornsby, Jennifer, *Simple Mindedness* (Cambridge, Mass. : Harvard University Press, 1997).

Hyppolite, Jean, *Genesis and Structure of Hegel's Phenomenology of Spirit*, trans. Samuel Cherniak and John Heckman (Evanston, Ill. : Northwestern University Press, 1977).

Kant, Immanuel, *Correspondence*, trans. Arnulf Zweig (Cambridge: Cambridge University Press, 1999).

——, *Critique of Pure Reason*, trans. Norman Kemp Smith (London: Macmillan, 1929).

Kelly, George Armstrong, "Notes on Hegel's 'Lordship and Bondage'", in Jon Stewart, ed. , *The Phenomenology of Spirit Reader* (Albany: SUNY Press, 1998).

Kelly, Sean Dorrance, "Demonstrative Concepts and Experience", *Philosophical Review* 110(2001).

Longuenesse, Béatrice, "Point of View of Man or Knowledge of God: Kant and Hegel on Concept, Judgment, and Reason", in Sally Sedgwick, ed. , *The Reception of Kant's Critical Philosophy: Fichie, Schelling, and Hegel* (Cambridge: Cambridge University Press, 2000).

McDowell, John, "Aesthetic Value, Objectivity, and the Fabric of the World", in McDowell, *Mind, Value, and Reality Cambridge* Mass. : Harvard University Press, 1998).

——, "Gadamer and Davidson on Understanding and Relativism", in Jeff Malpas, Ulrich Arnswald. and Jens Kertscher, eds. , *Gadamer's Century: Essays in Honor of Hans-Georg Gadamer* (Cambridge, Mass. : MIT Press, 2002).

——, "Hegel and the Myth of the Given", in Wolfgang Welsch and Klaus Vieweg, eds. , *Das Interesse des Denkens: Hegel aus heutiger Sicht* (München: Wilhelm Fink Verlag, 2003).

——, "L'ideallsmo di Hegel come radlcalizzazione di Kant", in Luigi Ruggiu and Italo

Testa, eds., *Hegel Contemporaneo: La ricezione americana di Hegel a confronto con la traduzione europea* (Milan: Guerini, 2003).

——, *Mind and World* (Cambridge, Mass.: Harvard University Press, 1996 [second editton]).

——, "Reply to Commentators", *Philosophy and Phenomenological Research* 58 (1998).

——, "Responses", in Nicholas H. Smith, ed., *Reading McDowell: On* Mind and World (London: Routledge, 2002).

——, "Values and Secondary Qualities", in McDowell, *Mind, Value, and Reality* (Cambridge, Mass.: Harvard University Press, 1998).

Peacocke, Christopher, *Sense and Content* (Oxford: Clarendon Press, 1983).

Pippin, Robert B., *Hegel's Idealism: The Satisfactions of Self-Consciousness* (Cambridge: Cambridge University Press, 1989).

——, "Hegels Practical Philosophy: The Realization of Freedom", in Karl Amertks, ed., *The Cambridge Companion to German Idealism* (Cambridge: Cambridge University Press, 2000).

——, "Hegels praktischer Realismus: rationales Handeln als Sittlichkeit", in Christoph Halbig, Michael Quante, and Ludwig Siep, eds., *Hegels Erbe* (Frankfurt: Suhrkamp, 2004).

——, "Kant on the Spontaneity of Mind", in Pippin, *Idealism as Modernism: Hegelian Variations* (Cambridge: Cambridge University Press, 1997).

——, "Leaving Nature Behind, or Two Cheers for 'Subjectivism'", in Nicholas H. Smith, ed., *Reading McDowell: On* Mind and World (London: Routledge).

——, *The Persistence of Subjectivity: On the Kantian Aftermath* (Cambridge: Cambridge University Press, 2005).

——, "Recognition and Reconciliation: Actualized Agency in Hegel's Jena *Phenomenology*", in Katerina Deligiorgi, ed., *Hegel: New Directions* (Chesham, Bucks: Acumen, 2006).

——, "What is the Question for which Hegel's Theory of Recognition is the Answer?", *European Journal of Philosophy* 8(2000).

Rorty, Richard, "McDowell, Davidson, and Spontaneity", *Philosophy and Phenomenological Research* 58(1998).

——, *Philosophy and the Mirror of Nature* (Princeton: Princeton University Press, 1979).

——, "Pragmatism, Davidson, and Truth", in Rorty, *Objectivity, Relativism, and Truth* (Cambridge: Cambridge Vniversity Press, 1991).

——, "Solidarity or Objectivity?", in Rorty, *Objectivity, Relativism, and Truth* (Cambridge: Cambridge University Press, 1991)).

——, "The Very Idea of Human Answerability to the World: John McDowell's Version of Empiricism", in Rorty, *Truth and Progress: Philosophical Papers*, vol. 3 (Cambridge: Cambridge University Press, 1998).

Sellars, Wilfrid, "Being and Being Known", in Sellars, *Science, Perception, and Reality* (London: Routledge and Kegan Paul, 1963; reissued, Atascadero, Calif. : Ridgeview, 1991).

——, "Berkeley and Descartes: Reflections on the Theory of Ideas", in Sellars, *Kant's Transcendental Metaphysics: Sellars' Cassirer Lectures Notes and Other Essays*, Jeffrey F. Sicha. ed. (Atascadero, Calif. : Ridgeview, 2002).

——, "Empiricism and the Philosophy of Mind", in Herbert Feigl and Michael Scriven, eds. , *Minnesota Studies in the Philosophy of Science*, vol. 1 (Minneapolis: University of Minnesota Press, 1956); reprinted (with some added footnotes) in Sellars's *Science, Perception, and Reality* (London: Routledge and Kegan Paul, 1963; reissued, Atascadero, Calif. : Ridgeview, 1991); reprinted as a monograph, with an Introduction by Richard Rorty and a Study Guide by Robert Brandom(Cambridge, Mass. : Harvard University Press, 1997).

——, "Foundations for a Metaphysics of Pure Process", *The Monist* 64(1981).

——, "Imperatives, Intentions, and the Logic of 'Ought'", in Hector-Neri Castañeda and George Nakhnlkian, eds. , *Morality and the Language of Conduct* (Detroit: Wayne State University Press, 1963).

——, "The Language of Theories", in Sellars, *Science, Perception, and Reality* (London: Routledge and Kegan Paul, 1963; reissued, Atascadero, Calif. : Ridgeview, 1991).

——, *Naturalism and Ontology*(Reseda, Calif. : Ridgeview, 1979).

——, "Phenomenalism", in Sellars, *Science, Perception, and Reality* (London: Routledge and Kegan Paul, 1963; reissued, Atascadero, Calif. : Ridgeview, 1991).

——, "Philosophy and the Scientific Image of Man", in Sellars, *Science, Perception, and Reality* (London: Routledge and Kegan Paul, 1963; reissued, Atascadero, Calif. : Ridgeview, 1991).

——, "The Role of the Imagination in Kant's Theory of Experience", in Sellars, *Kant's Transcendental Metaphysics: Sellars' Cassirer Lectures Notes and Other Essays*, Jeffrey F. Sicha, ed. (Atascadero, Calif. : Ridgeview, 2002).

——, *Science and Metaphysics: Variations on Kantian Themes* (London: Routledge and Kegan Paul, 1967; reissued, Atascadero, Calif. : Ridgeview, 1992).

——, "Some Reflections on Perceptual Consciousness", in Sellars, *Kant's Transcendental Metaphysics: Sellars' Cassirer Lectures Notes and Other Essays*, Jeffrey F. Sicha, ed. (Atascadero, Calif. : Ridgeview, 2002).

——, "Some Remarks on Kant's Theory of Experience", in Sellars, *Kant's Transcendental Metaphysics: Sellars' Cassirer Lectures Notes and Other Essays*, edited and introduced by Jeffrey F. Sicha (Atascadero, Calif.: Ridgeview, 2002).

——, "The Structure of Knowledge", in Hector-Neri Castañeda, ed., *Action, Knowledge and Reality: Studies in Honor of Wilfrid Sellars* (New York: Bobbs-Merrill, 1975).

——, "Truth and 'Correspondence'", in Sellars, *Science, Perception, and Reality* (London: Routledge and Kegan Paul, 1963; reissued, Atascadero, Calif.: Ridgeview, 1991).

Strawson, P. F., *The Bounds of Sense* (London: Methuen, 1966).

Stroud, Barry, "Sense-Experience and the Grounding of Thought", in Nicholas H. Smith, ed., *Reading McDowell: On Mind and World* (London: Routledge, 2002).

Thompson, Michael, "The Representation of Life", in Rosalind Hursthouse, Gavin Lawrence, and Warren Quinn, eds., *Virtues and Reasons: Philippa Foot and Moral Theory* (Oxford: Clarendon Press, 1995).

Travis, Charles, "The Silence of the Senses", *Mind* 113(2004).

Wittgenstein, Ludwig, *Notebooks 1914–1916* (Oxford: Blackwell, 1961).

——, *On Certainty* (Oxford: Blackwell, 1969).

——, *Philosophical Investigations*, trans. G. E. M. Anscombe (Oxford: Blackwell, 1951).

——, *Tractatus Logico-Philosophicue* (London: Routledge and Kegan Paul, 1961).

Wright, Crispin, "Human Nature?", in Nicholas H. Smith, ed., *Reading McDowell: On Mind and World* (London: Routledge, 2002).

文章来源

Essay 1: Originally published in *Journal of Philosophy* 95(1998): 431–450.
Essay 2: Originally published in *Journal of Philosophy* 95(1998): 451–470.
Essay 3: Originally published in *Journal of Philosophy* 95(1998): 471–491.
Essay 4: Forthcoming in *International Yearbook of German Idealism* (Berlin: Walter de Gruyter).
Essay 5: Originally published in *International Yearbook of German Idealism* 3 (Berlin: Walter de Gruyter, 2005), 21–37.
Essay 6: Originally published in *Philosophical Topics* 33, no. 2 (Fayetteville: University of Arkansas Press, 2008).
Essay 7: Originally published in Gunter Abel, ed., *Kreativitdt* (Hamburg: Felix Meiner Verlag, 2006), 1065–1079.
Essay 8: Originally published in *Bulletin of the Hegel Society of Great Britain* 47/48(2003): 1–16.
Essay 9: Originally published in German translation in Wolfgang Welsch and Klaus Vleweg, eds., *Hegels Phänomenologie des Geistes-Ein kooperativer Kommentar zu einem Schliisselwerk der Moderne* (Frankfurt a. M. : Suhrkamp Verlag, 2008).
Essay 10: Originally published in *European Journal of Philosophy* 15(2007): 395–410. By permission of Wllcy-Blackwell.
Essay 11: Originally published in *Crítica* 30(1998): 29–48.
Essays 12 and 13: First published in this volume.
Essay 14: Originally published in Jakob Lindgaard, ed., *John McDowell: Experience, Norm, and Nature* (Oxford: Blackwell, 2008).

索 引

A

行动和行动者 Action and agency 参见黑格尔 See Hegel, G. W. F.

亨利·E. 阿里森 Allison, Henry E. 42n,80n,153n

G. E. M. 安斯科姆 Anscombe, G. E. M. 261n

统觉 还可参见自我意识 Apperception, See also Self-consciousness 18–22,69,71–2,147–8,149–50,265–6.

理查德·E. 阿奎拉 Aquila, Richard E. 70n,J48n

托马斯·阿奎纳 Aquinas, St. Thomas 32n,53n,57,218–20,239–55

亚里士多德 Aristotle 170–1,175n,243–4

麦克·艾尔斯 Ayers, Michael 134–8,140–4

B

乔纳森·本内特 Bennett, Jonathan 254

丹尼尔·波纳梵克 Bonevac, Daniel 271

罗伯特·布兰顿 Brandom, Robert 4n,14n,40n,58n,65n,72n,89n,91, 103,105–7,133n,167,201n,215n, 218,221–38,254n

弗朗兹·布伦塔诺 Brentano, Franz 8

比尔·布鲁尔 Brewer, Bill 268n

英国经验论者 British empiricists 236–8,239

泰勒·伯吉 Burge, Tyler 132n,133n,137n,271–2

C

沃尔夫冈·卡尔 Carl, Wolfgang 89n

鲁道夫·卡尔纳普 Carnap, Rudolf 58n,59n

笛卡尔式的心灵哲学 Cartesian philosophy of mind 53–4,55–6,212–13,220

范畴,范畴性统一 Categories, categorial unity 37–8,70–2,73–5,84–5,94–6,127,148–53,190–4,260–5 还可参见康德 See also Kant, Immanuel

亚瑟·W. 柯林斯 Collins, Arthur W. 135

公共性存在 Communal being 104–7,160–1,166–84,199–203

詹姆士·柯南 Conant, James 4,69–70n,101n,108n,188n

概念能力 Conceptual capacities 5–6,

10-13,25-6,30-8,97,129-34,258,260,262-6 还可参见理性,对理由的回应 See also Rationality, responsiveness to reasons

保罗·考波克 Coppock, Paul 47n

D

唐纳德·戴维森 Davidson, Donald 58n,60n,91,103,137-8,167-8,207-20,268-71

笛卡尔 Descartes, René 53,55-6,212-13,220,249n 还可参见笛卡尔式的心灵哲学 See also Cartesian philosophy of mind

威廉·A. 德弗里斯 Devries, Willem A. 111n,117n,119n,262n

E

经验主义 Empiricism 6-9,36-8,91-6,140-1,221-38 还可参见塞拉斯 See also Sellars, Wilfrid

斯蒂芬·恩斯特龙 Engstrom, Stephen 262n

加雷思·埃文斯 Evans, Gareth 11n,48-50

外部限制 External constraint 38-43,46-7,90-107,124-5

F

J. G. 费希特 Fichte, J. G. 153n

约瑟夫·C. 弗雷 Flay, Joseph C. 165n

经验知识的基础 Foundations for empirical knowledge 6-9,36-8,91-2,222-3 还可参见塞拉斯 See also Sellars, Wilfrid

自由 Freedom 参见自我决定 See Self-determination

戈特洛布·弗雷格 Frege, Gottlob 37n

麦克·弗里德曼 Friedman, Michael 81-2,152n

G

汉斯-格奥尔格·伽达默尔 Gadamer, Hans-Georg 153n

P. T. 吉奇 Geach, P. T. 11n,32n,240,242,245,247n,248

汉娜·金斯堡 Ginsborg, Hannah 269n

凯瑟琳·格勒 Glüer, Kathrin 269n

H. P. 格莱斯 Grice, H. P. 254

H

约翰·汉格兰德 Haugeland, John 4,70n,101n,188n

G. W. F. 黑格尔 Hegel, G. W. F 39,41,45,62-3,64,69-89,90-1,98,101,103-7,188,194-201 论生命 on life 156-8,161-2,164-5 论自我意识 on self-consciousness 147-65 论行动和行动者 on action and agency 166-84

马丁·海德格尔 Heidegger, Martin 8-9,210

马库斯·赫兹 Herz, Marcus 118n

迪特·亨里奇 Henrich, Dieter 4n

托马斯·霍布斯 Hobbes, Thomas 240

詹妮弗·霍斯比 Hornsby, Jennifer

254n

大卫·休谟 Hume, David 170

让·伊波利特 Hyppolite, Jean 151n

I

观念论 Idealism 42-3, 69-89, 90, 141-4, 152-3

意向性 Intentionality 3, 7-9 还可参见康德、塞拉斯 See also Kant, Immanuel; Sellars, Wilfrid

直观 Intuitions, 24-6, 29-43, 45-7, 48-50, 70-2, 81, 94-6, 100-3, 108-10, 112-26, 127, 148-53, 189-90, 260-71 还可参见范畴、范畴性统一、康德、塞拉斯 See also Categories, categorial unity; Kant, Immanuel; Sellars, Wilfrid

J

判断 Judging 5-6, 10-13, 29-32, 35-6, 70-1, 96-7

K

康德 Kant, Immanuel 3-4, 5-6, 8-9, 13n, 16-18, 21n, 96-7, 127-8, 141-2, 163, 170-1, 185-7, 201-2, 209-10, 260-1, 264-6 论经验的先验意义 on the transcendental significance of experience 35-8 论感性的先验意义 on the transcendental significance of sensibility 4n, 27-9, 38-43, 44--6, 61-5, 108-26 论时空作为感性形式 on space and time as forms of human sensibility 27-9, 45, 73-85, 100-3, 121-2, 149-53, 188, 193 先验演绎 Transcendental Deduction 37-8, 69-85, 94-6, 100-3, 148-53, 188-96 还可参见范畴、范畴性统一、直观、先验观念论、先验哲学 See also Categories, categorial unity; Intuitions; Transcendental idealism; Transcendental philosophy

乔治·阿姆斯壮·凯利 Kelly, George Armstrong 165n

肖恩·多兰斯·凯利 Kelly, Sean Dorrance 265n

诺曼·史密斯·坎普 Kemp Smith, Norman 70n, 74n, 109n, 148n

L

G. W. 莱布尼兹 Leibniz, G. W. 239

理由的逻辑空间 Logical space of reasons 参见塞拉斯 See Sellars, Wilfrid

比阿特丽斯·隆格内斯 Longuenesse, Beatrice 39n

M

梅农式的实在论 Meinongian realism 53, 56

詹姆斯·穆勒 Mill, James 39n

约翰·斯图尔特·密尔 Mill, John Stuart 39n

A. V. 米勒 Miller, A. V. 151n, 174n

所予神话 Myth of the Given 40, 90-1, 92-3, 110, 256-72 还可参见塞拉斯 See also Sellars, Wilfrid

N

非推论性知识 Non-inferential knowledge

9-10,221-38,258-72

P

克里斯托弗·皮考克 Peacocke, Christopher 21n,136n

知觉经验 Perceptual experience 9-22,29-38,127-44,256-72 还可参见塞拉斯、康德 See also Kant, Immanuel; Sellars, Wilfrid

罗伯特·B. 皮平 Pippin, Robert B. 69-89,147n,154n,156n,166-84,185-203

柏拉图 Plato 175n

R

理性,对理由的回应 Rationality, responsiveness to reasons 128-34,166-84,186-8,207-13,256-8,268-72 还可参见概念能力,自我决定 See also Conceptual capacities; Self-determination

辨识能力 Recognitional capacities 259

塞巴斯蒂安·罗德 Rödl, Sebastian 69n

理查德·罗蒂 Rorty, Richard 18n,43,60n,103-4,140n,207-17

让-雅克·卢梭 Rousseau, Jean-Jacques 105,172,178

伯特兰·罗素 Russell, Bertrand 56

吉尔伯特·赖尔 Ryle, Gilbert 111n,212

S

F. W. J. 谢林 Schelling, F. W. J. 75n

科学主义 Scientism 参见塞拉斯 See Sellars, Wilfrid

第二自然 Second nature 186-8

自我意识 Self-consciousness 18-22,147-65 还可参见统觉 See also Apperception

自我决定 Self-determination 5-6,90-107,128-9,138-40,144,166-84,201-3 还可参见理性,对理由的回应 See also Rationality, responsiveness to reasons

塞拉斯 Sellars, Wilfrid 70n,90-6,109-101,185-6,208-20,256-7 论经验主义 on empiricism 6-9,36-7,221-38 论意向性 on intentionality 3-65 论康德的直观 on Kant on intuitions 24-6,27-35,98-100 论理由的逻辑空间 on the logical space of reasons 4-6,185-6,208-13,256-7 论意义和非关系性的关涉性 on meaning and aboutness as non-relational 50-65,126,214-20,239-55 论知觉经验 on perceptual experience 9-22,23-4,44-5,47,91-6,111-26,223-35 与科学主义 and scientism 11n,41-2,46-7,62-3,98-9,125,253-4,255 论感觉 on sensations 13-22,23-4,27-9,38-43,44-5,61-5,111-26 论感觉的先验意义 on the transcendental significance of sensibility 16-22,23-4,27-9,38-43,44-5,61-5 还可参见所予神话 See also Myth of the Given

感觉 Sensations 118-26 还可参见塞拉斯 *See also* Sellars, Wilfrid

感性 Sensibility 参见康德,塞拉斯 *See* Kant, Immanuel; Sellars, Wilfrid

规范的社会基础 Social bases of normativity 参见公共性存在 Social bases of normativity

巴里·斯特劳德 Stroud, Barry 269n

P. F. 斯特劳森 Strawson, P. H 89n, 108

约书亚·斯都克里克 Stuchlik, Joshua 238n

T

理查德·塔夫特 Taft, Richard 8n, 210n

阿尔弗雷德·塔斯基 Tarski, Alfred 57-60, 61, 63, 213-20

麦克·汤普森 Thompson, Michael 261, 265

先验演绎 Transcendental Deduction 参见康德 *See* Kant, Immanuel

先验观念论 Transcendental idealism 75-82, 83-4, 141-2, 150-3, 194-6 还可参见康德 *See also* Kant, Immanuel

先验哲学 Transcendental philosophy 16-18, 61-5 还可参见康德 *See also* Kant, Immanuel

查尔斯·特拉维斯 Travis, Charles 259, 266-8

W

罗伯特·M. 华莱士 Wallace, Robert M 165n

安德斯·韦恩斯坦 Weinstein, Anders 41n

路德维希·维特根斯坦 Wittgenstein, Ludwig 58, 141n, 143, 168, 177, 215, 218, 239

克里斯宾·赖特 Wright, Crispin 270n

实用主义与美国思想文化研究

丛书主编：刘放桐　陈亚军

《杜威哲学的现代意义》

　　　　　　　　　　刘放桐　主编，复旦大学出版社，2017年1月

《匹兹堡问学录——围绕〈使之清晰〉与布兰顿的对谈》

　　　　　　　　陈亚军　访谈　周　靖　整理，复旦大学出版社，2017年1月

《实用主义的研究历程》

　　　　　　　　　　刘放桐　著，复旦大学出版社，2018年3月

《匹兹堡学派研究——塞拉斯、麦克道威尔、布兰顿》

　　　　　　　　　　孙　宁　著，复旦大学出版社，2018年8月

《真理论层面下的杜威实用主义》

　　　　　　　　　　马　荣　著，复旦大学出版社，2018年8月

《"世界"的失落与重拾——一个分析实用主义的探讨》

　　　　　　　　　　周　靖　著，复旦大学出版社，2019年7月

《后现代政治话语——新实用主义与后马克思主义》

　　　　　　　　　　董山民　著，复旦大学出版社，2019年8月

《罗伊斯的绝对实用主义》

　　　　　　　　　　杨兴凤　著，复旦大学出版社，2019年9月

实用主义与美国思想文化译丛

丛书主编：陈亚军

《三重绳索：心灵、身体与世界》

  希拉里·普特南 著，孙 宁 译，复旦大学出版社，2017年1月

《经验主义与心灵哲学》

  威尔弗里德·塞拉斯 著，王 玮 译，复旦大学出版社，2017年1月

《将世界纳入视野：论康德、黑格尔和塞拉斯》

  约翰·麦克道威尔 著，孙 宁 译，复旦大学出版社，2018年8月

《自然主义与存在论：1974年约翰·杜威讲座》

  威尔弗里德·塞拉斯 著，王 玮 译，复旦大学出版社，2019年9月

《阐明理由：推论主义导论》

  罗伯特·B.布兰顿 著，陈亚军 译，复旦大学出版社，2020年2月

《推理及万物逻辑：皮尔士1898年剑桥讲坛系列演讲》

查尔斯·桑德斯·皮尔士 著，张留华 译，复旦大学出版社，2020年5月

《纯粹过程形而上学奠基》

  威尔弗里德·塞拉斯 著，王 玮 译，复旦大学出版社，2022年1月

复旦社
微信公众号

未曾读
微信公众号

图书在版编目(CIP)数据

将世界纳入视野:论康德、黑格尔和塞拉斯/(美)约翰·麦克道威尔(J. McDowell)著;
孙宁译.—上海:复旦大学出版社,2018.8(2021.12 重印)
(实用主义与美国思想文化译丛 / 陈亚军主编)
书名原文:Having the world in view
ISBN 978-7-309-13581-7

Ⅰ.将… Ⅱ.①约…②孙… Ⅲ.哲学-文集 Ⅳ.B0-53

中国版本图书馆 CIP 数据核字(2018)第 044489 号

HAVING THE WORLD IN VIEW: Essays on Kant, Hegel, and Sellars by John McDowell
Copyright© 2009 by the President and Fellows of Harvard College
Published by arrangement with Harvard University Press
through Bardon-Chinese Media Agency
Simplified Chinese translation copyright© 2018
by Fudan University Press Co., Ltd.
ALL RIGHTS RESERVED
上海市版权局著作权合同登记号:09-2018-783

将世界纳入视野:论康德、黑格尔和塞拉斯
[美]约翰·麦克道威尔(J. McDowell)著 孙 宁 译
责任编辑/方尚芩

复旦大学出版社有限公司出版发行
上海市国权路 579 号 邮编:200433
网址:fupnet@fudanpress.com http://www.fudanpress.com
门市零售:86-21-65102580 团体订购:86-21-65104505
出版部电话:86-21-65642845
上海四维数字图文有限公司

开本 787×960 1/16 印张 17.75 字数 215 千
2021 年 12 月第 1 版第 2 次印刷

ISBN 978-7-309-13581-7/B·657
定价:48.00 元

如有印装质量问题,请向复旦大学出版社有限公司出版部调换。
版权所有 侵权必究